当代资本主义社会不平等危机深化研究

李凯旋 著

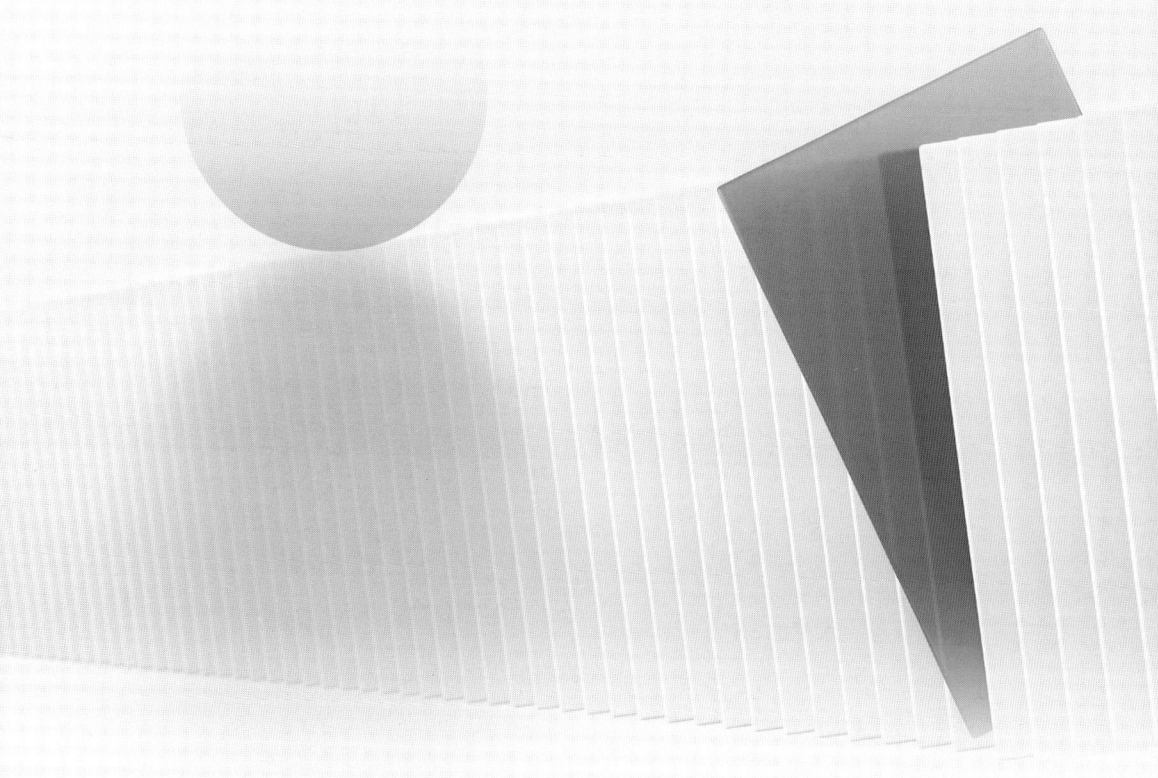

中国社会科学出版社

图书在版编目（CIP）数据

当代资本主义社会不平等危机深化研究 / 李凯旋著. —北京：中国社会科学出版社，2024. 5. — ISBN 978-7-5227-4164-2

Ⅰ. F03

中国国家版本馆 CIP 数据核字第 2024YB4167 号

出 版 人	赵剑英
责任编辑	田　文
特约编辑	周晓慧
责任校对	王顺兰
责任印制	张雪娇

出　　版	中国社会科学出版社
社　　址	北京鼓楼西大街甲 158 号
邮　　编	100720
网　　址	http://www.csspw.cn
发 行 部	010-84083685
门 市 部	010-84029450
经　　销	新华书店及其他书店

印　　刷	北京君升印刷有限公司
装　　订	廊坊市广阳区广增装订厂
版　　次	2024 年 5 月第 1 版
印　　次	2024 年 5 月第 1 次印刷

开　　本	710×1000　1/16
印　　张	18
插　　页	2
字　　数	251 千字
定　　价	108.00 元

凡购买中国社会科学出版社图书，如有质量问题请与本社营销中心联系调换
电话：010-84083683
版权所有　侵权必究

目　录

绪　论　/ 1
　　第一节　问题的缘起　/ 1
　　第二节　国内外对资本主义不平等问题的研究现状　/ 4
　　第三节　研究对象、目标及研究思路框架与方法　/ 20

第一部分　欧美经济不平等的扩大及影响

第一章　欧美国家经济不平等的扩大　/ 23
　　第一节　欧美国家经济不平等的演化
　　　　　　——纵向的历史比较　/ 23
　　第二节　美国更不平等
　　　　　　——横向的国际比较　/ 38
　　第三节　经济不平等的扩大与欧美社会权利不平等的恶化　/ 43
　　小　结　/ 54

第二章　经济不平等加剧下的社会失序与政治保守化　/ 56
　　第一节　经济不平等扩大背景下的社会分裂与社会运动频仍　/ 56
　　第二节　美国政治的"非对称极化"与欧洲政党格局重构　/ 72
　　小　结　/ 93

第二部分　经济不平等何以不断扩大

第三章　不平等的民主与经济不平等的扩大 / 97
　第一节　西方民主的内涵与外延 / 97
　第二节　美国"自由民主"的反讽 / 108
　第三节　欧洲的"社会民主赤字" / 126
　小　结 / 148

第四章　欧美资本主义经济金融化致使不平等加剧 / 150
　第一节　资本主义经济金融化的现象与本质 / 151
　第二节　金融化对经济不平等加剧的影响 / 163
　小　结 / 180

第五章　技术进步与经济不平等的加剧 / 182
　第一节　技术进步影响经济不平等的一般探讨 / 183
　第二节　马克思主义经典作家对技术进步双重作用的分析 / 188
　第三节　21世纪的"新瓶旧酒"：数字技术兴起与
　　　　　人的"新异化" / 196
　小　结 / 211

第三部分　什么是平等，如何改善不平等

第六章　马克思主义创始人的平等观与分配正义思想 / 215
　第一节　马克思、恩格斯对资产阶级平等观的批判 / 215
　第二节　马克思、恩格斯的平等观 / 221
　第三节　马克思、恩格斯的分配正义思想 / 227
　小　结 / 232

第七章　西方理论界对平等的探讨 / 234
　　第一节　近代之前西方思想界平等观的演进脉络 / 234
　　第二节　自由主义内部平等观的"对峙"与融合 / 236
　　第三节　新自由主义与"可行能力平等" / 245
　　小　结 / 250

第八章　如何改善不平等 / 251
　　第一节　不平等的加剧，欧美学者怎么说 / 252
　　第二节　不平等的加剧，欧美政府怎么做 / 262
　　第三节　对我国推进共同富裕的启示 / 271
　　小　结 / 275

参考文献　/ 276

绪　　论

第一节　问题的缘起

平等观念在近代一切进步的政治思想中始终散发着迷人的光芒。它之所以迷人，一方面是因为现实社会中始终存在大量的不平等现象，另一方面则是因为其承载着人类对更平等社会生活的美好憧憬。尽管从多数人的道德直觉来看，平等价值是应该被坚持的。但从自古以来西方思想界就平等而进行的争论来看，平等却不是不证自明的。众多哲学家、政治学家以及近现代以来的经济学家、社会学家都对"平等"倾注了大量的心血，以期解决不平等——这个自人类进入阶级社会后始终如幽灵般存在的难解之题。

西方资产阶级正是以"自由与平等"为思想武器，凭借数百年间积累的经济与政治力量，最终打破封建桎梏，陆续登上了历史舞台。然而，颇具讽刺意味的是：资产阶级始终未能兑现彼时对其革命追随者——尤其是对无产阶级，所作出的"自由与平等"的承诺。两个世纪以来，资本主义社会一直未能摆脱经济危机与两极分化的梦魇。在先后历经了20世纪上半叶的大萧条和社会矛盾激化、法西斯主义蔓延和大规模战争的惨剧后，西方发达资本主义国家借助科技革命，以及加强国家宏观调控和福利国家建设等方式，推动经济、社会等领域经历长达30年的繁荣发展，同时劳资矛盾和两极分化得以缓和。然而，好景不长——所谓的"黄金时代"在20世纪70年代石油危机中戛然而止。为缓和危机，资本主义借助经济金融化和新自由主义化实现经济复苏和新一轮扩张。然而，也正因如此，资本逐利行为不再受到约束，不平等和两极分化问题进一步恶化。正如马克思所言："资本主义生产总是竭力克服它所固有的这些限制，但是它用来克服这些限制的手段，只是使这些限制以更大的规模重新出现在它面前。"①

面对当今西方发达资本主义国家经济不平等的升级，"美国梦"的幻灭和欧洲福利国家的失能成为人们热议的主题。在美国社会的主流价值观中，机遇是其对公平的一种根深蒂固的理解。美国也自诩为机会平等的国度，从社会底层打拼到上层是"美国梦"的一部分，也是很多美国文学影视作品所宣扬的内容。然而，残酷的社会现实表明，"美国梦"已经蜕变成一个幻灭的神话，美国社会阶层固化程度令人咋舌。在19—20世纪工人运动、社会主义运动压力下构建了相对完备福利制度的欧洲，自20世纪90年代以来开始实施福利紧缩并探索向社会投资国家的转型，以期通过"赋能于人"的方式将更多的福利责任由国家转移给个人与市场。但是，近年来，贫困人口的增加和贫富两极分化的加剧，进一步动摇了福利国家及其改革的合法性根基。

近年来，欧美政治中出现的所有重要现象，无论是以2011年西班牙"愤怒的一代"和美国的"占领华尔街"运动为代表的对1%的抗争，还是此后伴随民粹主义运动的兴起而出现的传统主流政党的衰落、狭隘民族主义、抵制全球化、排斥外来移民等，其背后更为深层的原因都是社会不平等的恶化。

2019年新冠疫情暴发后，西方资本主义社会不平等问题再度通过公共医疗卫生、就业保障和公共教育等多个领域的问题充分暴露出来。2022年以来席卷欧美的抗议和大规模罢工运动，不仅蕴含中下层民众鲜明的经济诉求，还有其对社会不平等、不公正的控诉，及对其自身近年来所遭遇的社会苦难的表达。

---

① 《马克思恩格斯文集》第7卷，人民出版社2009年版，第278页。

金融垄断资本的肆意妄为，使得资本主义世界的抗议者见识到了资本主义社会基本价值观的堕落："什么都可以做，而且不会被追究责任。"[①] 在市场失灵之外，欧美国家走上街头的抗议者，还深深地质疑是否存在真正的民主。西方民主表现为两年或四年一次的投票选举，不过是一种程序民主，而非真正关切大众民生的实质民主。欧美资本主义国家的民主赤字既是经济不平等升级的因，又是经济不平等升级的果。由此，响彻全球的资本主义世界三大主题——市场无效率且不稳定、政治体制没能纠正市场失灵和本质上不公平的经济体制与政治体制，都与资本主义的不平等有着深刻的链接。

经济不平等是西方资本主义社会最根本的不平等。它是由生产资料的私有制，即生产资料占有的不平等决定的。私有制与异化劳动相互强化，从根本上塑造了经济不平等及其扩大的趋势。经济不平等的扩大，同时恶化劳动者在生存权和发展权如教育、就业等机遇和权利方面的不平等。

当前，世界之变、时代之变、历史之变正加速展开，给全人类发出了须严阵以待的挑战。深入研究和把握当代欧美发达资本主义国家的经济不平等扩大及其影响和深层原因，也是世界百年未有之大变局中的重大课题之一。这样的系统研究，有利于我们更准确地把握"世界范围内社会主义和资本主义两种意识形态、两种社会制度的历史演进及其较量发生了有利于社会主义的重大转变"[②] 的科学内涵。恰如习近平总书记所指出的："时代在变化，社会在发展，但马克思主义基本原理依然是科学真理。尽管我们所处的时代同马克思所处的时代相比发生了巨大而深刻的变化，但从世界社会主义500年的大视野来看，我们依然处在马克思主义所指明的历史时代。这是我们对马克思主义保持坚定信心、对

---

① [美] 约瑟夫·E. 斯蒂格利茨：《不平等的代价》，张子源译，机械工业出版社2020年版，第XII页。
② 《中国共产党第十九届中央委员会第六次全体会议文件汇编》，人民出版社2021年版，第93页。

社会主义保持必胜信念的科学根据。"①

第二节 国内外对资本主义不平等问题的研究现状

近年来，国内外学界对资本主义经济不平等扩大的研究呈增长态势，其中不乏富有重大启示意义的著作和深度分析。国内外学界对西方社会不平等扩大及其批判的侧重点既有相似之处，又因观察视角、研究立场和关切的不同而存在差异。

一 国内学界对资本主义不平等问题的研究

2008 年全球金融经济危机爆发以来，国内学界对资本主义不平等问题的研究大幅增长，但往往以嵌入资本主义危机、异化劳动的批判、民粹主义等主题研究之中的方式呈现。2014 年，托马斯·皮凯蒂（Thomas Piketty）《21 世纪资本论》的出版，掀起了一轮研究不平等的小高潮。国内学者围绕皮凯蒂的研究，或通过批判其研究的方法论，或受启发于其研究的视角和呈现的丰富史料，对资本主义不平等问题进行了较深入的解析。2019 年新冠疫情暴发后，随着新自由主义弊端的进一步显现，学界以资本主义不平等为主题的研究再度增长。

（一）欧美资本主义国家经济不平等扩大和两极分化的主要表现

顶层 1% 或上层 10% 的高收入群体与低收入群体在收入和财富中比值的变化，是研究中常用来表现西方发达资本主义国家经济不平等升级的重要指标之一。自 20 世纪 80 年代以来，美、欧、日等发达资本主义国家内部经济不平等显著扩大，其中美国的收入和财富不平等现象更为严重[2]，

---

[1] 《习近平谈治国理政》第 2 卷，外文出版社 2017 年版，第 66 页。
[2] 参见林德山《当代资本主义不平等问题的根源及其影响》，《人民论坛·学术前沿》2022 年 5 月（上）。

且在2008年金融经济危机后持续恶化。2009—2015年，顶层1%群体的收入增长幅度远高于其余99%的美国人。2020年新冠疫情暴发后，美国经济衰退，劳动力市场状况、初次分配中的劳资失衡和相应的社会贫富状况等都在迅速恶化。①

欧洲国家的收入差距和贫富差距也在扩大。在金融危机后的十年间，即2008—2018年，在第二次世界大战后第一个宣称建成福利国家的英国，最富裕的前10%的家庭财富的增幅是后10%家庭财富的4倍，后者的净财富甚至是负数。②进入21世纪后，在新自由主义影响下的法国的贫富差距现象显现、加剧，以移民为棱镜折射出来。③德国贫富差距扩大，工作贫困问题突出，健康不平等在新冠疫情中暴露无遗。④2008年以来，意大利社会内部的两极分化不仅存在于前10%群体和其余90%群体之间，还存在于南北方地域差距之间。此外，意大利的不平等问题也在移民群体上有突出表现。意大利在新冠疫情暴发后出现的"新物质匮乏"危机，已打破其自福利国家建成后的物质富足的"丰裕社会"表象。⑤

虽然不平等问题不等于贫困问题，但这两者之间有紧密的内在联系。有学者结合国际货币基金组织的研究指出，在初始不平等程度较高或增长分配模式偏向非贫困者的国家，经济增长降低贫困的效率较低。⑥学界对欧美国家工人阶级的贫困化研究，也从侧面证明了这一

---

① 参见魏南枝《新冠肺炎疫情下的美国收入分配制度分析》，《世界社会主义研究》2021年第6期。
② 参见李靖堃《新冠肺炎疫情凸显英国种族不平等》，《世界社会主义研究》2021年第8期。
③ 参见彭姝祎《移民折射下的法国社会不平等》，《世界社会主义研究》2021年第8期。
④ 参见杨解朴《新冠肺炎疫情下德国社会不平等加剧的表现、原因及影响》，《世界社会主义研究》2021年第9期。
⑤ 参见李凯旋《意大利福利资本主义的"新物质匮乏"危机》，《世界社会主义研究》2021年第8期。
⑥ 参见林德山《当代资本主义不平等问题的根源及其影响》，《人民论坛·学术前沿》2022年5月（上）。

点。在2021年的美国，依靠收入支持、食品券和食品银行等慈善机构维持生存的美国家庭增加，甚至超过两千万名成年人声称市场面临食物匮乏、不时陷入饥饿的状态。① 欧洲主要国家如英国、德国、法国和意大利无论其相对贫困人口还是绝对贫困人口规模，在新冠疫情期间都达到了21世纪以来的最高水平。

在社会阶层结构上，资本主义社会的两极分化还表现为中间阶层（亦有学者称中间阶级）的衰落。尽管"中间阶层"概念在当代西方资本主义国家颇为深入人心，但这却是一个非常模糊且内涵弹性大、外延宽泛的概念。一般指处于少数极端富裕和极端贫穷的人之间的群体。根据马克思主义理论，当代西方中间阶级主要包括两大类：一类是自雇群体或无剥削性的小资产者，如农民、部分自营就业者（如独立执业的律师和医生）；另一类是带有轻微剥削性的小资产者，如小业主、中小农场主，以及可以无偿占有少量剩余价值的部分企业管理者等。按照西方以往所宣扬的"橄榄形"社会结构，中等收入阶层应该是非常庞大的。而事实上，西方社会中等收入阶层正快速分化、消亡，滑向无产阶级。他们的经济地位在恶化，收入趋于不稳定，部分人甚至缺乏社会保障。欧洲多国的劳动力市场调查数据表明，自雇群体的流入率和流出率即破产率很高，同时越来越多地走向零工经济（Gig-economy）。② 这些研究表明，"摇摆于无产阶级和资产阶级之间，并且作为资产阶级社会的补充部分不断地重新组成"③ 的西方社会核心力量中间阶级，已经开始走向没落分化。

西方资本主义社会不平等的扩大，不仅仅体现于物质财富和国民收入的初次分配与再分配领域，还体现在资产阶级社会"权利"的萎缩

---

① 参见魏南枝《新冠肺炎疫情下的美国收入分配制度分析》，《世界社会主义研究》2021年第6期。

② 参见宋丽丹《两极分化背景下西方城市中间阶级的衰落》，《科学社会主义》2019年第2期。

③ 《马克思恩格斯文集》第2卷，人民出版社2009年版，第56页。

中。就业机会不平等，教育与医疗资源分配的不平等，也都是当代欧洲资本主义社会不平等的重要内容。这些不平等既是欧洲国家经济不平等扩大和中下层民众经济贫困化的结果，也是整体不平等恶化的重要因素。换言之，财富分化与机会不平等之间还存在相互强化的辩证关系。①

（二）资本主义不平等扩大的影响及主要原因

事实上，国内学界对资本主义不平等扩大的直接和间接影响，比对不平等本身的研究还要丰富。就直接影响而言，资本主义国家的占领运动、民粹主义兴起、政治格局剧烈重构等都是国内学界关注的议题。贫富分化的加剧，往往被视为2008年以来众多社会运动兴起的重要诱因。有学者指出，2011年声势浩大的"占领华尔街"运动的深层原因正是美国贫富差距过大，而运动本身具有左翼社会运动的属性，致力于通过社会抗议运动革除美国体制的积弊。② 始于2018年11月的"黄马甲"运动，最终演化为一场跨阶层、跨行业、跨地区、跨年龄阶段、"不分左右政治立场"的全民街头抗议活动，成为法国近50年来规模最大的骚乱且蔓延至欧洲多国。这场运动的深层原因恰恰体现于民众对经济公平正义的诉求中。③ 2019年以来，欧美各国工人阶级反贫困、反通胀、反资本主义的抗议罢工活动，无论从规模还是频率上都刷新了近年来的新纪录，社会不平等的扩大，尤其贫富差距扩大是其中的主要原因。④

国内学界对不平等所造成的间接影响也有较深入的分析。第一，不

---

① 参见李凯旋《欧洲新一轮抗议罢工潮折射资本主义社会不平等加剧》，载辛向阳、潘金娥主编《国际共产主义运动发展报告（2022—2023）》，社会科学文献出版社2023年版，第302页。
② 参见周琪、沈鹏《"占领华尔街"运动再思考》，《世界经济与政治》2012年第9期。
③ 参见魏南枝《法国爆发"黄马甲"运动的内外部因素》，《红旗文稿》2018年第24期；孙兴杰《民粹主义与法国治理困境：基于黄马甲运动的分析》，《统一战线学研究》2019年第3期。
④ 参见吴茜《新的动荡变革期背景下美国工人运动的新特征》，李凯旋《欧洲新一轮抗议罢工潮折射资本主义社会不平等加剧》，载辛向阳、潘金娥主编《国际共产主义运动发展报告（2022—2023）》，社会科学文献出版社2023年版，第281—313页。

平等严重冲击了资产阶级所构建的主流价值观,其所赢得的认同和共识都在下降,如"美国梦"的幻灭,对机遇平等的质疑。第二,极端不平等损害欧美社会的凝聚力,不平等会加剧部分群体的不满情绪,从而助推政治的极化现象。第三,不平等本身不仅损害公平,也损害效率,并不利于经济的长期健康发展。[①]

国内学界以马克思主义为指导研究资本主义不平等问题,认识到私有制和异化劳动是其根本原因。但对于造成资本主义社会不平等扩大的深层原因,解释是多重的,主要集中于资本主义民主制度失灵、资本主义金融化、福利国家危机、资本主义全球化和新技术革命的影响等。

具体而言,有的研究较为关注经济发展和社会政策对不平等升级的塑造。全球化进程中资本的权力扩张、产业结构和劳动力市场的演化等都被视为过去几十年发达工业国不平等扩大和两极分化加剧的重要原因。有的研究也强调了各国政府行为和政策变化对收入初次分配和再分配的影响。尤其是税收制度,如美国税收制度以及税式支出(即有利于富人的税费减免优惠)则非常有利于富豪避税,而工薪阶级超过90%的工资收入都被纳入税收范围。同时,由于公共债务的恶化,南欧和美国对中低收入阶层的基本消费和生存能力的保护已经在福利紧缩中受到严重挤压。美国和欧洲福利国家有限的再分配在改善经济不平等中的作用微乎其微。

此外,资本主义经济金融化,是造成不平等扩大的深层原因中容易被忽视的一个。在全球化时代,金融资本主义的力量超越了民族国家的边界,金融市场持续影响乃至重塑着各类行为主体,渗透且影响着经济社会生活的方方面面,进而导致"金融市场与社会脱嵌的趋势日益明显,逐渐侵蚀着国家、工会、市民社会等力量,加剧了发达资本主义国

[①] 参见林德山《当代资本主义不平等问题的根源及其影响》,《人民论坛·学术前沿》2022年5月(上)。

家的就业危机、贫富分化和结构性的不平等"①。

对知识和科学技术的垄断，是资产阶级攫取剩余价值的重要手段。这也是资本主义社会经济不平等扩大的深层原因。在当今时代，技术变革对不平等升级的影响更显著。技能水平与劳动者收入成正比，具体表现为低技能和非全职工人的工资增长率低而高技能职业的收入增长率高；尤其是在发达资本主义国家，所谓"技能溢价"加剧了市场收入的不平等，反映出收入分配的上层不成比例地受益于教育机会的社会现实。② 具体而言，部分知识型工人受益于高专业能力、高工资、更多的专业培训机会、工作相对稳定，而普通工人则缺乏专业知识和技能、收入低、缺乏就业保障并承受恶劣的劳动条件，因此造成劳动力再生产条件的差异及其不平衡发展，使工人内部的分化进一步加剧。③ 还有学者运用马克思主义政治经济学理论研究指出，科学技术直接内化于生产力要素，影响资本有机构成比例。科技进步不仅加快了资本积累的速度，也直接挤压着工人的生存空间。当下正在加速演进的信息技术革命，提高了劳动者的技能和水平，减轻了劳动者的工作强度；使劳动对象和范围不断扩大，信息和数据作为重要的生产要素创造出巨大的经济价值。然而，大数据使财富聚集更加迅速便捷地向少数人集中以及垄断数据的资本家阶层形成，加剧欧美资本主义社会的两极分化。④

还有马克思主义研究者注意到了工人阶级自身的分化以及西方社会主义运动低潮的重大影响。尽管欧洲社会主义运动在 20 世纪初期产生了分裂，但在第二次世界大战后，欧洲共产党和社会民主党所进行的政

---

① 杨典、欧阳璇宇：《金融资本主义的崛起及其影响——对资本主义新形态的社会学分析》，《中国社会科学》2018 年第 12 期。

② 参见林德山《当代资本主义不平等问题的根源及其影响》，《人民论坛·学术前沿》2022 年 5 月（上）。

③ 参见李妍《知识垄断是当代资本主义的重要特征——以美国科技霸权为例》，《马克思主义研究》2021 年第 6 期。

④ 参见熊亮《大数据时代资本主义社会加速两极分化探析》，《毛泽东邓小平理论研究》2020 年第 6 期。

治动员及其所形成的压力，无疑促进了欧洲福利国家建设。苏联解体和东欧剧变后，西欧主要的共产党力量，如意大利共产党、法国共产党和西班牙共产党等陷入分裂、边缘化困境中，对国家政治、文化、社会生活的影响力极速下降。同时，在新自由主义和保守合作主义影响下，工人阶级内部出现分化，工会会员减少、力量弱化，代表性不足及集体谈判机制覆盖面萎缩，进而陷于无力采取维权行动等种种困境里。这也是工人阶级在收入分配方面陷于被动的主要原因。[①]

（三）资本主义国家应对不平等扩大的措施

在资本主义社会基本矛盾的推动下，资本主义社会一直不断地进行自我改良和自我调节。自 2008 年以来，美国和欧洲福利国家为应对劳动力市场灵活化所带来的风险，对社会保障制度尤其是失业救助制度进行改革，增加社会救助支出，个别国家甚至引入了全民基本收入制度的实验。在 2019 年新冠疫情期间，欧美国家失业救济支出增长。但是美国公共开支明确列支的社会福利转移支付大都以促进直接消费为目的。因此，消费是绝大部分美国人出于自愿或被各种以促进消费为目的的社会福利项目所限制的不得已行为。[②] 换言之，美国底层民众的收入只能维持其基本支出，而其消费往往促进了资产储蓄和投资，资本向少数大资本家聚集。

英国和瑞典等北欧国家在 20 世纪末就开始探索建设"社会投资国家"，以应对技术变革加速给经济社会发展，尤其是劳动者因技能落后而陷入结构性失业困境的风险。从实际效果来看，社会投资的资源分配很可能强化了原本就存在的自然禀赋差异。质言之，社会投资是新自由

---

① 参见李凯旋《欧洲新一轮抗议罢工潮折射资本主义社会不平等加剧》，载辛向阳、潘金娥主编《国际共产主义运动发展报告（2022—2023）》，社会科学文献出版社 2023 年版，第 295—313 页；吴金平《当代西方国家工人阶级分化问题探析》，《马克思主义研究》2013 年第 5 期。

② 参见魏南枝《新冠肺炎疫情下的美国收入分配制度分析》，《世界社会主义研究》2021 年第 6 期。

主义旗帜下孕育出的福利国家调适策略，带来了某种去政治化效果，但并未在本质上弱化不平等扩大的趋势。[①] 意大利在底层劳动者生计危机加剧背景下，于 2018 年推出了一项有条件的或者说要基于家计调查的全民基本收入计划。这在一定程度上弥补了意大利福利制度中收入支持项目的漏洞，但是所能发挥出的再分配作用或减贫作用是微乎其微的。[②]

总之，国内学界的研究表明，欧美资本主义国家出于缓和社会矛盾、稳定社会秩序的目的，开出了手段不尽相同的改良主义药方。在资本主义生产关系不发生根本变革的情况下，这些改良手段都不能从根本上逆转不平等扩大的趋势。

二 国外学界对资本主义不平等问题的研究

随着新自由主义的兴起，西方发达资本主义国家主流经济学界，尤其是盎格鲁—撒克逊新自由主义经济学家在财富分配领域极力宣扬"涓滴效应"理论，即不需要给予贫困和弱势群体以特别优待，只要经济不断发展，尤其是给予富人足够的资本，那么最终其余所有人都会获益。2008 年全球金融危机爆发，西方资本主义国家经济状况的持续恶化、社会贫富两极分化加剧以及社会矛盾的激化，使得越来越多的人对"涓滴效应"理论产生了质疑。由此，不平等问题突破学术讨论的边界，成为政界和媒体关注的焦点之一。尤其是 2014 年皮凯蒂的《21 世纪资本论》英译本的出版在全世界受到极大关注，掀起了新一轮关于不平等的研究热潮。2019 年新冠疫情暴发后，在新自由主义主导下的资本主义世界，民众在疫情中遭遇的种种生存困境、健康不平等等问题被推上舆

---

① 参见刘春荣《社会投资与欧洲福利国家的新自由主义化》，《复旦学报》（社会科学版）2023 年第 2 期；高建昆、陈海若《瑞典财富与收入的不平等扩大趋势及成因分析》，《当代世界与社会主义》2020 年第 4 期。

② 参见李凯旋《意大利福利资本主义的"新物质匮乏"危机》，《世界社会主义研究》2021 年第 8 期。

论的风口浪尖。对不平等问题的研究大量涌现，似有成为西方显学之势。下面将对西方学界对不平等问题研究的代表性观点和内容进行扼要梳理。

（一）国外学界对"平等之物"的争论

评价和分析"不平等"或"平等"，其核心在于"什么要平等"，即要求对何种事物的平等。在当代西方政治哲学领域，"平等之物"（即平等的标准）主要有三大类：福利平等、基本善（或资源）的平等和可行能力的平等。福利主义平等关注利益分配产生的福利总和（或效用总和）的最大化和个人偏好的满足，主张对所有个体的效用赋予平等权重。而效用则是根据诸如快乐、幸福或欲望等主观感受或偏好来定义的。福利平等背后是影响欧美数百年的功利主义伦理原则。在阶级差异稳固的背景下，福利主义以效用（"幸福—痛苦"）衡量平等，大大低估了底层民众的被剥夺程度。约翰·罗尔斯（John B. Rawls）在对功利主义发起的挑战中，提出了"基本善"（primary goods）的平等，即收入、财富、机会、自尊的社会基础等资源的平等。阿马蒂亚·森（Amartya Sen）认为，"基本善"平等中所包含的机会平等指平等地享有某特定手段或平等地适用某项限制或界限，存在很大的局限性。森在对福利平等和"基本善"平等的批判吸收和借鉴基础上提出了第三条路向，即过上基本体面生活的可行能力（capability）的平等。森意图通过引入人际差异性（human diversity）和评估变量的多样性，来弥补福利平等和基本善的资源平等的不足，并从能力视角审视机会平等。[①]

面对西方理论界的激辩，美国著名政治学家罗伯特·帕特南（Robert D. Putnam）指出，"人人都认同机会平等的规范，但魔鬼在细节中，尤其是什么必须被平等化，这历来是棘手的难题……如果说在某些理论的世界，我们必须处理这种复杂性，但在美国今日的现实世界，问题压

---

① 参见 Amartya Sen, *Inequality Reexamined*, Oxford: Oxford University Press, 1992; Amartya Sen, *Development as Freedom*, Oxford: Oxford University Press, 2001。

根没有如此复杂难解"①，因为今天的美国距离机会平等还很遥远，即便聪明且勤奋的穷孩子也找到不出路，很难施展上天给予的才华。换言之，帕特南在其观察中清醒地认识到，美国社会收入与财富的严重不平等和1%群体与99%群体两极分化的加剧，表明所谓的机会平等、"美国梦"已成为一种幻象。

帕特南的观察也表明，即便在西方丰裕、发达的资本主义社会，经济不平等依然是非常严峻的现实问题。然而，从被皮凯蒂誉为现代收入与财富分配研究领域"教父"的英国经济学家安东尼·阿特金森（Anthony B. Atkinson）及其他学者2008年之前的著述来看，西方的相关探讨往往集中在学术领域，而且"对于不平等的对话往往集中在一个社会能够容忍多大程度的不平等纯理论的概念上，而不是集中在控制财富金字塔顶端1%人口收入的民众呼声上"②。西方主流经济学家、政治理论家对不平等持有的理所当然的态度，随着社会矛盾深化、民粹主义兴起发生了变化。2013年，国际货币基金组织时任总裁克里斯蒂娜·拉加德（Christine Lagarde）在达沃斯论坛上承认，经济学界和政策界已经太久不重视不平等了，并称"一种更平等的收入分配可以带来更多的经济稳定、更持久的经济增长和更健康的社会"③。

尽管西方学术界、政界、媒体围绕不平等讨论的增加标志着他们对经济增长中的效率与公平的思考出现了变化。不过，这种讨论是复杂且不断演变的。承载着伦理和道义责任的平等主义观点，往往被湮没在西方学界众多的工具性政策与目标组合的讨论中，如收入分配曲线、财政政策和基尼系数等。

---

① ［美］罗伯特·D. 帕特南：《我们的孩子》，田雷、宋昕译，中国政法大学出版社2017年版，第271页。
② 晓舟编译：《"不平等研究"成为西方显学》，《社会科学报》2018年10月25日第7版。
③ 晓舟编译：《"不平等研究"成为西方显学》，《社会科学报》2018年10月25日第7版。

（二）国外学界对经济不平等扩大原因的分析

通过对长达近三个世纪、二十多个国家的广泛历史资料和数据对比的深度分析，皮凯蒂认为，西方资本主义世界即便凭借经济增长与科学技术的发展，暂时勉强规避了马克思主义创始人对资本主义崩溃结局的预言，却未能触及资本深层结构，更未能改变社会不平等的现实，而资本收益率超过产出与收入增长率是造成不平等的重要原因。这一曾经在19世纪发达资本主义国家上演的剧情，而今再度重现。收入与财富的两极分化，被视为经济不平等的最主要内容。对于造成经济不平等扩大的原因，西方学界在很大程度上也达成了共识，主要有以下四点。

一是资本收益大大高于劳动收益。

> 当资本收益率大大超过了经济增长率时……从逻辑上可以推出继承财富的增长速度要快于产出和收入。继承财产的人只需要储蓄他们资本收入的一部分，就可以看到资本增长比整体经济增长更快。在这种情况下，相对于那些劳动一生积累的财富，继承财富在财富总量中将不可避免地占绝对主导地位，并且资本的集中程度将维持在很高的水平上。①

而资本收益的上升与劳动回报率的停滞或相对下降，本质上是资本主义经济金融化的典型表现之一。

二是工会密度下降、劳动保护机制弱化。西方国家工会密度持续降低。工会在阶级妥协中发挥着重要作用，"中间阶层的民主制度以工会和跨阶级的民间组织为基础，它们发挥着两项核心功能：首先，此类组

---

① ［法］托马斯·皮凯蒂：《21世纪资本论》，巴曙松等译，中信出版社2014年版，第27—28页。

织把核心政策讨论涉及的利害信息传递给了工薪家庭；其次，它们为影响政策讨论提供了政治杠杆"①。工会力量的弱化和劳工运动的碎片化，导致雇佣劳动者在争取权益的劳资斗争中日益处于下风。

三是新自由主义兴起，实施放松管制、私有化，并强化保护资本的政策。新自由主义主张自由市场的参与者通过为生产提供劳动或资本获得收入，其收入多少反映了其满足消费者需求所作出的经济贡献的大小。在新自由主义理论假设中，经济不平等加剧不过反映了参与者经济贡献的多寡，且是合情合理的。而事实上，新自由主义的政策都是保护资本的，如削减企业和富人的税负，极大地提高公司利润和富裕家庭的收入；但由此产生的"涓滴效应"并不明显。② 与此同时，新自由主义全球化背景下的税收逐底竞争，欧美各国的高收入者的所得税和企业税的税率都出现了下降。新自由主义的税收政策进一步扩大了贫富差距，欧洲社会福利国家逐步演变成反社会福利国家。③

四是新技术变革加速，其对就业岗位的破坏速度远远大于创建速度。技术变革将加剧所谓的科技性失业。英国经济学家丹尼尔·苏斯金德（Daniel Susskind）认为，技术进步通过提升高技能劳动者的工资或者激励公司使用传统资本替代劳动力直接加剧了不平等。新技术进步，似乎同时帮助了低技能和高技能工人，而中等技能工人从中受益不大，反而造成了资本主义国家的"两极分化"或"空心化"问题。④ 无独有偶，斯蒂格利茨研究也发现："相对于社会底层那些需要较少技能的工作以及社会上层那些需要更强技能的工作，那些曾属于中间阶层的'好

---

① [美]希瑟·布西、布拉德福德·德龙、马歇尔·斯坦鲍姆编著：《皮凯蒂之后：不平等研究的新议程》，余江、高德胜译，中信出版社2022年版，第508页。

② 参见 David M. Kotz, *The Rise and Fall of Neoliberal Capitalism*, Cambridge: Harvard University Press, 2015, p.86。

③ 参见[法]米歇尔·于松《资本主义十讲：插图版》，潘革平译，社会科学文献出版社2013年版，第52页。

④ 参见[英]丹尼尔·苏斯金德《没有工作的世界：如何应对科技性失业与财富不平等》，张文婷、舒蕾译，中信出版社2022年版，第153、28页。

工作'似乎正逐渐消失。"① 意大利学者克里斯蒂亚诺·安东内利（Cristinao Antonelli）等通过对发达国家技术变革与不平等关系的实证研究，也对上述技术进步的创造性破坏理论作出验证：技术变革的速度及方向，对收入不平等程度的增长影响很大。引进熟练的劳动密集型和节省固定资本的新技术，有助于增加劳动收入份额，减少支付给资本的租金，减少发达国家内部的收入不平等现象。但资本集约型技术变化，或技术变革的减缓会巩固市场进入壁垒，使得资产所有者可以从高水平的永久垄断租金中受益。②

（三）国外学界对经济不平等扩大影响的探讨

经济不平等扩大及其所导致的其他不平等状况的恶化，对西方主流价值观——自由、平等等产生了剧烈冲击。帕特南研究指出，美国经济收入不平等不断加剧就会导致社会的机会不平等恶化——即便社会的流动速率保持不变，出身优越的孩子自起步阶段就与那些出身卑微的孩子站在不同的起跑线上，人到终局更是遥遥领先。③ 在如今剧烈不平等面前，美国人一直以来引以为傲的"美国梦"已然成为一种幻象。

斯蒂格利茨研究指出，高度不平等的存在及其所导致的对公共投资的削减和公共教育支持的减少，以及工人士气因此而遭受的影响，必然导致"一种效率和生产率都较低的经济"④。收入不平等的扩大，还会限制经济的发展与生产力的进步。在技术变革日新月异的时代，雇主需求与劳动者的技能不匹配，最终会放缓经济增长，导致美国不仅承担实

---

① ［美］约瑟夫·E. 斯蒂格利茨：《不平等的代价》，张子源译，机械工业出版社2020年版，第9页。
② Cristiano Antonelli, "The Rate and Direction of Technological Change and Income Inequality in Advanced Countries", *SSRN Electronic Journal*, January 2021.
③ 参见［美］罗伯特·D. 帕特南《我们的孩子》，田雷、宋昕译，中国政法大学出版社2017年版，第256页。
④ 参见［美］约瑟夫·E. 斯蒂格利茨《不平等的代价》，张子源译，机械工业出版社2013年版，第98页。

物成本，还浪费"机会成本"（opportunity costs）。①

美国学者也注意到在两极分化加剧之下，美国社会民主制度的"中流砥柱"——中间阶层的消失，即美国社会阶层结构发生了剧烈变化。美国学者彼得·特明（Peter Temin）指出，与不断扩大的收入不平等相伴相生的还有"中间阶层"的消失，这使得美国正在变成一个由富人和穷人组成的国家。②

事实上，更令西方学界担忧的是经济不平等所带来的社会失序与撕裂。罗伯特·桑普森（Robert J. Sampson）基于其对美国富裕社区和贫困社区的研究指出，社区间的不平等或极大的差异"涉及犯罪率、贫困问题、儿童健康、公共抗争、精英圈子的密集度、公民参与、未成年人生育、利他主义精神、社会失序的想象、集体效能和移民"③。帕特南痛心疾首地指出，在美国穷人社区，集体效能低、犯罪、毒品和暴力肆虐。人与人之间的社会信任度低，这不是因为他们天生多疑，而是险恶的生存环境让他们在一次次失望中，最终对"这个恶意满满的世界感到绝望"④。

经济不平等扩大引发了大规模抗议、社会矛盾激化，当代资本主义政治极化和资本主义民主制度的合法性危机突出。不平等的持续扩大势必会损害社会信任和社会凝聚力，进而存在引发社会冲突的危险。进入21世纪，尤其是2008年金融危机后不仅大规模抗议运动频频爆发——西班牙"愤怒的一代"抗议活动，美国"占领华尔街"运动，法国"黄马甲"运动和"黑夜站立"运动等，而且民粹主义在欧美发达资本主

---

① ［美］罗伯特·D. 帕特南：《我们的孩子》，田雷、宋昕译，中国政法大学出版社2017年版，第256—259页。

② Peter Temin, *The Vanishing Middle Class: Prejudice and Power in a Dual Economy*, Massachusetts: The MIT Press, 2017, p. ix.

③ Robert J. Sampson, *Great American City: Chicago and the Enduring Neighborhood Effect*, Chicago: University of Chicago Press, 2012, p. 356.

④ ［美］罗伯特·D. 帕特南：《我们的孩子》，田雷、宋昕译，中国政法大学出版社2017年版，第248页。

义国家兴起直接导致传统政党衰落,社会和政治极化现象日益严重,贫困化的工人阶级成为右翼、极右翼政党和保守主义力量的支持力量。①斯蒂格利茨不无忧虑地指出,日益加剧的不平等"正在分裂我们的社会,破坏我们的民主"②。

(四) 国外学界对应对不平等扩大的讨论

面对不平等扩大在经济、政治和社会领域所引发的诸多负面影响和极大的破坏性,欧美学界和政界在关注不平等问题的同时,也尝试提出相应的解决之道。皮凯蒂将应对不平等的根本之道寄希望于民主和税收的调节。他主张通过民主重新控制资本主义,进而使得大众利益高于个体利益得到保证,同时保持经济高度开放,避免贸易保护主义和民族主义。同时,应当用累进税制和全球财富税应对当前资本主义世界极速扩大的财富和收入的不平等趋势。

斯蒂格利茨则希望通过实施系列经济改革议程来改善不平等状况。这些改革有七项内容:(1) 减少寻租并创造公平的竞争环境;(2) 实行税制改革;(3) 提高大众受教育机会,完善社保制度;(4) 管理全球化;(5) 恢复并保持充分就业;(6) 构建新型社会契约;(7) 恢复可持续和公平的增长。此外,他还主张同时推进竞选捐助制度等政治议程的改革。③ 可以说,斯蒂格利茨的这些建议在西方自由主义左派经济学家中,都是相当有代表性的观点。这其中不仅涉及对金融制度、税收制度、司法制度、劳动力市场、阶级妥协机制,以及社会保障制度和民

---

① See Daniel Oesch, "The Class Basis of the Cleavage between the New Left and the Radical Right: An Analysis for Austria, Denmark, Norway and Switzerland", in J. Rydren (ed.), *Class Politics and the Radical Right*, London: Routledge, 2012, pp. 31–51.

② Joseph E. Stiglitz, "The Price of Inequality: How Today's Divided Society Endangers our Future", in Partha S. Dasgupta, Veerabhadran Ramanathan, and Marcelo S. Sorondo, (eds.), *Sustainable Humanity, Sustainable Nature: Our Responsibility*, Vatican City: The Pontifical Academy of Sciences, Libreria Editrice Vaticana, 2015, p. 379.

③ 参见 [美] 约瑟夫·E. 斯蒂格利茨《不平等的代价》,张子源译,机械工业出版社2020年版,第289—310页。

主制度的改革建议,甚至还有对新自由主义全球化的纠正建议。然而,这些建议在多大程度上能被美国精英阶层所接纳并付诸实践,连斯蒂格里茨本人都没有信心。

研究不平等问题的阿特金森也提出了降低不平等的建议。其中包括:(1)关注技术变革,赋能个人;(2)重视竞争政策中的分配问题,适当加强工会力量等平衡公共政策中的非资本力量;(3)提供保障性公共就业,制定国民薪酬政策;(4)向成年人提供赠与资本;(5)通过设立公共投资机构增加国家资产净值;(6)将累进税施于个人收入所得、遗产继承、生者赠与及房产;(7)提高社会保障水平和覆盖面,提高儿童福利;(8)将富裕国家的官方发展援助提高至国民总收入的1%。① 他与斯蒂格利茨一样,也提出了通过赋能于人以促进机会平等,以及通过收税和扩大公共支出以改善不平等的分配机制。同时,他也隐晦地承认只有工人阶级自身的觉醒和壮大,才能推动不平等的改善。

我们不能否认,帕特南、皮凯蒂、斯蒂格利茨和阿特金森对西方社会不平等的观察,在某种程度上包含对中下层民众遭遇的恻隐之心,但也应认识到他们的应对之道更多地出于缓和社会矛盾、增进资本主义自我调节功能的目的,而非解决资本主义不平等的终极之道。负责购入《21世纪资本论》版权的哈佛大学出版社编辑伊恩·马尔科姆(Ian Malcolm)对欧美学术精英和政界关注不平等的主要目的洞若观火。他将精英们对不平等问题所产生的兴趣称为"俾斯麦模式"——竭力遏制不平等在很大程度上是为了防止革命和社会稳定。换言之,对参加达沃斯论坛的西方精英人物来说,遏制不平等的扩大并不是一个正义问题,而是他们正在追逐其自身的利益,因为他们认为他们正因此失去在其中享有卓越地位的那个世界。②

---

① 参见[英]安东尼·阿特金森《不平等:我们能做什么》,王海昉、曾鑫、刀琳琳译,中信出版社2016年版,第103—210页。
② Atossa Araxia Abrahamian, "The Inequality Industry", https://www.thenation.com/article/archive/the-inequality-industry/.

第三节 研究对象、目标及研究思路框架与方法

经济不平等是西方资本主义社会诸多不平等的基础。除日益扩大的经济不平等之外，本书还注重观察其所带来的社会权利不平等，以及经济不平等的扩大与其他不平等之间的辩证关系。同时，导致不平等扩大的深层原因也是本书致力探讨的重要内容。

本书运用历史唯物主义和辩证唯物主义、定量分析与定性分析相结合的方法，以达成三个主要目标。一是通过对欧美资本主义发达国家经济不平等的变化进行纵向历史比较和横向区域国别比较，揭示当代资本主义社会不平等扩大的趋势与影响。二是对欧美国家经济不平等加剧背后的政治、经济和生产力发展等深层原因进行把握。三是在对马克思主义创始人平等观形成清晰认识的基础上，对欧美理论界多种平等观的本质及欧美国家应对不平等加剧的政策进行分析，并从中总结有益的启示。

结合研究内容和研究目标的需要，本书主体部分包括三大部分。一是对欧美国家经济不平等的升级进行定量和定性分析——将"美国梦"的幻灭、欧洲福利国家的失能具象化，同时，对经济不平等升级造成的政治社会影响进行解析。二是对造成欧美经济不平等升级的深层原因进行分析——不平等的民主，资本主义经济金融化与技术变革加速对技术资本化等因素的影响。三是对何为平等作出理论探讨，在理解和把握马克思主义创始人平等观的基础上，厘清西方思想界对"平等之物"的认识及其本质，基于此对欧美思想界改善不平等的建议和相关政策进行解析，并结合国情总结对我们推进共同富裕的启示。

第一部分

欧美经济不平等的扩大及影响

现代资本主义生产方式所造成的生产力和由它创立的财富分配制度,已经和这种生产方式本身发生激烈的矛盾。

——恩格斯《反杜林论》

第一章 欧美国家经济不平等的扩大

在一般的学术讨论中,不平等是一种状态——意味着人与人之间在地位、权利和机会方面的不平等。传统意义上的不平等更多地指"经济不平等",即狭义上的"收入不平等"和"财富不平等"和广义上的"生活条件"不平等。不平等现象在一般的学术讨论中被归为两类:一类是结果不平等,这主要表现为物质层面的富足程度差异及所导致的结果,如收入水平、受教育程度、健康和营养状况等;另一类是潜在的选择机会的不平等,如就业或教育机会受到不同程度的限制。[①] 本章从纵向和横向的比较视角,对欧美社会经济不平等的升级及其导致的劳动者社会权利恶化、机会不平等等进行探讨。

第一节 欧美国家经济不平等的演化
——纵向的历史比较

收入不平等和财富不平等,构成了经济不平等的主要内容。通过纵向的历史比较,我们能够对欧美社会收入、财富不平等扩大的趋势,以及大众贫困化问题形成更直观的认识。2011 年"占领华尔街"运动所反对的那 1% 的群体,究竟在多大程度上控制了资本主义世界第一大经济体——美国的财富,欧美国家劳动者在经济不平等升级中遭遇了何种

---

① "Concepts of Inequality", *Development Issues* No. 1, 21 October 2015, https://www.un.org/development/desa/dpad/wp-content/uploads/sites/45/publication/dsp_policy_01.pdf.

程度的贫困化问题,也是本节关注的重要内容。

一 收入的两极分化

从收入不平等的演化趋势来看,从 20 世纪初至今的 100 多年间,欧美国家的经济不平等水平总体上呈现了"先降后升"的变化趋势。在美国,顶层 1% 的财阀阶层的收入占国民收入的比重,在 1919 年达到 20 世纪的最高点——21.64%,此后逐步下降到 1978 年的最低点——10.35%。在此后 40 余年间一路攀升,到 2020 年达到 20.87%——接近 20 世纪的最高点。

欧洲的经济不平等问题,自 20 世纪初期至今也出现了相似的演变趋势。让我们先以法国为例。在 20 世纪,法国顶层 1% 群体占国民收入的比重,在 1916 年达到最高点——22.93%,此后开始下降,到 1979 年达到最低点——7.86%。但自 20 世纪 80 年代起,法国的经济不平等问题几乎与美国同步开始逐步恶化。到 2022 年,顶层 1% 群体收入占比达到了 12.69%。相较于 20 世纪初,仍低约 10 个百分点——这在很大程度上得益于第二次世界大战后法国共产党、社会党等左翼政治力量及法国工人运动所形成的收入分配压力。德国、英国、意大利、瑞典等欧洲国家 20 世纪 70 年代以来的走势与法国基本一致。不过,作为北欧高福利国家代表之一的挪威,其走势似乎成了例外,2022 年,其顶层 1% 群体收入占国民收入的比重为 6.87%,与 20 世纪 80 年代不相上下。

与美国的顶层收入占比接近历史新高相伴的是其中下层群体收入占比的大幅下降。从 20 世纪初到 70 年代,美国中下层 50% 群体的收入占比处于上升趋势,到 1969 年达到最高点 20.48%,自此之后一路下滑至目前的 9.85%。中上层 40% 群体的收入占国民收入的比重,也大致呈现出相似的先升后降趋势——于 1945 年达到最高点 49.65%,然后开始下降,目前仍维持在 40% 之上。与顶层 1% 群体相似,上层 10% 群体的收入占比也是呈现出先降后升的走势,于 1970 年降至最低点 33.55%,然

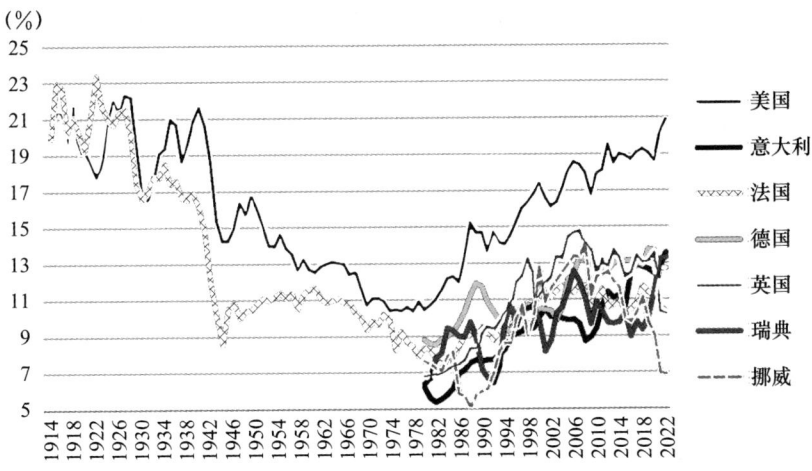

图 1-1 欧美国家顶层 1% 群体收入份额

资料来源：The World Inequality Database, https://wid.world/wid-world/.

后逐渐上升至目前的接近 50%。2022 年，美国上层 10% 群体的收入占比为 48.27%，中上层 40% 群体的收入占比为 41.88%，中下层 50% 群体的收入占比不到 10%。其中，上层 10% 群体的人均收入是中下层 50% 群体人均收入的 25 倍。

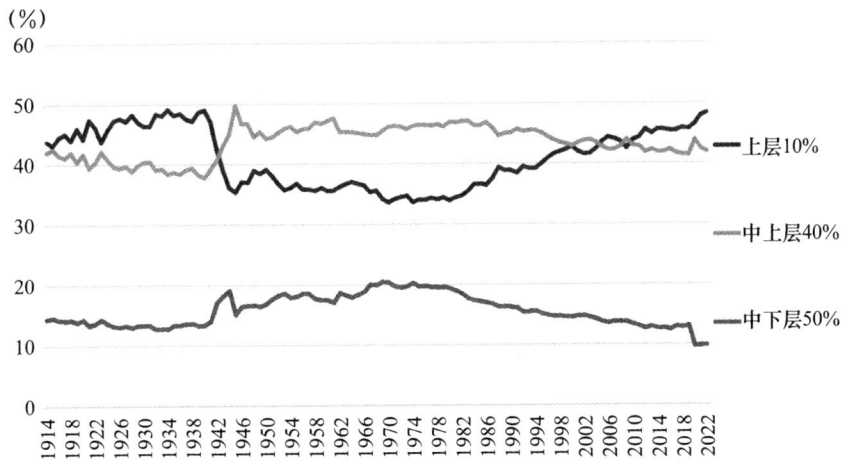

图 1-2 美国上层 10%、中上层 40%、中下层 50% 群体的收入份额

资料来源：The World Inequality Database, https://wid.world/wid-world/.

欧洲国家上层10%群体、中上层40%群体和中下层50%群体的收入也呈较明显的分化趋势。20世纪80年代初以来，意大利中间阶层和广大底层的收入占比同时下降，而顶层的收入占比持续上升。上层10%群体的收入占比从1982年的26.16%上升至2022年的39.05%；中上层40%群体的收入占比则从1982年的55.71%下滑至45.97%；中下层50%群体的收入占比从1983年的21%下降至2022年的15%。更直观地看，1983年意大利上层10%群体的人均收入是中下层50%群体人均收入的6.4倍，到2022年人均收入比已经上升至13倍，在40年里顶层群体和中下层群体人均收入差距翻倍。

20世纪初至今，法国中下层50%群体的收入占比总体趋势也是先升后降。其中，上层10%群体收入占比的下降主要发生在第二次世界大战期间（从1935年的48.53%下降到1945年的31.37%，在10年里下降了17.16个百分点）；而另一个下降期是1961年到1982年，上层10%群体收入占比下降了近8.5个百分点（从38.41%到29.94%）——这在很大程度上应归功于20世纪70年代法国共产党和法国社会党的联合执政。但此后收入不平等开始扩大。

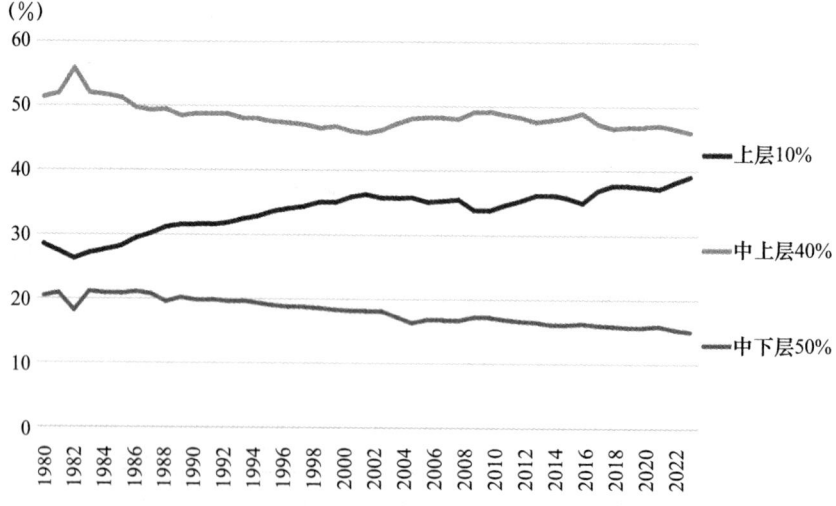

意大利

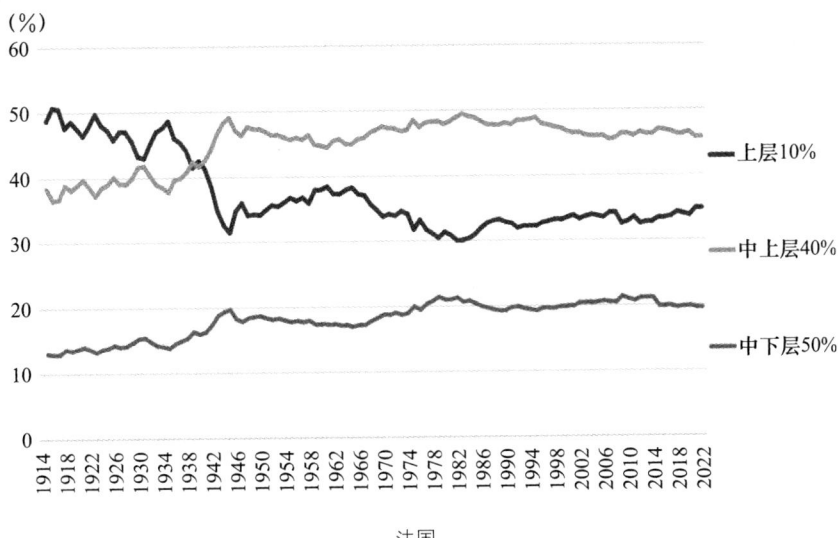

法国

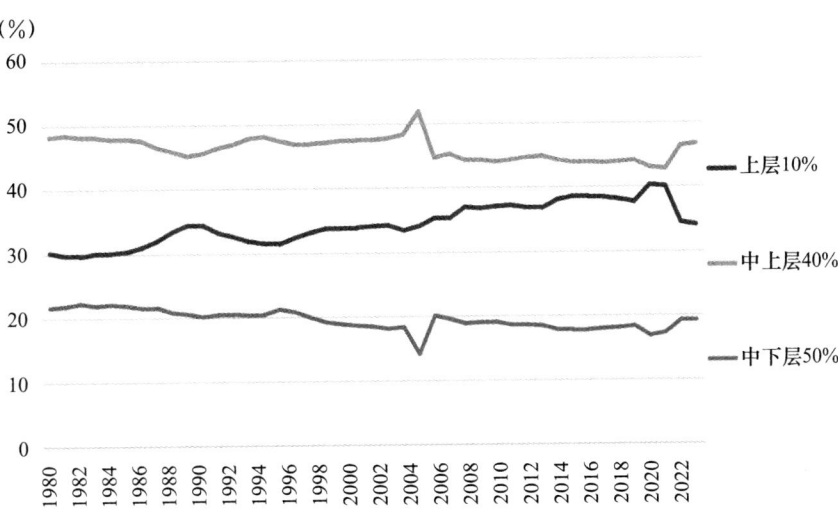

德国

28 ◆ 第一部分 欧美经济不平等的扩大及影响

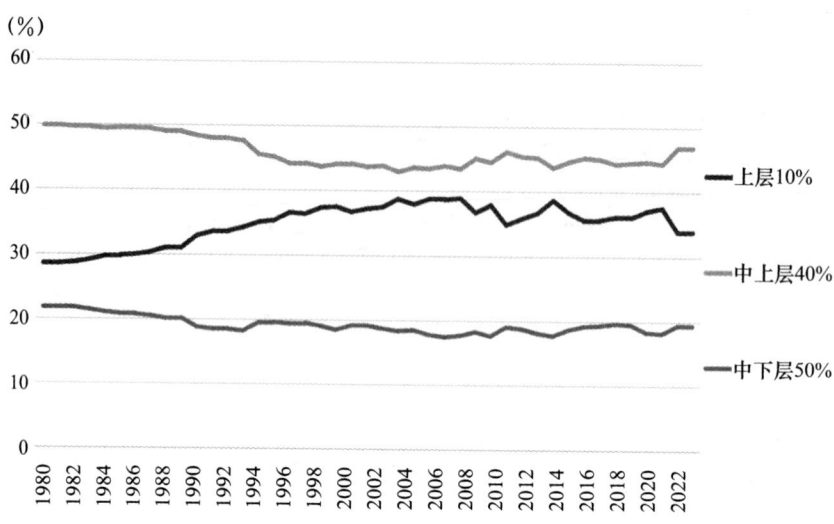

英国

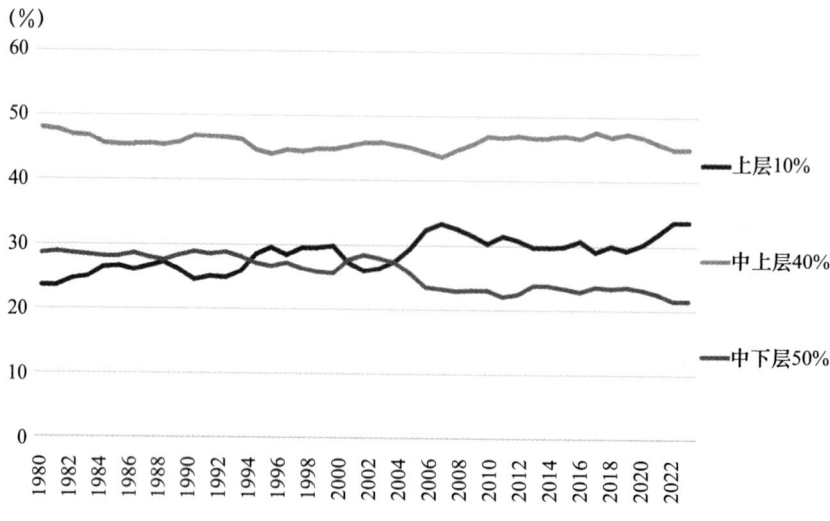

瑞典

图1-3 欧洲六国上层10%、中上层40%、中下层50%群体的收入份额
资料来源：The World Inequality Database，https：//wid.world/wid-world/.

挪威

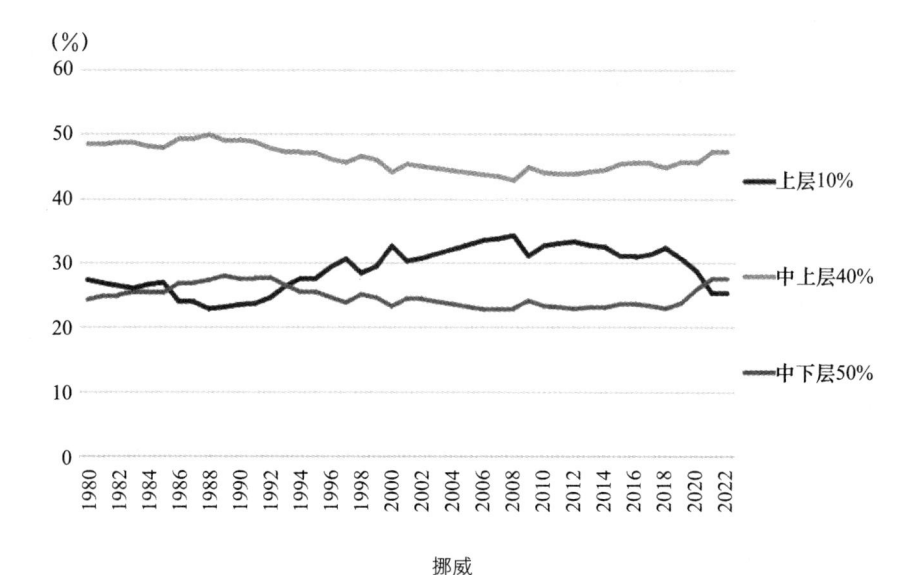

德国、英国、瑞典与意大利一样，自20世纪80年代以来，中间阶层和广大底层的收入占比均呈下降趋势，而上层10%群体的收入占比是总体上升的。其中，德国上层10%群体的收入占比从1980年的30.19%上升到2022年的34.04%，英国从1980年的28.48%上升到2022年的33.7%，瑞典从1980年的23.48%上升到2022年的33.75%。只有挪威上层10%群体的收入占比小幅下降，从1980年的27.3%下降到2022年的25.17%；相应地，挪威中下层50%群体的收入占比有小幅的增长，从1980年的24.24%上升到2022年的27.54%。相对于其他欧美国家，挪威的国有企业比重相对较高，截至2020年年底，政府持有的74家国有企业股票市值和账面资产价值总计为9060亿克朗，当年营业收入为12670亿克朗，约占GDP的37.1%，雇员总数33.4万人，约占全国劳

动人口的 11.8%。① 这对其缓和经济不平等的扩大起到了一定的作用。

二 财富的两极分化

从财富不平等的演化趋势来看，在 20 世纪初至今的一百多年里，欧美国家的不平等程度同样呈现了"先降后升"的总体走势。其中，英国顶层 1%群体的财富占比从 1906 年的最高点 72.09%下降到 1984 年的最低点 15.22%，然后又升到 2014 年的 22.59%，2022 年为 21.08%；法国 20 世纪初的不平等程度要显著低于英国，1905 年顶层 1%群体的财富占比达到最高点 56.9%，1983 年下降到最低点 15.93%，然后又逐步升高到 2014 年的 24.02%，此后基本保持在这个水平上。美国的总体走势也与之相近，只是不平等程度显著高于欧洲国家——无论是 20 世纪的最低水平，还是最高水平。比如 1980 年前后，英、法两国顶层 1%群体的财富占比达到的最低点，均为 15%左右，但美国在最低点的年份仍高达 21.79%；在 2014 年前后英、法顶层 1%人群的财富占比最高点分别为 22.59%和 24.02%，但美国的最高点则达到了 36%。

根据《福布斯》美国富豪榜公布的数据，2019 年，美国前 20 名富豪拥有的总财富为 10840 亿美元，到 2023 年，前 20 名富豪总财富已经增长至 18752 亿美元，在 4 年里增长了 73%，远远超过这期间美国总体财富的增长速度；2019 年，美国前 10 名富豪拥有的总财富为 7011 亿美元，到 2023 年，前 10 名富豪总财富已经增长至 13293 亿美元，在 4 年里增长了 90%；世界首富的财富也从 2019 年的 1140 亿美元增长至 2023 年的 2510 亿美元，4 年里增长 120%。② 由此可见，美国社会财富往顶层集中的趋势非常明显，顶层人群持有的财富增长速度很快。

---

① 参见中国驻挪威经商参处《挪威国有企业发展概况和特点》，http://no.mofcom.gov.cn/article/zcfg/202210/20221003361474.shtml。

② 参见《2023 福布斯—美国富豪榜 TOP100》，https://www.forbeschina.com/lists/1813；《2019 福布斯—美国 400 富豪榜》，https://www.forbeschina.com/lists/1722。

图 1-4　顶层 1% 群体占财富总量比重

资料来源：The World Inequality Database, https://wid.world/wid-world/.

此外，从 20 世纪 60 年代到 21 世纪的今天，美国上层 10% 群体的财富占比也呈先降后升的走势，从 1962 年的 71.19% 下降至 1985 年最低点 62.71%，然后一直上升至目前的 70.7%；中上层 40% 群体则呈现出先升后降趋势，于 1985 年达到最高点 35.95%，之后一路下滑至 28% 左右；中下层 50% 群体的财富占比极低，自 1962 年以来从未超过 2%。2022 年，美国上层 10% 群体的财富占比为 70.7%，中上层 40% 群体的财富占比为 27.95%，中下层 50% 群体的财富占比不到 1.35%——上层 10% 群体的人均财富达到中下层 50% 群体人均财富的 262 倍！这种变化趋势表明，自 20 世纪六七十年代以来，美国中间和中下层大众的收入占比和财富占比都在下降，而所谓的"中产阶级"正走向空心化，滑向底层。美国精英阶层所鼓吹的最稳定社会模型——"橄榄形社会"的经济基础已经不复存在。

再转向欧洲的财富不平等情况。20 世纪初至今，法国中下层 50%

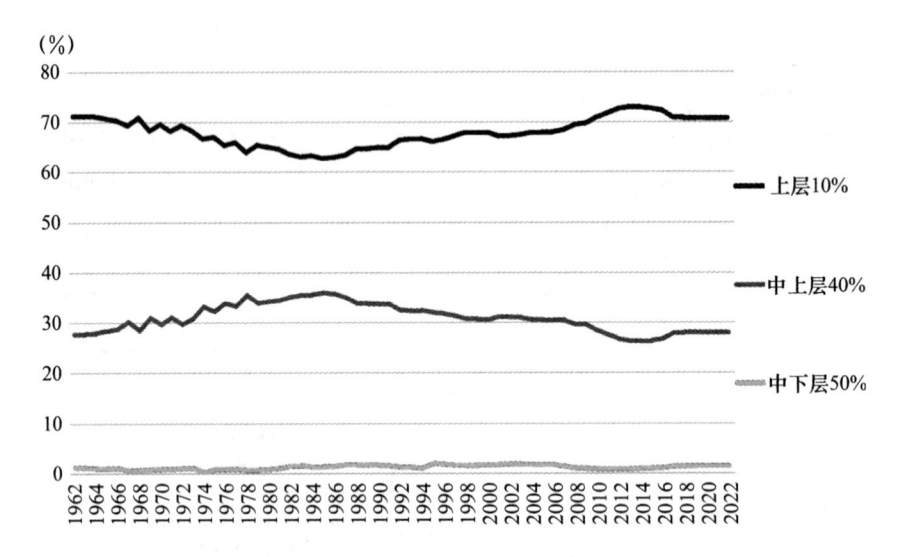

图 1-5 美国上层10%、中上层40%、中下层50%群体占财富总量比重
资料来源：The World Inequality Database, https：//wid.world/wid-world/.

群体的财富占比总体上呈现出先升后降态势，1902年，法国中下层50%群体的财富占比是1.56%，到1988年已经上升至9.15%，2022年则下降至4.72%；同期，法国中上层40%群体的财富占比从1902年的14.39%上升至1992年的41.65%，然后下跌至2022年的37.59%。同期，法国上层10%群体的财富占比从1902年的84.05%下降至1984年的49.97%，然后上升至2022年的57.69%。更直观地看，1902年，法国上层10%群体的人均财富是中下层50%群体人均财富的269倍，到1988年，其人均财富比已经下降至27.6倍，2022年又再次上升至61.1倍。这其中不能忽视第二次世界大战后法国共产党与法国社会党联合执政时期分配政策对弱化不平等的影响，及其衰落和新自由主义兴起对不平等扩大的影响。

20世纪90年代至今，意大利上层10%群体的财富占比总体上呈现出上升走势，从1995年的44.72%上升至2004年的59.57%，2022年略降至56.19%；中上层40%群体则呈现出先降后升趋势，从1995年的45.46%

下降至 2004 年的 33.66%，然后上升至 2022 年的 41.46%；中下层 50% 群体的财富占比始终低于 10%，总体上呈现下降趋势，1995 年为 9.82%，2012 年下降至 1.29%，2022 年小幅增至 2.19%。2022 年，意大利上层 10% 群体的人均财富是中下层 50% 群体人均财富的 128 倍！

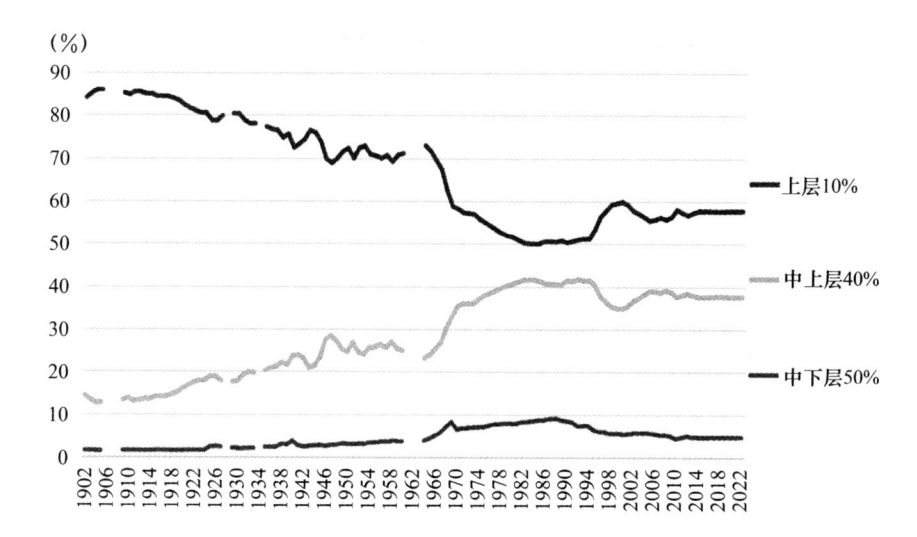

法国

意大利

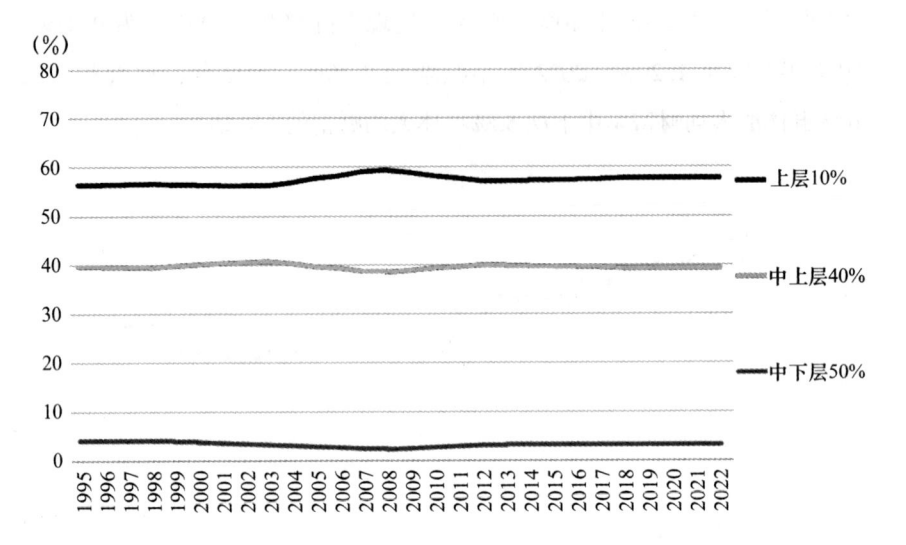

34 ◆ 第一部分　欧美经济不平等的扩大及影响

德国

英国

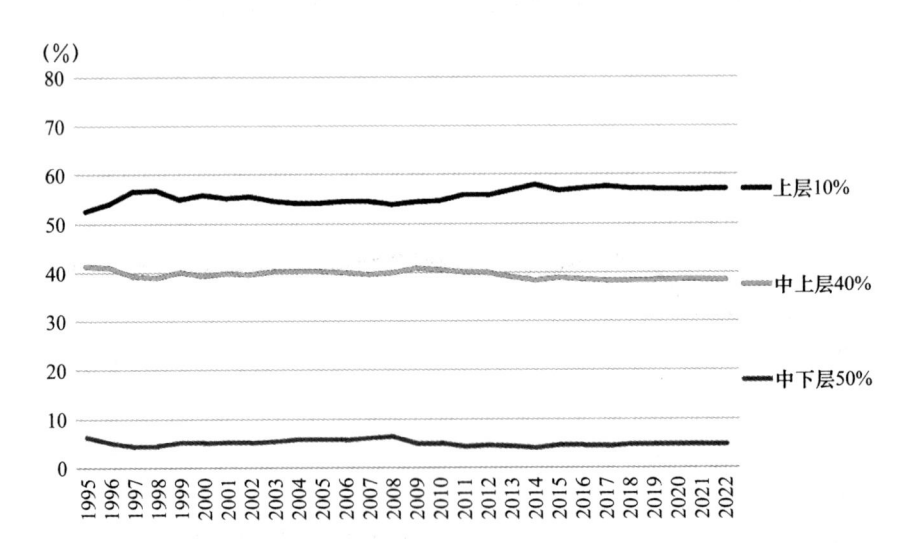

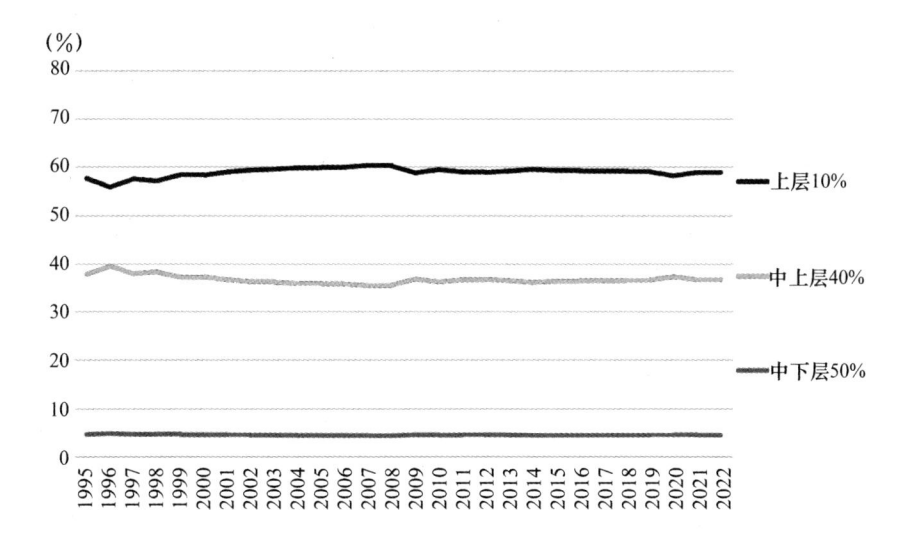

瑞典

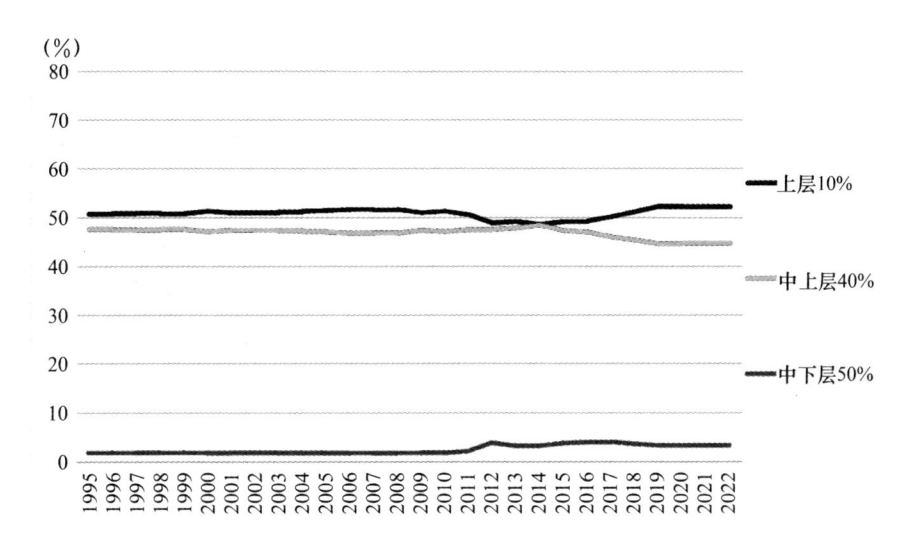

挪威

图1-6 欧洲六国上层10%、中上层40%、中下层50%群体占财富总量比重
资料来源：The World Inequality Database，https://wid.world/wid-world/.

从财富不平等演化趋势来看，德国、英国、瑞典、挪威与意大利一样，自20世纪90年代中期以来，上层10%群体、中上层40%群体和中下层50%群体的收入占比变化较小，相对较为稳定。其中，上层10%群体财富占比均在50%—60%，中上层40%群体的财富占比都在30%—40%（只有挪威的中间及中上层40%人群阶层的占比相对较高，2022年为44.65%），中下层50%群体财富占比均在10%之下。

三 大众的贫困化

近年来，与欧美国家收入与财富的两极分化相伴的，还有欧美国家底层大众的严重贫困化问题。根据美国议会调查局（The Congressional Research Service，CRS）的报告，2019年，美国总体贫困率为10.5%，2021年增至11.3%，有3790万人生活在贫困之中。其中，青少年贫困率从2020年的16%微降至2021年的15.3%，老年贫困率则有较大幅度增长，从8.9%增至10.3%。[1] 然而，美国学者指出，作为世界第一大经济体的贫困问题实际上应该更为严重。因为美国官方的衡量贫困标准，自20世纪60年代中期以来几乎就没有变化过。它是通过将税前收入与1963年设定的最低饮食成本三倍的阈值进行比较来计算的。[2]

根据经合组织的不完全统计数据，意大利的贫困率从2004年的12.2%增至2020年的14.2%，增幅达16.4%；法国的贫困率从2013年的7.9%增至2019年的8.4%；德国的贫困率从2012年的8.5%增至2019年的10.9%，增幅达28.2%；英国从2011年的10.4%增至2019年的11.2%。[3]

经合组织的贫困差距（Poverty gap）比率，是对一个国家大众的贫

---

[1] "Poverty in the United States in 2021", https://crsreports.congress.gov/product/pdf/R/R47354.

[2] Juhohn Lee, "37.9 million Americans are living in poverty, according to the U.S. Census. But the problem could be far worse", https://www.cnbc.com/2023/03/07/why-poverty-might-be-far-worse-in-the-us-than-its-reported.html.

[3] "Poverty rate", https://data.oecd.org/inequality/poverty-rate.htm.

困化水平、下层民众的贫困化问题演化的更细致衡量。贫困差距比率指贫困人口的平均收入低于贫困线①的比率。自2008年以来,欧洲主要国家的贫困差距比率都表现出不同程度的上扬,这意味着滑入贫困线以下的群体的贫困化程度在加深。据经合组织2022年公布的统计数据,从2008年到2018年,意大利的贫困差距比率从33.2%增至39.6%,增幅为欧洲主要国家之最;从2008年到2020年,英国的贫困差距比率从32.4%增至36.3%;德国的相应比率从2012年的21.8%增至2019年的25.3%。法国贫困差距比率增幅较为温和,从2013年的24.4%增至2019年的26.1%。②

在欧洲,来自中下层家庭的17岁以下青少年贫困问题,也非常值得关注。据经合组织统计数据,德国青少年贫困率由2012年的8.4%,增至2020年的10.9%;法国青少年贫困率由2013年的7.9%增至2019年的8.4%;意大利青少年贫困率从2009年的12%增至2018年的14.2%;英国青少年贫困率则从2011年的10.4%增至2018年的12.4%。③

同时,欧洲主要国家中下层老年贫困问题也相当突出。据经合组织2022年发布的数据,近十年来英国66岁以上老年贫困率在14%—15%浮动,意大利的老年贫困率自2012年的9.2%增至2018年的11.3%,德国则从2011年的9%增至2019年的11%。法国老年贫困问题较为温和,但也呈现出恶化趋势——从2012年的3.2%增至2019年的4.4%。④

显然,欧美国家底层民众都经历着非常类似的贫困化过程。在2008年金融危机后,这一趋势更为显著。尤其是老年群体、青少年群体的贫困问题更为严峻。

---

① 贫困线被定义为总人口的家庭收入中位数的一半。
② "Poverty gap", https://data.oecd.org/inequality/poverty-gap.htm#indicator-chart.
③ "Poverty rate", https://data.oecd.org/inequality/poverty-rate.htm.
④ "Poverty rate", https://data.oecd.org/inequality/poverty-rate.htm.

第二节　美国更不平等
——横向的国际比较

如前文所直观呈现的，美国1%群体的问题比欧洲国家更为严峻，无论是从收入指标还是从财富指标来看，都表明美国的不平等程度是发达国家中最高的。一方面，美国两极分化程度远远高于欧洲各国；另一方面，20世纪70年代以来美国不平等扩大的速度也远高于欧洲。对此，应作更具体的分析。

一　基于收入分配的横向比较

从收入分配的角度来看，美国不平等程度激增，而欧洲的不平等趋势以较温和的方式扩大。在20世纪70年代中叶之前，美国和法国的不平等程度不相上下。20世纪70年代中叶之后，美国的不平等程度迅速攀升，而法国等欧洲国家的不平等程度总体上仅略有上升。1976年，美国和法国上层10%群体的收入分别是中下层50%群体收入的8.3倍和8.2倍，2022年，美国和法国这一比值分别扩大到23.2倍和8.6倍。相对于美国的极度分化，法国的分化程度要温和得多。1976年，美国和法国的基尼系数分别是0.45和0.457。2022年，美国和法国这一指标分别为0.627和0.461。[①] 欧洲其他国家的收入在1976—2022年与法国基本类似，不平等程度均有扩大，但与美国相比，增长斜率要低很多。此外，以瑞典、挪威为代表的北欧国家不平等程度又低于西欧和南欧国家。

1980—2017年几乎所有欧洲国家以及整个欧洲的税前和税后不平等都在加剧，但程度远不如美国，增长幅度也远低于美国。欧洲顶层1%群体的收入占比在税前和转移支付前从8%上升到11%，在税后从7%上升到9%。在美国，税前收入最高的1%群体在同一时期的收入占

[①] The World Inequality Database, https：//wid.world/wid-world/.

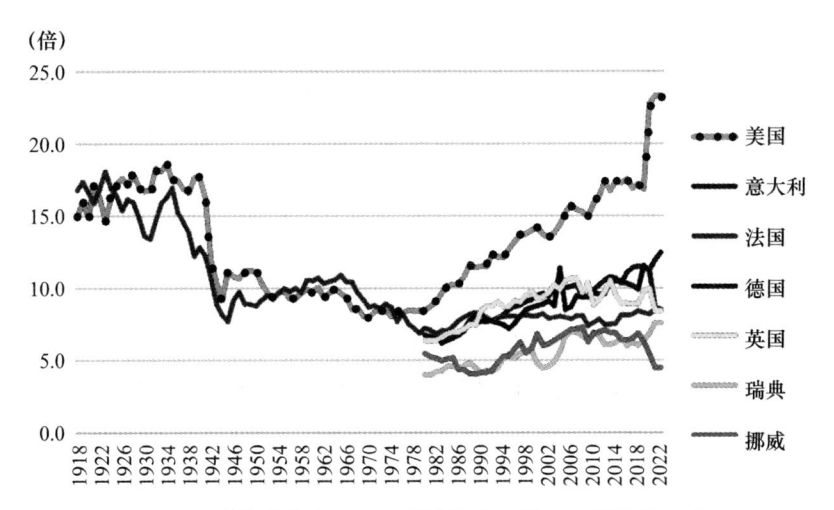

图 1-7　欧美国家上层 10% 群体和中下层 50% 群体收入比

资料来源：The World Inequality Database，https：//wid. world/wid-world/.

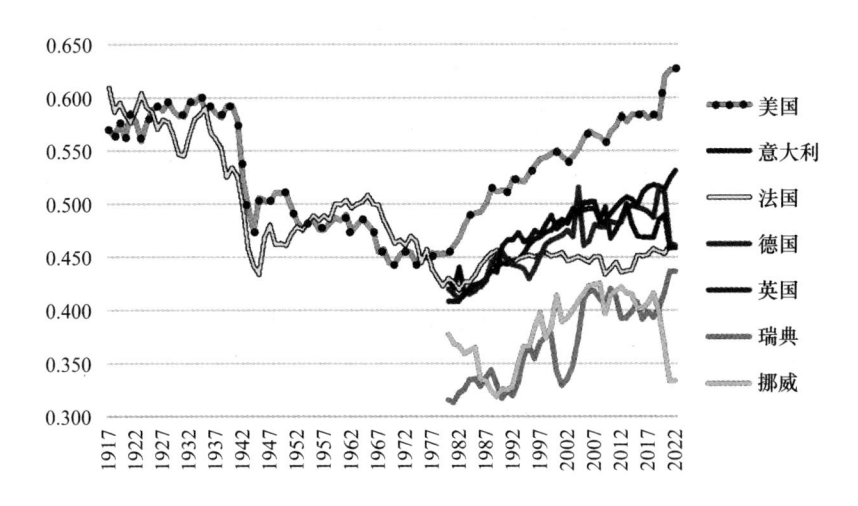

图 1-8　欧美国家收入基尼系数

资料来源：The World Inequality Database，https：//wid. world/wid-world/.

比从 11% 上升到 21%，税后收入最高的 1% 群体收入占比则从 9% 上升到 16%。尤其是在 1980—2000 年，欧洲收入最高的 1% 群体收入的增长速度是中下层 50% 群体的两倍多，占地区收入增长的 17%。欧洲的相对贫困率经历了起伏——从 1980 年的 20% 上升到 2017 年的 22%。东欧的不平等程度更加剧烈，而西欧的趋势则较为平缓。北欧也经历了不平等的大幅增长，但无论在实施再分配前还是之后，北欧仍是发达资本主义国家中相对平等的地区。

欧洲在收入分配方面比美国更加平等，其原因主要有两方面。一是再分配方面的差异。比如经合组织（2008[①]，2011[②]）就认为，再分配是欧洲不平等程度低于美国的主要原因。欧洲是福利国家理论和实践最充分的地区，欧洲国家拥有更强的政府干预手段和社会调节功能，政府实行高水平的转移支付和高标准的社会保障，从而有利于降低不平等。从数据来看，欧洲约 47% 的国民收入被征税和再分配，而美国仅为 35%。二是初次分配的差异。比如，皮凯蒂等人的一项研究[③]所得出的观点与经合组织相左。在考虑了所有税收和转移支付之后，美国似乎比任何欧洲国家都将更多的国民收入重新分配给了中下层 50% 的群体。因此，欧美国家之间的不平等程度差异并不能归因于再分配水平，而是要归因于税前初次分配——欧洲福利国家要比美国做得更好些。而今，欧洲的传统马克思主义政党虽已衰落，但欧洲社会主义运动的遗产和追求公平正义的左翼光辉传统的影响还在，尤其是工会力量相对更强，有时能够通过集体谈判为工会会员谋求略大份额的经济成果分配，使得工资差距不像在美国那般扩大。也就是说，相对于美国而言，由于社会主义运动和工会组织的压力，欧洲资本主义不仅再分配制度相对完善，在初次分配方面对工人阶级作出的妥协也更大。

二 基于财富分配的横向比较

从财富两极分化的程度来看，美国也比欧洲国家更不平等。自 20

[①] OECD, *Growing Unequal*: *Income Distribution and Poverty in OECD Countries*, Paris: OECD Publishing, 2008.

[②] OECD, *Divided We Stand*: *Why Inequality Keeps Rising*? Paris: OECD Publishing, 2011.

[③] Thomas Blanchet, Lucas Chancel and Amory Gethin, "Why is Europe more equal than the United States?", *American Economic Journal*: *Applied Economics*, 2022, Vol. 14, No. 4, pp. 480-518.

世纪 60 年代以后，美国上层 10% 群体与中下层 50% 群体的财富之比远高于欧洲国家。2021 年，美国上层 10% 群体拥有的财富是中下层 50% 群体的 233 倍，同年，意大利、德国、挪威、英国、瑞典和法国分别为 111 倍、87 倍、72 倍、62 倍、61 倍和 60 倍。在财富基尼系数方面，尽管 20 世纪 60 年代初美国和法国差距不大，1964 年，美国基尼系数为 0.83，法国为 0.81，相差无几，但之后美国和法国的差距迅速拉大，2022 年，美国财富基尼系数依然为 0.83，但法国已经下降为 0.72，其他欧洲国家与法国基本相同，瑞典、英国、挪威、德国和意大利财富基尼系数分别为 0.73、0.73、0.74、0.74 和 0.75。

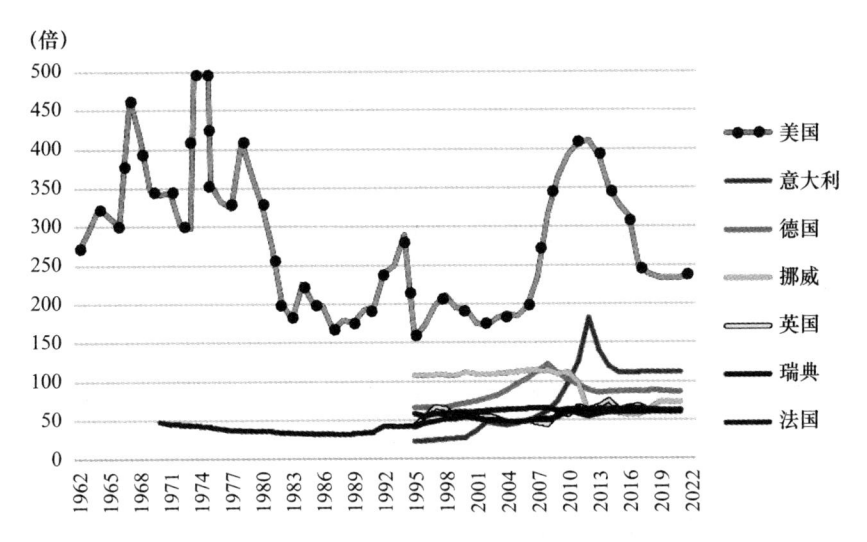

图 1-9 欧美国家上层 10% 群体和中下层 50% 群体的财富比
资料来源：The World Inequality Database，https://wid.world/wid-world/.

2023 年 2 月，中国外交部发布的《美国贫富分化持续恶化的事实真相》报告也指出，20 世纪 70 年代以来，美国财富分化日益加剧，富者愈富，贫者愈贫，中间阶层遭挤压。美联储关于家庭财富的报告显示，截至 2021 年第四季度，美国最富有的 1% 群体拥有的总财富达到创纪录的 45.9 万亿美元，在新冠疫情期间增加了超过 12 万亿美元，增幅

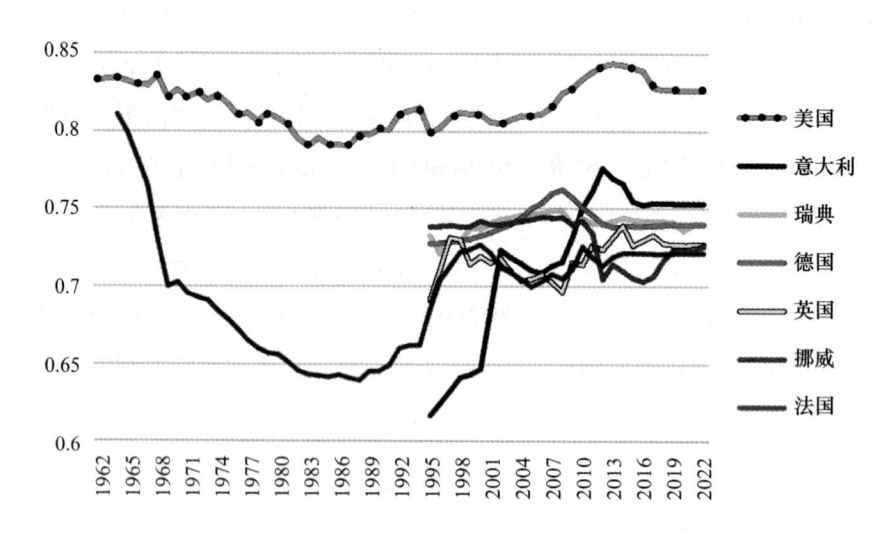

图 1-10　欧美国家财富基尼系数

资料来源：The World Inequality Database，https：//wid.world/wid-world/.

达三分之一以上。美国前 1% 家庭拥有的财富比例达到创纪录的 32.3%，1989 年仅为 23.6%；后 50% 家庭（约 6300 万个家庭）仅拥有 2.6% 的财富，1989 年为 3.7%。[①]

20 世纪 70 年代中叶以来，美国在功利主义和新自由主义政治哲学的指引下，将效率和效用置于首位，通过经济金融化、技术创新等手段推动整个国家的收入与财富呈爆发式增长（抑或相当程度上的虚假繁荣）——这是难以否认的事实。1976 年，美国的 GDP 为 1.87 万亿美元，欧洲前四大经济体——德国、法国、英国和意大利的 GDP 总和为 1.35 万亿美元，约为美国的 72.2%；2022 年，美国的 GDP 规模达到了 25.44 万亿美元，欧洲前四大经济体的 GDP 总和为 12 万亿美元，为美国 GDP 的 47.2%。或者扩大一下范围，1976 年，欧洲前 11 国的 GDP

---

① 参见中华人民共和国外交部《美国贫富分化持续恶化的事实真相》，2023 年 2 月，https：//www.mfa.gov.cn/web/wjb_673085/zzjg_673183/bmdyzs_673629/xwlb_673631/202302/t20230224_11030966.shtml。

总和为 1.88 万亿美元——略高于美国，到 2022 年，这 11 国的 GDP 之和为 17.38 万亿美元，下降至美国 GDP 的三分之二左右。但从分配的角度来看，这种增长却体现了一种非正义性——因为整个国家收入和财富的增长，都为美国上层 10% 群体，尤其是顶层 1% 的财阀所有、所享、所治。

第三节　经济不平等的扩大与欧美社会权利不平等的恶化

近年来，欧美国家经济不平等的扩大，导致社会权利不平等进一步升级，尤其移民、少数族裔群体社会权利的恶化，或者说经济不平等与不同程度的种族歧视、种族不平等往往相互交织、强化。这主要体现在劳动者的就业机会和就业保护、教育机会和医疗健康资源分配等方面。同时，社会权利不平等的加剧，反过来又强化了经济不平等。

一　经济不平等扩大导致社会权利不平等恶化的机理

马克思主义创始人深刻地指出资本主义社会的私有制是资本主义不平等产生并不断扩大的根源，平等本身就具有历史性和阶级性。马克思主义所揭示的生产力与生产关系、经济基础与上层建筑的辩证关系，就是理解和把握经济不平等升级与劳动者社会权利恶化辩证关系的最基本原理。资本主义生产关系的实质是以私有制为基础的雇佣劳动制，这必然会塑造一个分层的、不平等的社会。正如马克思在《哥达纲领批判》中所指出的："权利决不能超出社会的经济结构以及由经济结构制约的社会的文化发展。"[①] 换言之，即便资产阶级几百年来一直宣扬自由、平等，西方政治哲学家对正义、机会平等、可行能力平等等作出了各种先验的、理想化的设想，现实政治经济社会生活中存在的基于经济不平

---

① 《马克思恩格斯文集》第 3 卷，人民出版社 2009 年版，第 435 页。

等而生成的社会权利不平等和机会不平等,则与之形成了强烈的对比与反讽。

马克思深刻地指出:"权利同权利相对抗,而这两种权利都同样是商品交换规律所承认的。在平等的权利之间,力量就起决定作用。"① 因此,在资本主义社会,经济不平等及资产阶级与劳动大众之间的经济权力不对等,必然会导致政治权利、社会权利的不对等。资产阶级,尤其是顶级财阀往往能够通过运用其手中的经济权力进行组织化政治动员,以远优于工人阶级组织的非对称影响力,干预公共资源和就业机会的分配,进而巩固其经济上的优势地位。在这样的背景下,普通大众通过个人努力实现阶层突破的可能性,从表面看来受制约于个人的家庭经济状况和价值观,实际上受到的是一种根深蒂固的结构性制约——这种制约来自工人阶级身处其中的资本主义社会生产关系,需要其在科学理论指导下进行持续反抗才能有所突破。

非马克思主义学者对经济不平等如何转化为地位不平等和机会不平等,及其后者的影响进路,从微观视角进行了揭示。如中国香港学者慈继伟曾划分出三种"贫困的风险"以表明贫困之于人的生存与发展的极大破坏性。一是当经济匮乏威胁到生存需求时,就是"生存贫困";二是当社会要求人们必须以某种方式生活才能获得尊重,而某些人也因为经济条件不足而无法满足时,便是"地位贫困";三是如果社会要求人们必须以某种方式发挥作用、作出贡献,成为一个正常发挥作用的能动者,但某些人也因经济条件不足而无法实现这一点,那么就是"能动性贫困"②。如一个人由于贫穷而被标记为"地位低下",则会限制其能动性;而即便一个人充分感受到自己作为能动者在工作、消费等参与社会经济生活,但仍有可能经历"地位贫困"。此类具有西方社会学叙事

---

① 《马克思恩格斯文集》第 5 卷,人民出版社 2009 年版,第 272 页。
② Jiwei Ci, "Agency and Other Stakes of Poverty", *Journal of Political Philosophy*, Vol. 21, No. 2, 2013, pp. 125-150.

风格的解释，也从侧面印证了马克思主义创始人关于工人阶级在资本主义社会遭受异化劳动和贫困化困境的学说。

美国哲学家托马斯·M.斯坎伦（Thomas M. Scanlon）指出，在美国，经济不平等对实质的机会平等确实构成了严重威胁，因为富人不仅可以为其子女提供更多的东西，而且他们的政治影响力阻碍了为所有人提供足够好的公共教育。① 罗尔斯在其对正义的理论阐释中，也指出家庭出身的影响。"公平的机会平等"意味着"那些拥有同等水平的才能和能力并具有相同的意愿来使用它们的人，无论他们在社会制度中的初始地位如何，都应拥有同样的成功前景。"② 罗尔斯还对没有实现"公平的机会平等"的情况进行了说明。但他只是指出，如果许多人的心理成长模式由于不幸的家庭环境导致他们"未能作出努力"，从而没有资格获得那些能力，那么就意味着"公平的机会平等"没有实现。③ 所以说，相较于马克思对资本主义社会的深刻批判而言，罗尔斯等西方学者的理论分析虽有较大的启示意义，但远未触及根本。

二 经济不平等的扩大塑造教育不平等

教育是出身底层家庭的孩子向上流动的途径之一。按照种族和社会经济划分的美国教育资源，在不同族群和社区之间的分配是极不均衡的。在新冠疫情期间，种族和不同社会阶层在获取教育资源方面的差距被进一步放大。在少数族裔集中的社区，有的学校的基础设施、卫生设施和通风系统匮乏，疫情期间无法现场教学；远程教学也因大量学生没有电脑或没有无线互联网可接入而陷入困境；富裕社区的学生可以继续享受"学习小组"甚至获得"一对一"教育资源。④ 除了教育中存在的

---

① 参见［美］托马斯·斯坎伦《为什么不平等至关重要》，陆鹏杰译，张容南校，中信出版社 2019 年版，第 13—28、85—107 页。
② John Rawls, *A Theory of Justice*, Cambridge, MA: Harvard University Press, 1991, p.73.
③ John Rawls, *A Theory of Justice*, Cambridge, MA: Harvard University Press, 1991, p.64.
④ 参见魏南枝《2020 年的美国社会：新冠肺炎疫情、抗议骚乱与社会撕裂》，载倪峰主编《美国研究报告（2021）》，社会科学文献出版社 2021 年版，第 102 页。

巨大数字鸿沟外，美国教育机会不平等最直观且鲜明的证据就是知名大学中学生的构成：大约只有9%的人来自中下层50%的家庭，74%的人则来自上层25%的家庭。① 而且学习成绩好的穷孩子比学习成绩差的富家子弟更不容易大学毕业，即便毕业了，穷人家孩子的日子过得仍然不如低成就的富家子弟。② 这也是《乡下人的悲歌》非虚构故事主角所陈述的事实。在自由主义者口中流传甚久的"美国梦"——机遇平等，对于日益贫困化且通过教育向上流动机会渺茫的中下层大众而言，具有强烈的反讽意味。

教育在欧洲资本主义国家也被视为公民实现其社会、经济和公民权利的基本工具。然而，在经济上处于中下层的群体，往往在包括但不限于教育经费、有经验的优良师资、书籍和教学技术等教育资源分配中处于弱势地位。在英国，只有6%的年轻人接受私立教育，但他们占罗素大学集团③学生的55%。研究发现，罗素大学集团的学生，毕业后五年的收入比其他大学的学生多40%。④ 因此，来自社会中下层不太可能进入罗素大学集团（The Russell Group）的学生，未来摆脱贫困的机会就较少。在法国，通过选拔考试入学且排名前10%的高校中，家庭社会背景优越的学生比例达到了80%。⑤

新冠疫情中的数字化教学，进一步暴露了欧洲主要国家的教育不平等。在英国，据来自贫困学校的15%的教师报告，新冠疫情期间，超过

---

① Alexander Astin and Leticia Osequera, "The Declining 'Equity' of Higher Education", *Review of Higher Education*, 2004, Vol. 27, no. 3, p. 321-341.

② 参见［美］约瑟夫·E. 斯蒂格利茨《不平等的代价》，张子源译，机械工业出版社2020年版，第20—21页。

③ 罗素大学集团（The Russell Group）成立于1994年，由剑桥大学、牛津大学等英国最顶尖的24所世界一流研究型大学组成，是全世界产生诺贝尔奖得主最多的著名高校联盟，代表英国大学的最高学术水平。

④ "Inequality in the UK Higher Education System", https://sites.manchester.ac.uk/global-social-challenges/2019/05/23/inequality-in-the-uk-higher-education-system/.

⑤ "Comment Démocratiser Enfin L'accès Aux Grandes Écoles?", https://www.inegalites.fr/Comment-democratiser-enfin-l-acces-aux-grandes-ecoles?id_theme=17.

三分之一的学生无法通过电子方式获取学校作业，而在资金更充裕的学校中，这一比例仅为2%。① 在意大利为应对新冠疫情而实施封控措施期间，8%的儿童和青少年被排除在任何形式的远程学习之外，这一比例在残疾学生中上升到23%。②

三 经济不平等与就业机会和社会保障权利不平等的恶化

就业机会与社会财富初次分配和二次分配的不平等——所谓社会政策的失衡，也是当代欧洲资本主义社会不平等的重要内容。换言之，在财富分化与机会不平等之间，存在相互强化的辩证关系。在经济不平等的扩大、资产阶级经济权力扩张的同时，劳动大众社会权利萎缩。或者说，经济不平等的进一步扩大，塑造了资本主义等级社会中劳资双方社会权利不平等的升级。垄断经济资源的财阀，为攫取更多利润，推动政府在社会政策领域实施放宽就业管制、推行灵活就业等措施。居主导地位的资本对种族主义歧视文化的强化，也进一步削弱了移民群体的社会权利。

从微观层面而言，欧美国家中下层群体在收入、财富和受教育程度等方面所遭遇的不平等，不仅直接造成其子女受教育机会的不平等，而且造成子女生活环境、生活条件，乃至成年后就业机会的不平等。在就业市场两极分化比较严重的美国，出身底层家庭的孩子不仅不容易就业，而且即便就业也更易被迫选择非常规就业方式，且更易陷入"工作贫困"（working poor）状态。2019年，美国平均时薪最低但吸收就业人口较多的行业依次是休闲和酒店业（16.77美元）、零售业（20.04美元）和交通与仓储业（25.06美元），其中休闲和酒店业吸收就业人口

---

① "Carl Cullinane and Rebecca Montacute, 'COVID-19 and Social Mobility Impact Brief #1: School Closures'", https://www.suttontrust.com/wp-content/uploads/2021/01/School-Shutdown-Covid-19.pdf.

② "Neet, Abbandono Scolastico e Disuguaglianze Sociali: Le Conseguenze Della Pandemia Nel Rapporto Dell'Istat", https://www.tuttoscuola.com/neet-abbandono-scolastico-e-disuguaglianze-sociali-le-conseguenze-della-pandemia-nel-rapporto-dellistat/#.

1621.3万人，零售业也多达1630.92万人。美国平均时薪较高的三个行业依次为信息产业（42.34美元）、公用事业（41.98美元）、金融业（36.36美元）。① 但是，往往这三个行业对劳动者的教育水平和技能都有相当高的要求，而吸收就业人口也少得多。

近二十年来，极速膨胀的垄断资本推动着美国"灵活劳动力市场"的快速发展，非常规就业因此大幅增长。根据国际劳工组织（ILO）的界定，非常规就业主要包括临时就业（temporary employment）、兼职就业（part-time work）、临时劳务中介（temporary agency work），以及雇主为了逃避劳动法规的监管，而与雇员签订商业合同、合作协议等"被伪装的雇佣关系"等。② 其中临时就业，合同期限短，工资水平低于正式就业且没有其他的社会福利保障，抑或即便有社保也不充分。工作时长每周不满35小时的兼职就业，是美国的非常规就业中占比最高的一种形式。尽管在美国兼职工作已经相当普遍，但却是很多劳动者非自愿的一种选择。因为兼职就业的工资水平和社保缴税都低于常规就业，甚至没有医疗保险的保障。这是美国很多雇主为压缩劳动力成本而极力推行的一种雇佣方式。其他非常规就业如短期工等更加得不到相应的劳动保障，甚至会遭遇拒付工资的情况。在2020年新冠疫情期间，由于现金支持及食物救济的不足，高达20%的非洲裔和18%的拉美裔家庭甚至一度陷入食物不足的困境。③ 这发生在当今世界上生产力水平如此发达且物质产品如此丰裕的资本主义国家——美国，何其讽刺、何其悲哀！

尽管美国官方公布的低失业率数据与英国一样，在欧美发达国家中

---

① Bureau of Labor Statistics, "The Employment Situation: December 2019", https://www.bls.gov/news.release/archives/empsit_01102020.htm.

② ILO, *Non-Standard Employment around the World: Understanding Challenges, Shaping Prospects*, Geneva: International Labor Office, 2016, pp. 7-9.

③ Center on Budget and Policy Priorities, "Tracking the COVID-19 Recession's Effects on Food, Housing, and Employment Hardships", https://www.cbpp.org/research/poverty-and-inequality/tracking-the-covid-19-recessions-effects-on-food-housing-and.

都显得颇为"亮眼",将被高失业困扰的南欧国家远远甩在身后,但美国的贫困率,尤其是绝对贫困率并不低于欧盟多个成员国。这说明,由于就业市场的两极分化和非常规就业的常态化,美国家庭和劳动者的"工作贫困"问题严重。同时,在"奖勤罚懒"、注重效用最大化的功利主义福利平等原则指导下,美国的社会保障制度是与就业紧密相连的"补缺型"(Residual Welfare)而非全民覆盖的"制度型"(Institutional Welfare)。这种制度强调依靠家庭和市场来提供个人所需的福利待遇。因此,本就经济状况不稳定的中下层人群,在陷入非常规就业困境的同时,还享受不到与常规就业同等的社会保障权益。事实上,即便在常规就业状态下,美国的失业保险制度也是发达资本主义国家中最吝啬的,以至于根本不能够给予失业者足够的收入支持。

由于"生存贫困"恶化和机会不平等的扩大,及其与近年来新冠疫情大流行的叠加,美国社会的多重撕裂加剧,社会治安恶化。2020年,美国大规模枪击事件增加46%以上。[1] 据美国联邦调查局发布的一项报告,2020年上半年,美国谋杀案总体比2019年同期增长了14.8%,纵火案同比增加了19%。其中,芝加哥地区发生的谋杀案激增37%,纽约和洛杉矶则分别增长了23%和14%。[2] 必须指出的是,这些暴力犯罪主要集中在少数族裔社区和贫困社区。

欧洲与美国一样存在非常规就业常态化的趋势。欧洲的劳动力市场改革催生了一个"内部人"与"外部人"并存的二元化劳动力市场。"内部人"多为拥有较高技能,且在公共部门或大公司就职的拥有长期合同的劳动者,劳动权益受到严格的保护;"外部人"多为青年人、女

---

[1] German Lopez, "2020's Historic Surge in Murders, Explained", https://www.vox.com/22344713/murder-violent-crime-spike-surge-2020-covid-19-coronavirus.

[2] FBI National Press Office, "Overview of Preliminary Uniform Crime Report, January-June, 2020", https://www.fbi.gov/news/pressrel/press-releases/overview-of-preliminary-uniform-crime-report-january-june-2020. 转引自魏南枝《2020年的美国社会:新冠肺炎疫情、抗议骚乱与社会撕裂》,载倪峰主编《美国研究报告(2021)》,社会科学文献出版社2021年版,第96页。

性、高龄劳动者、低技能劳动者和移民等边缘劳动力群体为主的非常规就业者，劳动权益保障不足。① 欧洲各国非常规就业者，尤其是在自雇群体中，面临贫困风险的比例要明显高于常规就业者。2018 年欧盟委员会（简称：欧委会）的报告称，在欧盟 28 个成员国中多达 20% 以上的自雇劳动者有陷入工作贫困的风险，这一比例远高于常规就业者，几乎为普通雇员的 3 倍。其中，中东欧国家最为突出，尤其罗马尼亚超过 50%；但传统欧洲福利国家中的德国、法国和意大利等也较高，基本接近 20%。② 欧洲国家的社会保障制度，是基于常规就业构建起来的。因此，非常规就业者的社会保障相对不足，不稳定的就业形势在经济和社会危机中也更易受到冲击。在欧洲大陆的贫富群体间存在就业机会不平等的同时，也伴随着突出的就业保护和失业保障等社会权利的不平等。

同时，欧洲就业机会和社会保障的不平等，也有与种族歧视交织的特点。据法国"不平等瞭望所"的研究，就业机会的不平等在法国人和非洲裔移民之间显著存在。2021—2022 年度，仅 18% 的北非裔申请者获得了公共部门行政职位的面试机会，在履历基本一致的情况下，若拥有法语姓名，可使该比例提高到 25%；但若是申请护理助理职位，相关比例分别为 37% 和 45%，移民更容易进入非常规就业部门。③ 调查还表明，在毕业后的五年里，移民青年的失业率是本土青年的近三倍，其中非洲裔青年的失业率尤其高，是本土青年的四倍。

与经济不平等升级相伴的，还有美国市场导向下医疗资源分配不平等问题的恶化。富人靠市场，而穷人却靠不上国家。2019 年，美国既无私人医保也无公共医保的保障的人口多达 3300 万，占总人口比重为

---

① Paolo Barbieri, "Flexible Employment and Social Inequality in Europe", *European Sociological Review*, Vol. 25, No. 6, 2009, pp. 621-628.

② European Commission, "Commission Staff Working Document Impact Assessment: Proposal for a Council Recommendation on Access to Social Protection for Workers and the Self-employed", https://eur-lex.europa.eu/legal-content/EN/TXT/PDF/?uri=CELEX:52018SC0070, pp. 13-14.

③ "La Discrimination Pour Obtenir un Entretien D'embauche Persiste", https://www.inegalites.fr/La-discrimination-pour-obtenir-un-entretien-d-embauche-persiste?id_theme=24.

10.2%；在18—64岁人群中，56.5%的人拥有以就业为基础的私人医保，6.5%的自费购买医保，14.5%的人（达2880万人）没有医保。①而在2020年2月至8月，即新冠疫情形势最为严峻的那段时间里，美国1200万名工人失去了本由雇主缴纳的医疗保险。② 在新冠疫情期间，由于就业的性质及相关社会保障的匮乏，尤其是医疗保险的不足，在非洲裔或拉美裔聚集的底层社区的新冠病毒感染率和致死率都远高于欧洲裔白人。因此，美国医疗保障资源分配失衡和健康不平等也具有比较突出的种族特征。

在美国，在预期寿命最长的前10%的县，有77%的白人男性活到了70岁，而黑人男性的相应比例只有68%——两者相差9%；而在预期寿命最短的前10%的县，61%的白人男性活到了70岁，黑人男性则只有45%——两者比例差距达到16%。③ 可见，除了种族差距外，在富裕地区和贫穷地区之间，无论居民肤色如何，都存在着相当突出的健康不平等问题。美国疾病控制和预防中心2013年公布的报告称，白人每10万人有1.2例肺结核患者，黑人每10万人有10.2例肺结核患者；婴儿死亡率差异也极大，黑人婴儿是白人婴儿的两倍之多——白人婴儿死亡率为5.8‰，黑人婴儿则为13.7‰。④

在新冠疫情的叠加影响下，欧洲医疗保障不平等现象也较为突出。尽管西欧传统福利国家通过公共医疗保险（如德国、法国等）或国民医疗体系（如英国、意大利等）基本上实现了法定医疗保障的全覆盖，

---

① Centers for Disease Control and Prevention, "Demographic Variation in Health Insurance Coverage: United States, 2019", https://stacks.cdc.gov/view/cdc/106462.

② Economic Policy Institute, "12 Million People Have Likely Lost Employer-sponsored Health Insurance Since February", https://www.cbsnews.com/news/health-insurance-coronavirus-pandemic-12-million-lost-employer-sponsored/.

③ Mark R. Cullen, Clint Cummins, and Victor R. Fuchs, "Geographic and Racial Variation in Premature Mortality in the U.S.: Analyzing the Disparities", PLoS ONE, Vol. 7, No. 4, 2012.

④ CDC, *Health Disparities and Inequalities Report-United States*, 2013. 本段数据转引自[美]托马斯·斯坎伦《为什么不平等至关重要》，陆鹏杰译，张容南校，中信出版社2019年版，第14页。

但事实上的不平等还是比较突出的。在英国，尽管较贫困地区的疾病流行率较高，但人均全科医生数量往往较少，入院接受选择性治疗的比例也更低。因此，新冠疫情对不同的人口群体产生了不平等的影响，并加剧了英国本就存在的健康不平等现象。新型冠状病毒感染的死亡率在较贫困地区一直高于较富裕地区。截至2022年3月，新型冠状病毒感染死亡率在英格兰最贫困地区比最富裕地区高2.6倍。这导致最富裕地区和最贫困地区之间预期寿命差距的进一步扩大：2019—2021年，男性和女性预期寿命的差距分别增加了1.1岁和0.7岁。到2021年，最贫困与最富裕地区女性预期寿命差距为8.6岁，男性为10.4岁。[1] 此外，在新冠疫情中，英国的少数族裔成为首当其冲的"受害者"，其中黑人女性的感染率是白人女性的两倍多，而黑人男性的感染率则是白人男性的将近三倍。[2]

在法国，经济不平等之下的健康不平等在新冠疫情中被放大。由于贫民、移民就业集中于工作强度大且弹性低的工业部门或低端服务业部门，其面临的健康风险尤为突出，死亡率也最高。在2020年3月1日至4月19日，法国最贫困的塞纳-圣丹尼省超额死亡率高达134%。[3] 正如法国共产党所指出的："健康危机揭示了我们社会中深刻的不平等，并加剧了我们数百万同胞、最脆弱的人和最贫穷的人……的不平等……不平等现象仍然十分严重：一个挤住在单元房里的人口众多的贫民大家庭和住在独栋大房子里的富裕家庭，两者的禁

---

[1] "The Impact of Covid-19 on Health Inequalities", https：//www. kingsfund. org. uk/publications/what-are-health-inequalities#impact-of-covid-19.

[2] Public Heath England, "Disparities in the Risk and Outcomes of COVID-19", https：//assets. publishing. service. gov. uk/government/uploads/system/uploads/attachment _ data/file/908434/Disparities_in_the_risk_and_outcomes_of_COVID_August_. 针对英国种族不平等问题的更详细分析，参见李靖堃《新冠肺炎疫情凸显英国种族不平等》，《世界社会主义研究》2021年第8期。

[3] Vie public, "Covid-19：Pourquoi une Surmortalité en Seine-Saint-Denis?", https：//www. Vie-publique. Fr/en-bref/275595-covid-19-pourquoi-une-surmortalite-en-seine-saint-denis.

足不可同日而语……"①

在意大利，富人与穷人之间的健康不平等也愈发严重。1978年，意大利终结了碎片化的医疗健康保险基金制度，建立了以税收为基础的国民医疗保健体系（Servizio Sanitario Nazionale，SSN）。国民医疗服务体系的主要目标是确保整个意大利的医疗服务水平统一，所有意大利公民和在意大利拥有合法居留权的居民都可公平地获得服务。意大利国民医疗体系声称基于三大原则提供服务，即普及性原则——所有公民都有获得国民医疗体系所提供的服务的平等权利；团结性原则——每个公民都通过累进税收，根据他们自己的能力为国民医疗体系供资；一致性原则——国民医疗体系在所有地区所提供的服务的质量必须统一。但是，由于20世纪90年代以来的市场化和隐蔽的私有化改革，意大利国民医疗体系被重构，医疗资源两极分化严重，"富人靠市场，穷人靠国家"的现象越来越普遍。"内部"市场化和私有化导致国民医疗服务体系萎缩且愈发低效，使得越来越多拥有医疗保险的群体及高收入阶层"绕过"需家庭医生转诊的公共医疗机构，选择私人医疗服务。在意大利当前仅有10%左右的人口通过企业补充保险、互助保险或商业保险等方式，得到了国民医疗体系之外的集体或个人医保的保障。②

经济不平等升级与经济权力向少数人集中的趋势，大大限制了医疗资源向中下层民众分配的比例。于是，在不得不依赖国民医疗体系的贫困群体中，医疗需求得不到满足的现象愈发突出。2012年，意大利有11.1%的居民因贫困、距离过远和等待时间过长，乃至不信任本地医疗水平等因素而放弃治疗。③ 2016年，放弃就医的比例上浮至11.8%，但

---

① PCF, "Covid-19: Protéger la Population, Relever les Défis de la Crise-Contribution du Parti Communiste Français", http://oise.pcf.fr/114808. 转引自彭姝祎《移民折射下的法国社会不平等》，《世界社会主义研究》2021年第8期。

② Andrea Donatini, "The Italian Health Care System", https://international.commonwealthfund.org/countries/italy/.

③ "Rapporto Istat 2014, Il Nostro Sistema Sanitario Ai Tempi Della Crisi", http://www.salute.gov.it/portale/news/p3_2_1_1_1.jsp?lingua=italiano&menu=notizie&p=dalministero&id=1598.

到2017年，意大利高达1350万居民，即总人口的22.5%，声称因上述原因而放弃了寻求医疗服务。① 贫困老年群体的整体健康状况，在生计危机与医疗需求不能得到有效满足的交织中恶化。据意大利国家统计局2014年报告，65岁以上贫困老人健康状况糟糕的比重达30.2%。而在相对富足的老人中，该比例不足其一半，为14.8%。② 2021年，意大利的医疗开支占国内生产总值的9.4%，比欧盟平均水平低1.5个百分点以上。2019—2021年，意大利人均医疗支出增长了近7%，这完全是由于为抗击大流行病而增加了公共开支。仅约四分之三的医疗保健支出源自于公共资金，这一比例低于欧盟81%的平均水平。③ 正如意大利左翼学者所言，持续数年的公共财政紧缩是一个巨大的财富再分配工程，而其本质乃是"劫贫济富"④。

小　结

尽管20世纪上半叶欧美经济不平等程度有所下降，但20世纪下半叶至今，欧美不平等处于上升阶段。自20世纪初至今，欧美的经济不平等水平经历了先降后升的走势。

在第一次世界大战前，各种衡量经济不平等的指标，如顶层1%群体、上层10%群体的收入或财富占比、基尼系数等，都处于极高的水平。在战争期间，由于财富损失，富人拥有财富占比下降，中等收入阶层得以提高其在财富分配中的份额，全社会不平等水平下降幅度较大。

---

① "Indice di Performance Sanitaria", https：//docs.wixstatic.com/ugd/779c1f_fea972795ed3486ca274ea046cf493fa.pdf.

② "Rapporto Istat 2014, Il Nostro Sistema Sanitario ai Tempi Della Crisi", http：//www.salute.gov.it/portale/news/p3_2_1_1_1.jsp?lingua=italiano&menu=notizie&p=dalministero&id=1598.

③ "State of Health in the EU Ltalia. Profilo Della Sanità 2023", https：//health.ec.europa.eu/system/files/2023-12/2023_chp_it_italian.pdf.

④ Coniare Rivolta, "Il Mito Del Conflitto Generazionale e La Realtà Del Conflitto Di Classe", https：//coniarerivolta.org/2020/03/26/il-mito-del-conflitto-generazionale-e-la-realta-del-conflitto-di-classe/.

自第二次世界大战结束到20世纪六七十年代,在凯恩斯主义资本主义经济繁荣及左翼政党和工会力量压力作用等背景下,欧美社会各阶层不同程度地分享到了经济发展成果,经济不平等程度有较大幅度下降。这一转变甚至使人们产生了一种错觉——资本主义社会正变得相对平等,家庭出身和继承所得不再像从前那般重要,一个人的能力而非遗产决定他在社会和经济生活中的阶层地位。

事实上,随着财富的积累和阶层的固化,"马太效应"开始发挥作用。20世纪六七十年代以来,欧美国家的经济不平等持续升级。从横向比较来看,美国收入和财富不平等呈现的两极分化态势比欧洲要严峻得多。从纵向来看,欧洲的收入与财富不平等程度在20世纪70年代以来有所扩大,只是尚未达到20世纪初的水平。这主要得益于20世纪欧洲社会主义运动的蓬勃发展、在工人阶级政党和工会的强大影响下的西欧资本主义制度自我调节的惯性使然。目前,美国财富不平等程度略低于20世纪初,但收入不平等已经达到甚至超过了20世纪初的极度不平等水平。

欧美国家收入和财富分配的两极分化与社会权利不平等的扩大相互强化。陷入经济困境的低收入群体及多数移民生计无着,而教育、医疗和就业机会的不平等又进一步制约了他们走出困境的可能,遑论获得人生的良好发展与阶层突破了。中下层民众遭遇的年深日久的困顿,必将导致社会失序、社会矛盾激化,乃至工人运动和工人政党在一定程度上的复兴。

第二章 经济不平等加剧下的社会失序与政治保守化

近年来，欧美国家经济不平等的升级，对其社会发展、社会思潮与政治格局演化的影响深刻。经济不平等的扩大，引起了大众的激烈反抗——罢工、抗议、占领运动层出不穷。然而，苏联解体和东欧剧变后欧洲社会主义运动的低潮，西方的马克思主义理论发展缓慢且脱离政治实践，尤其是马克思主义政党的衰落，使得欧美民众反抗不平等的运动失去了科学理论的指引和先锋队的领导。与此同时，欧美精英阶层为巩固其自身统治，变得更为保守——保守主义在经济社会文化中愈发占据主导性的地位，中下层民众的愤怒与不满大多被（极）右翼民粹主义所提取、吸收进而转化为右翼力量的政治资源。右翼力量的崛起，进一步恶化了苏联解体和东欧剧变后欧美国家左右翼力量失衡的状况。

第一节 经济不平等扩大背景下的社会分裂与社会运动频仍

欧美学界存在一种虚幻的共识：在效率与公平之间，欧洲资本主义相对而言更追求结果平等意义上的公平，所以建成了不同模式的福利国家；而美国资本主义相对更追求机会平等意义上的效率，因此便有了流传甚久、甚广的"美国梦"。然而，在近年来畅销于美国的《乡下人的悲歌》《故土的陌生人》《简斯维尔》《下沉年代》《我们的孩子》等著作——也在中国学界流传，都生动地描述了美国经济不平等扩大所造成的社会分裂及其所引发的忧愁或焦虑。与此同时，尽管欧洲福利资本主义社会经济不平等扩大问题相较于美国表现得更温和，但自20世纪70年代以来也呈恶化趋势。尤其是在2008年金融危机后，经济不平等升级和社会权利不平等扩大的相互强化，导致欧美各种各样的占领运动、反紧缩和要求扩大再分配的社会运动频发。从西班牙马德里的"愤怒者运动"到美国纽约的"占领华尔街"运动；从法国的"黑夜站立"到"黄背心"运动；再到自2021年年底至今的又一轮罢工潮……一个新的大众反抗资本主义社会不平等的时代就这样徐徐拉开了序幕。

在这个时代，工人在反对不平等的经济主义斗争中，孕育着越来越强大的反新自由主义、反资本主义的觉醒——这种意识一度在苏联解体和东欧剧变后的"历史终结"论中被阉割。然而，由于传统马克思主义政党的边缘化，西方马克思主义理论的学院派化、碎片化和教条主义，尤其与政治实践的长期脱节，欧美民众的抗议活动因长期缺乏科学理论的指引而更多地囿于短期经济利益，未能对资本主义不平等背后的深层原因形成实质性影响。

一 2008年金融危机后美国的三大社会运动

在经济危机、社会不平等扩大和种族问题恶化的共同作用下，美国在十年内爆发了三场聚焦不同主题的左右翼社会运动。2009年的右翼"茶党"运动，以反对大政府、本土主义和种族主义为其主张；2011年9月爆发的具有左翼色彩的"占领华尔街"运动，以反对1%群体、反华尔街金融精英为其主张。2013年7月，非洲裔美国人发起的"黑人的命也重要"（Black Lives Matter）运动，在弗格森事件和弗洛伊德事件中达到高潮，表达了对少数族裔经济社会政治处境的极度不满。

然而，无论是右翼的"茶党"运动，具有左翼色彩的"占领华尔街"运动，还是反种族主义歧视的"黑人的命也重要"运动，很少基于共同的阶级认同而组织起来提出阶级政治诉求。由于缺乏科学理论指导和马克思主义政党的引领,这些声势浩大的运动对美国的经济不平等、充满歧视性的政治经济结构和资本主义制度等缺乏深刻的认识,也未能提出触及问题根本的诉求与方案。因此,这些反抗运动尽管为世界所瞩目,但最终都沦为共和党和民主党党争的工具。它们既是美国社会不平等扩大、社会撕裂的产物,同时也进一步撕裂了美国社会。

(一)"茶党"运动

在经济危机中利益受到损害的中等收入群体,是美国"茶党"运动的主体。1971 年至 2021 年,美国中等收入人口占比从 61% 降至 50%,在 2008 年金融危机的冲击下,其生活水准进一步下降,尤其中间和中下层家庭 2016 年的收入水平与 1989 年的水平相当。[1] 奥巴马政府扩大面向底层的社会支出,引发白人中等收入阶层对少数族裔分享福利的不满。在他们看来,福利的向下再分配,及政府对金融公司的大规模救助中权力的过度膨胀和公共财政赤字因此而来的过度扩张,并无益于中等收入群体境遇的改善。因此,作为美国最大的纳税群体,认为政府的"大政府"作为尤其侵害了他们的利益。于是,这些在经济不平等扩大中地位下滑的受教育程度较高(75%的"茶党"支持者接受过大学教育)、保守主义拥趸的中产们,另辟一条反建制主义道路——发起"茶党"运动,以表达他们自身的理念与诉求。

"茶党"运动的意识形态主张具有浓重的保守主义色彩。比如公然指责立场相对温和的时任美国总统奥巴马为社会主义暴君;崇拜宪法(的某些内容);将累进税、房地产税、遗产税等税收,及其他收入与财富分配和再分配机制等与共产主义画等号。在"茶党"的主张中,掺杂着基督教保守主义的变体,对于性问题和道德滑坡的恐惧,充斥着

---

[1] Greg Daugherty, "America's Middle Class Is Losing Ground Financially", https://www.investopedia.com/insights/americas-slowly-disappearing-middle-class/.

本土主义和排外主义，以及白人的民族主义和种族主义。① 毫无疑问，"茶党"的主张鲜明地体现了美国右翼的核心价值观：经济上的自由意志主义，即保护自由市场；政治上的反共产主义且支持白人的军事扩张主义，即在世界各地寻求并维持其军事霸权；在文化道德上，坚持保障本土出生的白人男性的优越地位等。② 只是在经济危机的特殊背景下，"茶党"在经济上的自由至上主义表现得更为鲜明。

随着"茶党"运动在全美多地如火如荼地发展，逐渐得到共和党精英的支持和响应。"茶党"运动分为全国性组织和地方性组织。尽管缺乏统一的领导，彼此间甚至存在竞争，但通过共和党的支持，如在国会成立的"茶党连线"（Tea Party Caucus）运动获得了在共和党内乃至美国政治生活中提升影响力的捷径。美国左派对"茶党"所表现出的极端主义乃至法西斯主义是充满忧虑的。他们意识到了许多美国人对经济危机和不平等扩大的愤怒情绪，正在被右翼，至少被"茶党"运动的一些人通过种族主义和自卫报复行为大肆宣扬。然而，这并不代表工人阶级的看法，因为他们期待的是更强大的能够代表工人阶级利益的、自下而上的运动。③

（二）"占领华尔街"运动

"占领华尔街"运动，被视为反对1%群体的、具有左翼色彩的抗议运动。始于2011年9月17日的"占领华尔街"运动，在短短一个月的时间里就迅速蔓延至全美各地，"占领华盛顿""占领洛杉矶""占领芝加哥"等令人应接不暇。这使得"占领华尔街"迅速成为全球颇受

---

① Lawrence Rosenthal and Christine Trost, *Steep: The Precipitous Rise of the Tea Party*, Berkeley and Los Angeles: University of California Press, 2012, pp. 31-32. 转引自丁晔《茶党运动：伪草根运动？——美国茶党运动的诱因与性质》，《当代世界社会主义问题》2013年第4期。

② Sara Diamond, *Roads to Dominion: Right-Wing Movements and Political Power in the United States*, New York and London: The Guilford Press, 1995, pp. 6-9.

③ 参见［英］梅根·特鲁戴尔《美国茶党运动分析》，于海青译，《国外理论动态》2011年第8期。

关注的事件之一，并引发全世界至少数百余地的效仿。2011年10月15日被称为"愤怒日"，因为这一天大规模的抗议潮席卷北美、东亚和欧洲，多座城市出现了反对资本主义、社会不平等等问题的抗议活动。斯蒂格利茨甚至因此将2011年视为标志着新时代诞生的历史时刻，将其与1848年和1968年等同视之。① 事实证明，这的确是1968年以来在美国爆发的一场规模最大的、具有左翼进步主义倾向的社会运动。受到斯蒂格利茨"1%有、1%治、1%享"（Of the 1%, by the 1%, for the 1%）的启发，占领华尔街的人们喊出了"我们就是那99%的人"的口号。因此，"占领华尔街"运动内嵌着反社会两极分化的特征。这场运动对美国顶层1%群体尤其是金融资本贪婪攫取、占有普通大众财富的行为进行揭露，反对政府沦为顶层1%群体的牟利工具。"占领华尔街"运动反对1%的呐喊，表达了中下层民众对通过社会动员迫使精英阶层改善中下层民众处境以及改善美国急速恶化的不平等的期待。

随着"占领华尔街"运动的发展，美国主流媒体和上层政治精英不得不给予其以重视。时任美国总统巴拉克·奥巴马（Barack Obama）在2011年10月6日表示听到了民众的呼声与诉求，称占领运动表达了大众的不满，这场自"大萧条"以来最严重的金融危机导致美国各地、各行业都遭受了重大损失，但加强金融监管的努力仍遭到危机制造者的阻挠。② 在10月18日的采访中，奥巴马表示，他作为总统所能做的最重要的事情就是站在人民一边，努力兑现承诺，以实现一个更加平等的社会。③ 但是，早在20世纪70年代就开始右转的民主党，并不是具有进步主义倾向的反抗运动的同盟者。尤其在面对共和党指责占领者为

---

① ［美］约瑟夫·E. 斯蒂格利茨：《不平等的代价》，张子源译，机械工业出版社2020年版，第Ⅲ页。

② "News Conference by the President", http：//www.whitehouse.gov/the-press-office/2011/10/06/news-conference-president.

③ "Obama: Occupy Wall Street 'Not That Different'from Tea Party Protests", https：//abcnews.go.com/blogs/politics/2011/10/obama-occupy-wall-street-not-that-different-from-tea-party-protests.

"嬉皮士""无政府主义者""失败者",指责占领者会将国家置于分裂境地时,① 民主党对"占领华尔街"运动的支持不仅表现得极为有限度,而且开始有意与之划清界限。

尽管"占领华尔街"运动的反经济不平等诉求相对鲜明,但其目标多元,且没有明确的组织者和领导人,以平等协商原则达成共识——都极大地限制了其最终斗争的效果和可持续性。"占领华尔街"运动的真正主力是由一群社会活跃分子、艺术家与学生组成的"纽约市大会"(NYC General Assembly),该运动的参与者大多数是30岁以下的年轻人。随着运动的发展,除了演讲等外,还越来越多地通过引入雕塑、绘画、戏剧、人体彩绘等多样化的艺术形式去表达不满。此外,新兴的社交媒体在全美乃至全球发起和传播占领运动的理念时,起到了非常关键且重要的作用。占领运动在一定程度上也给予遭遇社会排斥的人们以心理上的归属感和寻回生活价值意义的作用。可以说,这场运动既有其开放和创新的特点,但也暴露出底层大众自发组织社会运动时因缺乏科学理论指导和组织指引的无序、逃避现实等缺陷。尽管如此,迈克尔·哈尔特(Michael Hardt)和安东尼奥·内格里(Antonio Negri)依然给出了较高的评价,虽然"占领华尔街"运动未能明确地提出另一种不同于现状的社会模式,但已经极为鲜明地表达出了对真民主的向往。②

总体而言,2011年的"占领华尔街"运动并没有达到其预期目标,这与斯蒂格利茨的期望存在不小的差距。此后零零散散的周年纪念活动也未能引发同样广泛的关注。事实上,占领运动的参与者中不乏受过良好教育的人士,他们并不谋求推翻现有制度,而且依然对"美国梦"

---

① 参见周琪、沈鹏《"占领华尔街"运动再思考》,《世界经济与政治》2012年第9期。
② Michael Hardt and Antonio Negri, "The Fight for 'Real Democracy' at the Heart of Occupy Wall Street", *Foreign Affairs*, http://www.foreignaffairs.com/articles/136399/michael-hardt-and-antonio-negri/the-fight-for-real-democracy-at-the-heart-of-occupy-wall-street.

抱有幻想。此外，占领运动的"昙花一现"也与自20世纪70年代以来美国左翼运动式微且缺乏有影响力的核心领袖，以及工会组织实质上的建制化有关。

(三)"黑人的命也重要"运动

在2008年金融危机导致的经济不平等扩大的背景下，与美国左右翼社会运动相交织的，还有高潮迭起的反种族歧视运动。尽管早在1964年，美国国会通过《民权法案》，从法律意义上结束了种族隔离政策，规定不得以各种形式歧视黑人。但是在美国政治、经济和社会文化领域的隐形歧视或事实上的种族不平等依然是存在的。而且，美国的"资产阶级……又更善于挑拨一个民族去反对另一个民族"①，以所谓的文化差异和文化冲突掩盖物质层面的不平等，缓解或转移阶级不平等。因此，种族矛盾本质上是阶级矛盾，反种族歧视运动也是资本主义社会反经济社会不平等的重要组成部分。

2012年2月，由于枪杀白人与拉美裔混血的17岁少年特雷沃恩·马丁（Trayvon Martin）的警察被判无罪释放，引发民权活动家的抗议——认为这是对黑人生命的极大贬低。随着讨论的白热化，2013年7月，3名黑人社区工作者在脸书上发布"黑人的命也重要"（Black Lives Matter）话题，引发关注。2014年8月，18岁的非洲裔美国人迈克尔·布朗（Michael Brown）在手无寸铁的情况下被白人警察枪杀。这一悲剧在美国引发了持续多日的抗议和骚乱。由此，"黑人的命也重要"通过社交媒体平台，第一次在弗格森组织抗议示威活动，迅速成为全美舆论关注的焦点。"黑人的命也重要"成为2014年美国方言学会选定的年度词汇。2015年8月，民主党全国委员会通过了支持"黑人的命也重要"运动的决议。在获得民主党的支持后，"黑人的命也重要"运动的影响进一步扩展。截至2016年9月，"黑人的命也重要"在推特上被转发超

---

① 《马克思恩格斯全集》第38卷，人民出版社1972年版，第316页。

过3000万次；在美国建立了超过30个地方分支，组织和参与了大量的反种族主义的抗议活动。[1]

"黑人的命也重要"运动在2013年建立了同名基金。该基金是位于美国、英国和加拿大的全球组织，自称其使命是根除白人至上主义，干预国家和执法部门对黑人社区施加的暴力，"通过打击和抵制暴力行为，为黑人的想象力和创新创造空间"[2]。该基金为了赢得广泛支持，"必须超越在黑人社区普遍存在的狭隘民族主义""以那些在黑人解放运动中被边缘化的人为中心""努力创造一个黑人生命不再被蓄意扼杀的世界"[3]。据该基金网站公布的信息，2022年，该基金向黑人社区投入450多万美元的赠款，用以支持那些致力于持久变革的思想家、领导者、创造者和组织，从而显著改善黑人的生活质量。[4] 这为此后美国民权运动、反种族主义运动的持续发展提供了一定的动力。

"黑人的命也重要"运动兴起以来，衍生出各种广为流传的同句式话题标签，如"所有人的命都重要""警察的命也重要""白人的命也重要"等。这表明，美国社会中很多人对这场运动持不以为然的态度。对此，美国前总统奥巴马曾有一段解释："我认为组织者之所以使用'黑人的命也重要'这句话，并不是说其他人的生命不重要……他们想表达的是，在非裔美国人社区中存在着一种在其他族裔社区中没有发生的特定问题。"[5] 然而，对身份政治议题的强化，本质上是美国"自由民主"政体为维护财阀统治，转移和压制中下阶层民众阶级政治诉求的需要和手段。

---

[1] 参见徐剑梅《"黑人的命也重要"！时隔七年，这句话为何再度流行全美？》，参考消息网，2020年6月28日。

[2] About，https：//blacklivesmatter.com/about/.

[3] About，https：//blacklivesmatter.com/about/.

[4] BLM Transparency Center, "3 Big Takeaways from the 990", https：//blacklivesmatter.com/transparency/#latest.

[5] 转引自徐剑梅《"黑人的命也重要"！时隔七年，这句话为何再度流行全美？》，参考消息网，2020年6月28日。

二 2008 年国际金融危机后席卷欧洲的抗议运动

20 世纪 90 年代，欧洲福利国家在新自由主义指导下开始了削减福利的结构改革与参数改革。但是，从 20 世纪 90 年代至 21 世纪早期，在欧洲一体化不断深入、欧洲货币联盟建成及欧洲统一大市场持续扩张的作用下，欧盟主要成员国德、法、英、意等国经济保持了较好的增长势头。经济不平等的扩大，被掩藏在欧洲一体化带来的繁荣表象之下。欧元区最脆弱的链条——南欧诸国，在金融危机后爆发了主权债务危机。经济衰退、不断攀升的失业率及以超国家组织的压力之名"被迫"实施的财政紧缩，激起欧洲民众的反抗——大规模连续的抗议和罢工自南向北席卷欧洲。

2020 年暴发的新冠疫情，再次重创欧洲多国经济。在疫情阴霾渐渐散去、各国即将重拾经济发展信心之际，2022 年 2 月恶化的乌克兰危机引爆欧洲能源危机。欧美在疫情后实施的极度扩张性财政政策和货币政策，M2 高增，引发通货膨胀危机。欧洲经济不平等扩大和中下层民众的生计脆弱性，在多重危机中毕现。于是，2008 年国际金融危机后的高频、大规模罢工再度重现于欧洲大陆和英伦三岛。

（一）国际金融危机与欧债危机爆发后的罢工潮

国际金融危机和欧洲主权债务危机爆发后，欧洲出现了一轮明显的罢工潮。这些罢工抗议活动在影响范围、斗争强度等方面，均创下了苏联解体和东欧剧变后的最高水平。在意大利、希腊、西班牙和葡萄牙，即欧洲主权债务危机国，由于削减福利的财政紧缩计划的出台，罢工和抗议表现得最为激烈。如意大利，2008 年宣称举行罢工 2195 次，实际举行的达到 856 起（2007 年为 731 起），其中全国总罢工 84 起。到 2009 年，意大利全国总罢工有 87 次，2010 年增至 128 次，2011 年降至

101次，2012年与2008年基本持平。①

即便在经济状况相对较好的西欧地区，罢工频率、规模也呈频发态势。在德国，2008—2011年的罢工数分别是881起、454起、131起和158起，2013年多达1384起。② 英国的罢工在2007年高达1041起，2008—2010年分别是759起、455起和365起。2011年，在全球占领运动高潮迭起的影响下，再度突破1000起，高达1390起，创下20世纪90年代以来最高水平。③ 法国统计局在2012年2月公布的一份报告中指出，拥有10名员工以上的企业在2008年和2009年经历一次以上罢工的比例分别达到2.4%和2.2%；其中，2009年，500人以上大公司罢工比例高达40%。④ 北欧福利国家在危机后的罢工总数，虽然也有增长但规模和频率不及上述欧洲主要经济体。⑤

总体而言，此轮欧洲罢工运动的激烈程度和规模，往往与所在国家的经济状况联系密切，如希腊、意大利、西班牙和葡萄牙等国，罢工抗议活动频繁。同时，罢工的行业往往集中于几个重要的部门，如工业部门，交通运输和仓储部门，医疗卫生、教育部门。值得注意的是，通过工会组织的罢工依然是欧洲罢工的主要形式，但也出现了反建制化工会的自发罢工活动，如意大利的基层工会联合会开始活跃起来。

尽管罢工与"占领"运动相互联系、相互鼓舞，但是在拥有丰富工人运动历史和斗争传统的欧洲，罢工运动对政府造成的压力远远大于

---

① "Nel 2008 Proclamati 2.195 Scioperi Quelli Effettuati Sono Stati 856", https://www.corriere.it/economia/09_febbraio_26/martone_numeri_scioperi_stagione_2008_c0db3b82-03f4-11de-8e80-00144f02aabc.shtml.

② "Streikstatistik – Deutschland und Länder（Jahreszahlen und Zeitreihe）", https://statistik.arbeitsagentur.de/SiteGlobals/Forms/Suche/Einzelheftsuche_Formular.html;jsessionid=E2FE71E831CFE8331625B8C6D872F1D2?nn=1523096&topic_f=streik.

③ "The History of Strikes in the UK", https://www.ons.gov.uk/employmentandlabourmarket/peopleinwork/employmentandemployeetypes/articles/thehistoryofstrikesintheuk/2015-09-21.

④ "Relations Sociales et Institutionnelles", http://www.insee.fr/fr/ffc/docs_ffc/ref/EMP-SAL12i_FTLo4socia.pdf.

⑤ 对北欧罢工情况的分析，参见于海青等《国际金融危机下欧美地区罢工潮透视》，《国外社会科学》2013年第5期。

"占领"运动。在这样的背景下,欧洲国家的工会力量得到了部分意义上的复兴。如英国一般工人工会(GMB)在2011年10月和11月分别增加了8000人和12000人,而在2010年同一时期分别只增加了6000人和7000人;英国最大的联合总工会(General Union United)在2011年下半年的公共部门会员数增加了6600人。[①]

(二)法式占领运动——"黑夜站立"与"黄背心"运动

2016年3月31日,一场名为"黑夜站立"的社会运动在法国爆发,并迅速蔓延至法国全境,甚至外溢至欧洲多国。这场运动源于政府向国民议会提交的《劳动法》修订草案。政府以更好地刺激经济、促进就业之名,在劳动法草案中增加了有关延长法定工作时间、赋予雇主更多用工自主权等方面的条款;同时,还允许企业在经济困难时期或技术更新换代的情况下无偿辞退员工,并削弱了劳资调解委员会为被辞退员工争取补偿金的权利,实行补偿金封顶制度。[②] 这些劳动力市场改革政策,显然大大增强了雇主的权利——尤其是解雇权,同时极大地弱化了对劳动者的就业保护。

在3月31日当天日间的示威游行结束后,部分自发留在巴黎共和国广场的抗议者继续对时局进行反思、探讨直至深夜,甚至有人提议在夜间继续占领广场,并不间断地组织公开演讲与辩论活动以保持抗争势头。"黑夜站立"运动便由此得名,并由一场示威游行转变为占领广场的运动,从而成为全法70多座城市效仿的样板。共和国广场辩论的参与者大多为年轻人,且其中60%以上受过高等教育。

"黑夜站立"表面上源自对《劳动法》修正案的不满,实质上是对法国居高不下的失业率、贫富分化加剧及政府新自由主义政策的抗争。严重的失业问题极大地损害了中下层民众的生计基础,同时,法国政府

---

① LRD, "UK Unions Report Recruitment Bonanza from Pensions Strike", *Labour Research*, February 2012, https://www.lrdpublications.org.uk/publications.php?pub=LR&iss=1596.
② 参见张金岭《法国"黑夜站立"运动及其社会背景》,《当代世界》2016年第6期。

在财政紧缩之名下实施的福利削减，也导致贫困家庭频频面临生计危机。青年的高失业更是体现了法国贫富分化加剧下的阶层固化问题。自由、平等、博爱等自法国大革命以来就深深镌刻进法国文化的资产阶级价值观，在当下这个时代，更是演变为一种反讽。

"黑夜站立"运动是一场抗议，在某种程度上也是抗议者代表法国人对法国资本主义制度进行的一场集体反思。其中，就表达了对金融资本控制法国经济命脉导致实体经济萎靡的极大不满，以及构建新的替代性制度体系的呼声。

2018年秋冬季，法国马克龙-菲利普政府提高燃油税的政策，引发了声势浩大的"黄马甲"运动，城乡接合部的多处交通要塞被占领，凯旋门和香榭丽舍大街被"攻陷"。迫于情绪激昂的民众对政策的反感及其激烈的抗争所带来的压力，政府不仅取消了这项政策，而且颁布了系列免税的利好政策：加班费不征税、年终奖不征税等，但仍未能平息抗议者的怒火。"黄马甲"运动外溢出了法国，意大利等国也出现了效仿者。

随着运动的演变，"黄马甲"运动中混入了极端主义者，这使其因掺杂了暴力行动而备受指摘，甚至遭到法国政府的镇压。但是，事实上"黄马甲"运动的主体力量是居住在城乡接合部的最低工资领取者、非常规就业者、社会救助金领取者、退休者，还包括相当一部分小企业主。他们是切实被生计危机所困、被"燃油税"这最后一根稻草压垮的底层大众。他们并非那些身居"庙堂之高"的政治精英以极为傲慢与偏见的态度所污名化的拒绝劳动、依赖社会救助的懒汉。只是他们微薄的收入，无法为他们带来有尊严的生活。于是，在废除提高燃油税法案后，抗议者要求提高最低工资，恢复奥朗德政府设立的巨额财产税（ISF），呼吁对法国选举制度进行技术性调整等。

无论"黑夜站立"还是"黄马甲"运动，从其主张来看，都包含了罗尔斯式的社会公正、社会正义，即对最差者状况的改善，而不是马克思主义者主张的根本性变革。由于法国传统左翼——尤其是法国共产党的衰落,这些抗议者失去了真正的"护民官",也失去了有号召力和影响力的运动引领者。同时,中左翼与中右翼的合流,法国工会、左翼对变化的时代、青年对未来的迷茫焦虑和底层民众对社会苦难的控诉等新形势的无力感,也使得抗议者拒绝任何左或右的标签属性。"那些工会和政客一样,不过是想装满自己的口袋。我们只能靠自己。"[1] 换言之,这些运动都极度不信任政治精英,从而选择脱离传统政党、政治组织、工会、政治领袖的影响,表现出了相当的民粹主义特点。

尽管如此,无论"黑夜站立"运动还是"黄马甲"运动,依然都展现了法国中下层民众乃至欧洲民众在社会不平等扩大之下,对现存资本主义制度的批判与反抗。不过,在运动所表达的平等诉求中,很难觅得鲜明的社会主义或马克思主义的彻底制度变革主张,难掩其自由主义、精英主义取向的特点。这折射出苏联解体和东欧剧变后,左翼力量式微,欧洲社会主义运动遭遇重大挫折且至今未适应新的时代变化而仍在低谷徘徊的困境。尽管如此,即便"黄马甲"运动没有充分的理论和思想准备,也依然被寄予厚望,甚至被与1968年的"五月风暴"相提并论。

三 后疫情时代欧美抗议罢工潮

经济不平等、社会权利不平等、种族歧视、能源危机、通货膨胀……在上述因素的叠加和交互作用下,欧美民众自2021年开始掀起了又一轮抗议罢工潮。此轮罢工潮以反贫困、反经济不平等为其鲜明主题。

据经合组织统计,2019年年底,其成员国家庭取暖和电力、汽车的汽油和柴油等能源消费支出占家庭总消费支出的10%左右。到2021年,成员国的家用天然气支出增长了近3倍,石油和煤炭消费支出分别增长了62%和93%。2022年,欧洲能源价格维持上扬态势。其中,英

---

[1] Cécile Amar, Cyril Graziani, *Le Peuple et le Prséident*, Paris: Michel Lafon, 2019, p.92.

国 2022 年第三季度能源价格比 2021 年第四季度上涨 52.9%，意大利涨幅达到 44.1%，德国涨幅达 39%，法国涨幅达 23.4%。① 同时，在宏观层面上，欧洲国家 2022 年在能源上的支出由 2021 年占 GDP 的 10% 增至 18%。② 能源总支出高达 8% 的增长幅度，挤占了欧洲国家对中下层民众所依赖的医疗保健、基础设施等社会保障和社会服务方面的投入。除能源危机外，食品价格的高涨也是引发欧美通货膨胀的原因之一。这加剧了欧美国家中下层民众的生计困境。到 2022 年 11 月，德国消费者物价指数（CPI）比 2021 年同期增加 10%，意大利和英国的消费者物价指数年增幅分别为 11.8% 和 9.3%。与民生最为紧密的食品价格上涨剧烈，其中德国增幅为最——达到了 19.9%；英国为 16.5%，法国、意大利增幅分别为 13% 和 13.6%。美国 2022 年第四季度食品价格同比增幅达 12.1%。③

2021 年以来的欧美抗议罢工运动，表现出频率高、反能源危机和通胀危机等明确经济诉求，规模大、反复多轮且持续时间较长等特点。相对而言，美国工会力量和组织罢工的传统都逊色于欧洲，但 2021 年以来，美国也出现了罢工潮，且工会组织因此得到一定程度的发展壮大。据统计，2021 年共计有 14 万名美国工人参与了 265 起罢工（停工）事件。其中，2021 年 10—11 月的罢工数量和参与罢工的人数大幅增加，非工会工人的罢工占罢工总数的 32.8%，但是规模较小，罢工的主要行业为制造业、教育服务业、医疗和社会援助行业等。④ 2022 年，美国发生 424 起停工（417 起罢工和 7 起闭厂事件），涉及约 224000 名工人。从 2021 年到 2022 年，停工总数增加了约 52%（从 279 起增加到

---

① Inflation (CPI), https://data.oecd.org/price/inflation-cpi.htm#indicator-chart.
② Noah Carl, "Europe's Energy Crisis Isn't Over", https://dailysceptic.org/2022/12/12/europes-energy-crisis-isnt-over/.
③ Inflation (CPI), https://data.oecd.org/price/inflation-cpi.htm.
④ ILR Worker Institute, "Labor Action Tracker: Annual Report 2021", https://www.ilr.cornell.edu/worker-institute/blog/reports-and-publications/labor-action-tracker-annual-report-2021.

424起），参与停工的工人总数增加了约60%（从约14万人增加到约22.4万人）。住宿和餐饮服务业工人在2022年组织的停工（144起）比其他任何行业都多，占所有罢工的三分之一以上。① 在这些罢工运动的鼓舞下，越来越多的工人申请加入工会，组织起来进行抗争。

美国民权领袖马丁·路德·金（Martin Luther King）于1967年发起的穷人运动，自2020年以来得到了复兴。"穷人运动：全国道德复兴号召"组织在《穷人的灵魂：美国审计》报告中，揭露了美国制度性种族主义、贫困、战争经济、军国主义及宗教民族主义的扭曲道德叙事。2022年6月，要求消除贫困和保障穷人权益的"穷人运动"再次爆发，来自全美的数千名民众在华盛顿特区举行了"穷人和低收入工人集会"，抗议种族歧视、气候危机和军国主义抬头。②

据统计，2023年5月至6月，全美超过10万名工人举行了罢工。向美国劳资关系委员会（NLRB）提交的工会申请增加了57%，而盖洛普民意调查则显示，68%的美国人赞成组织工会和工会活动。③ 美国的工人组织正在崛起，2023年的"夏季热罢工"就是明证。美国底层工人正在加强团结，通过工会代表在工作中发表意见，不仅仅要求争取更高的工资、更好的工作条件，还要求尊重他们的生活，改善社区的生活环境。

欧洲的罢工也表现出频率高的特点。2022年，由民众自发组织的小规模抗议活动，几乎每周都会在欧洲各国大大小小的城市出现。据BBC报道，仅2022年8月，意大利就爆发此类抗议多达两百多起，而

---

① ILR Worker Institute, "Labor Action Tracker: Annual Report 2022", https://www.ilr.cornell.edu/faculty-and-research/labor-action-tracker-2022.

② Tanupriya Singh, " 'Fight Poverty, not the Poor!': Thousands Rally in Washington DC", https://peoplesdispatch.org/2022/06/20/fight-poverty-not-the-poor-thousands-rally-in-washington-dc/.

③ "Labor Day 2023: ILR's Worker Institute Reflects and Recommits", https://www.ilr.cornell.edu/worker-institute/blog/news/labor-day-2023-ilrs-worker-institute-reflects-and-recommits.

2021年同期只有2起。① 其中，独立的、拒绝建制化的基层工会联合会在2022年组织了十余起反对战争、抗议通货膨胀、要求提高薪资的行业罢工和两次全国总罢工。

2021年以来的欧美罢工和示威活动的经济诉求十分明确。在德国服务行业工会（verdi）的组织下，2022年6月和7月，汉堡港（Hamburg）、不来梅港（Bremen）和威廉港（Wilhelmshaven）等枢纽港码头工人为提高工人的时薪、提高通货膨胀补贴，缓解物价飙升所带来的生活压力，多次进行罢工。其中，7月中旬的罢工长达48小时。这是四十多年来德国码头工人历时最长的一次罢工。2022年9月17日，奥地利工会联合会组织3.2万名工人罢工，打出"要温饱、要取暖、要生存""降低物价"等标语。9月29日，法国总工会组织全国大罢工，要求政府限制物价、企业提高员工薪资。

此轮欧洲罢工和抗议活动还表现出规模大、影响大的特点，部分罢工不仅参与者甚众，且波及的行业、地域范围也较广。2022年，英国的罢工潮在规模上和范围上都创下了20世纪70年代末以来的纪录。英国铁路、海事和运输工人全国联盟在12月中旬组织约4万人举行罢工，英国护理专业从业者工会——皇家护理学院自成立105年以来首次组织罢工，分别于12月15日和20日发起两场护士大罢工，数万名护士离开岗位、走上街头，抗议薪资待遇与工作条件。2022年10月，法国左翼政党和工会组织了两次大规模示威和罢工活动：10月16日的示威由"不屈法国"（La France insoumise）等左翼政党组织，数十万人参加；在10月18日的全国总罢工中，聚集在巴黎的10.8万人与在里昂、马赛等城市的三十余万人同时走上街头，抗议政府对抗通胀措施不力。同年，12月13日至16日，意大利总工会和基层工会联合会联合组织全国总罢工，从意大利南部的西西里岛，到亚平宁半岛的普利亚大区，一路

---

① "Fuel Protests Gripping More Than 90 Countries", https：//www.bbc.com/news/world-63185186.

向北途经罗马、佛罗伦萨，最终抵达意大利北部经济十分发达的艾米莉亚罗马涅、皮埃蒙特、伦巴第等大区。此次大罢工主要抗议意大利政府制定的2023年预算法案，并提出提高薪资、保障教育公平、废止苛刻退休条件、提高对灵活就业者的保护水平等明确诉求。法国政府在2023年1月10日提出的养老金改革方案，计划将法定最低退休年龄由原来的62岁逐渐提高至64岁，同时延长养老金缴费年限——增加一年，从42年延长至43年。法国工会组织了十余波抗议养老金改革方案的罢工，几乎每次规模都在百万人之上。2023年5月1日的法国国际劳动节罢工，还吸引了来自韩国、瑞士等国工会的参与，真正形成了一场国际大罢工。

在后疫情时代抗议不平等和贫困问题的罢工与社会运动中，欧美工人阶级表现出了一定的自主性，对已然建制化、官僚化的传统工会形成了一定的挑战。此外，在艰难复兴中的欧美国家共产党工人党力量及其他左翼进步力量，也在罢工中发挥了积极作用，并通过对资本主义制度的批判与揭露、有力的政治教育引导等，吸纳了新党员的加入。尽管这些运动尚不能动摇资本主义制度的根基，但随着工人阶级意识的不断觉醒以及工人阶级政党的成长，工人运动将更懂得抓住有利契机并铸就更强大的群众基础。

第二节　美国政治的"非对称极化"与欧洲政党格局重构

欧美资本主义国家经济不平等的扩大，对美国与欧洲政治的影响既有相似之处，也有不同之处。由于右翼民粹主义思潮——国家保守主义和市场自由主义在美国的强势兴起，美国由所谓"政治极化"向"非对称极化"演化。在欧洲大众对经济不平等扩大的反抗中，民粹主义的兴起，传统中左翼——欧洲社会民主党的持续衰落，以及形形色色右翼保守主义力量的再度崛起,共同重构了欧洲政党的格局。

一 新一轮民粹主义在欧美兴起

在当今欧美资本主义国家,经济不平等与其引发的其他不平等相交织,共同助推了民粹主义的兴起。民粹主义是一个随着时代与社会环境变迁而不断演化的概念。在一百多年的演变中,其核心且无法回避的问题都是人民与精英的关系问题。意即民粹主义最具煽动性的言辞中往往蕴含着这样一种认知,即社会分为两个同质化的对抗阵营——"纯洁的人民"反对"腐败的精英"。因此,其最初的取向是具有左翼色彩的正如后马克思主义哲学家埃尔内斯托·拉克劳(Ernesto Laclau)所说"民粹主义的起点是人民民主要素,呈现为反对统治集团意识形态的一种对抗性选择",并认为"没有民粹主义就没有社会主义,民粹主义的最高形式只能是社会主义",阶级与人民、民粹主义与社会主义可以达到统一。① 然而,20世纪90年代,随着法国国民阵线、意大利北方联盟的兴起,欧洲新民粹主义力量所宣扬的本土主义、福利沙文主义等右翼意识形态引发越来越多的关注。尤其这些右翼力量持有反欧洲一体化、反移民的主张且更擅长利用和提取公众的不满情绪,使得欧美政治学界难以用激进主义左翼或保守主义右翼加以考察而不得不将之置于新型民粹主义显微镜下观察。② 总之,民粹主义内核空虚且缺乏独立的意识形态,在政治运动中往往具有浓郁的机会主义色彩,不仅仅与右翼意识形态结合,有时也表现为左翼民粹主义——因其与社会主义、反资本主义的结合。

在20世纪70年代以来的新自由主义全球化进程中,欧美各国在经济和社会政策层面表现出惊人的一致:放松国家管制,资本在市场原则

---

① Ernesto Laclau, *Politics and Ideology in Marxist Theory: Capitalism, Socialism, Populism*, London: New Left Books, 1977, pp. 173, 196-197.

② Hans-George Betz, *Radical Right-Wing Populism in Western Europe*, New York: St. Martin's Press, 1994, p. 4.

下向少数人集中，劳动者因为遭遇更严重的被剥夺而陷入更加困顿的境地。经济上不平等的扩大并不必然地带来民粹主义的反抗，但当这种不平等通过社会运动和特定的宣传渠道（尤其是如今的社交媒体）而被显著感知时，就会诱发中下层的对立情绪，进而激发大众的民粹主义反抗。尤其是在2008年金融危机后，在一些欧美国家，左翼民粹主义和右翼民粹主义几乎同时登上政治舞台展开对峙。左翼反对紧缩、追求再分配；右翼反对国家过度干预、反对再分配。这种现象的发生并非偶然。

2008年金融危机后，在"三驾马车"——欧盟委员会、欧洲央行和国际货币基金组织（IMF）的压力下，南欧各国政府实施财政紧缩，削减公共支出，使民众的生计危机进一步恶化。在此背景下，左翼民粹主义政党高举反紧缩的大旗，主张加强再分配促进社会公平正义而获得了大量支持。在短期内因此而极速崛起的欧洲左翼民粹政党有西班牙的"我们能"党（Podemos）、希腊的激进左翼联盟（SYRIZA）、意大利的五星运动党（Movimento delle Cinque Stelle）以及法国左翼领袖让—吕克·梅朗雄（Jean-Luc Melenchon）领导的"不屈法国"（La France insoumise）等。"我们能"党提出了反紧缩、反私有化，加强公共控制和减少贫困的主张；激进左翼联盟也持有相似的反私有化和加强再分配的立场，反对片面强调自由市场。

必须指出的是，正如我们将在第七章中对当代欧美政治哲学的主要平等观所进行的分析那样，这些平等观都与新自由主义深度契合，且都赢得了广泛的拥趸。而在新自由主义兴起的这些年里，中左翼力量也是在适应甚至拥抱新自由主义中不断调适其自身的。在20世纪90年代以来中左翼政党对福利国家的改革中——包括"第三条道路"，就表明了其对自由市场的认同，对阶级斗争和社会主义的摒弃。在这种政治文化中发展起来的欧美左翼民粹主义——包括一度风行于美国的伯尼·桑德斯（Bernie Sanders）主张的"民主社会主义"，也只是为了"让资本主义变得人性化一些"①。显然，这些都是改良主义的中左翼立场，而非马克思主义、科学社会主义的深刻的反资本主义立场。

以意大利的五星运动党为例。五星运动既有进步主义左翼的色彩，又存在一定的保守主义特征。五星运动党主张直接民主，反对一切政治媒介和"旧的政治阶级"，包括腐败的政客以及与旧势力沆瀣一气的传统媒体、代议制机构等。五星运动也持有减税、保护"意大利制造"和反非法移民的主张，但立场并不似意大利右翼民粹主义联盟党和兄弟党强硬。五星运动的反欧盟立场不断弱化。此外，除水资源公共化和环保主义主张外，五星运动还主张加强再分配，完善意大利的最低收入保障制度。② 对 2018 年 3 月议会选举投票情况的分析表明，五星运动选民基础的广泛性可与第一共和时代的天民党比肩。其中，在中上阶层中的支持率为 31.2%，在失业者和工人中的支持率皆为 37% 左右，在青年学生选民中的支持率为 32.2%，在退休群体中的支持率也达到了 26%。此外，作为反建制党，五星运动还在公共部门中获得了 41.6% 的支持率。从地域上看，在意大利南部经济发展落后地区的支持率更高，达到了50%。③ 上台执政后，五星运动没有食言，确实构建了公民基本收入保障体系。尽管其资格条件相对严苛，也不慷慨，却很大程度地弥补了意大利在最低收入保障方面的不足。但在 2022 年大选后，新上台的意大利右翼政府基于市场提供福利的思路，不断缩减该制度的覆盖面，最终在 2024 年以更严苛的津贴制度取而代之。

与此同时，在多重不平等扩大背景下，欧美地区的右翼民粹主义经

---

① 陆振华：《桑德斯要在美国发起一次"革命"吗？》，《21 世纪经济报道》2015 年 11 月 4 日。

② 五星运动在 2018 年竞选纲领中推出的名为"公民收入"的最低收入保障，事实上是一种失业救济，是对当前意大利失业保障制度的一种完善，仅限于拥有意大利国籍、欧盟成员国国籍及拥有与意大利签署了社保双边协议国家国籍的 18 岁以上劳动者。

③ "Elezioni 2018. Genere, Età, Professione: Identikit dei Nuovi Elettori a Cinque Stelle", http://www.ilsole24ore.com/art/notizie/2018-03-06/genereeta-professione-identikit-nuovi-elettori-cinquestelle-190100.shtml?uuid=AEsXbTCE.

历了一轮更为强劲、持久的发展。面对经济不平等扩大所引发的焦虑和社会对立情绪，右翼民粹主义更多地强调本土主义取向和民族主义议题，将阶级认同糅进身份认同中，将高失业、贫困归结于外来者，塑造福利国家中下层民众的认知。同时，右翼民粹主义，强调减少国家干预而保障机会平等，以对抗左翼民粹主义再分配和加强国家干预的主张，保障自由原则。这也更契合了几百年来资产阶级所一直致力于构建的且已经成为资本主义社会主导意识形态内容的自由、平等价值观。如今，这些价值观中混杂了福利平等、基本善平等和可行能力平等的某些主张，对普通大众而言颇具迷惑性和吸引力。右翼民粹主义将以上种种糅合起来，将族群认同与阶级政治混合，如唐纳德·特朗普（Donald Trump）在总统竞选中将支持者定位为"白人蓝领工人"——既有种族色彩，又有阶级色彩，从而吸引了左右两翼的支持者。

意大利力量党、联盟党（2017年之前为北方联盟）、意大利兄弟—民族联盟党（简称"兄弟党"）都是欧洲典型的右翼民粹主义政党。这三个政党之间存在颇多相同点，但也存在差异。总体而言，它们的政治主张中都糅合了新保守主义与新自由主义的主张。它们都反对"旧的"政党与政治阶级，但是不反对民主本身，反欧盟、反移民但并不持有鲜明的种族主义主张，强调社会秩序与更为严厉的法律，推崇个体自主自由和私营经济的创造力。在2018年的竞选纲领中，意大利联盟党和意大利兄弟党提出了"意大利人优先"的口号，而力量党则提出了"意大利人的意大利"的口号。[①]

在法国，玛丽娜·勒庞（Marine Le Pen）领导的"国民阵线"，近年来在法国各级各类选举中都取得了不俗的成绩，2017年和2022年总统大选则进一步证明，法国的右翼民粹主义不仅早已摆脱边缘地位，成为一股常态化政治力量，而且仍在上升。在勒庞的话语体系中，"我们"是法国人，"他们"是移民和外国人，"我们"和"他们"是对立

---

① 参见李凯旋《透视意大利民粹主义政党》，《当代世界》2018年第6期。

的。尤其在经济不平等扩大下,"我者"与"他者"的对立更为突出。因为"我们"的不幸,都是由于"他们"的到来造成的。他们"抢"走了法国人的饭碗,导致大量法国人陷入失业困境;他们造成了社会失序,法兰西文化传统被侵蚀等。同时,欧洲一体化和法国精英为"他们"的长驱直入打开了方便之门,所以要反欧盟、反精英。① 基于这样的叙事逻辑和煽动性的言辞,勒庞等欧洲右翼民粹主义者,成功地将移民问题与贫穷、无安全感和孤立感连接到一起。②

然而,事实上,"当右翼极端主义者将民族主义与民粹主义拼凑到一起之后,结果常常是经济议题与阶级议题被稀释、淡化,而进一步突显的是越来越强势的民族主义、种族主义"③。也就是说,本土主义取向、自由市场原则,才是真正符合当今欧美右翼的新保守主义—自由主义立场,从左翼政治动员那里"剽窃"而来的经济平等和阶级认同等议题,更多的是出于扩大政治动员的目的而非其真实的价值内核。特朗普为迎合中西部蓝领对经济不平等扩大的愤慨,一度在推特上承诺要终结华盛顿被有钱人绑架的情形。但是,他上台后基于盎格鲁—撒克逊新教传统、"市场提供福利"和"美国优先"的执政思路,并没有真正关注蓝领工人所关心的分配正义,而是不加掩饰地为大资本减税。根据特朗普政府的税改政策,美国收入最高的家庭平均联邦税率降幅最大。同时,特朗普政府还要求增加对社会福利救济项目的家计调查,收紧福利支出。基于家庭经济状况调查的转移支付的增加与富人联邦税率的下降,导致美国不同阶层收入差距继续恶化。④ 因此,2019 年 12 月皮尤

---

① 彭姝祎:《从总统大选透视法国的民粹主义》,《当代世界》2017 年第 6 期。
② [意] 艾里克·琼斯:《欧洲的民粹主义》,载史志钦主编《全球化与世界政党变革》,中共中央党校出版社 2007 年版,第 187 页。
③ 林红:《"失衡的极化":当代欧美民粹主义的左翼与右翼》,《当代世界与社会主义》2019 年第 5 期。
④ Jessica Semega, Melissa Kollar, John Creamer and Abinash Mohanty, "Income and Poverty in the United States: 2018", *Current Population Reports*, https://census.Gov/library/Publications/2019/demo/p60-266.html.

中心的一项调查显示，近半数的低收入共和党人和46%的受访者认为他们是现行经济中的受损者，特朗普政府的经济政策是"帮助富人劫掠中产阶级和穷人"①。

无论是美国"茶党"运动所获得的支持与发展路径（尤其是与"占领华尔街"运动发展趋势和影响进行比较），还是意大利联盟党和兄弟党的强劲、持续发展（而意大利五星运动党在不到十年间经历了极速兴起与悲剧性衰落），以及"国民阵线"从边缘走向中心的演化路径（平稳发展的"不屈法国"相对弱势），似乎都表明了右翼民粹主义在如今欧美国家拥有更为强劲的发展势头。在多重不平等扩大的背景下，右翼民粹主义全面嵌入当代资本主义政治、经济和社会方方面面。在自由主义、功利主义、保守主义政治哲学居主导地位的现代资本主义社会中，右翼力量更懂得如何激发其种族主义、殖民主义、等级制和排外的阴暗面。他们擅长糅合阶级、种族、民族和本土的经济、文化等议题，赋予右翼保守主义、民族主义以新主题，从而使其在原本属于左翼复兴、工人阶级更为觉醒的时代里，表现出了后者难以企及的发展势头。

二　美国的政治极化与"非对称极化"

美国的政治极化或更具体地说"非对称极化"的深层原因是多重的，如制度、文化和传统等。但不容置疑的是，在经济不平等扩大的年代，欧美对后物质主义的过度想象必然面临回调，人们必须承认物质主义所强调的价值依旧未减。"特朗普所代表的并非什么逆全球化的趋势，更不是反全球化，而是调整到以物质主义为基础的全球化战略……以挽救西方文明的危机。"② 就政治层面而言，特朗普现象恰恰表明了经济不平等

---

① Ruth Igielnik and Kim Parker, "Most Americans Say the Current Economy Is Helping the Rich, Hurting the Poor and Middle Class", https：//www. Pewsocialtrends. Org/2019/12/11/most-Americans-say-the-current-economy-is-helping-the-rich-hurting-the-poor-and-middle-class/.

② 丛日云：《西方文明的困境——后物质主义如何应对全球化的挑战》，《探索与争鸣》2018年第1期。

的扩大强化了美国政治的"非对称极化"(asymmetric polarization)。

(一) 传统意义上的政治极化

人们对所谓的美国政治极化更为熟悉。20世纪六七十年代,美国的政治极化形成。在此之后,随着政治、经济和社会分裂的加剧,政治极化现象不断恶化升级。关于极化,美国学者诺兰·麦克卡迪等(Nolan McCarty)曾提供了一个颇为清晰简洁的界定:"极化是指政治分化为政治自由派与政治保守派两个对立的阵营。"① 不过,有的美国学者也指出,从美国的政治发展情况来看,政治极化并非某种单一的准则,而是一个多层次多维度的概念。党派极化、舆论极端化和议题联盟,都应是其所包含的内容。② 中国学者指出,美国政治极化有两个明显特征,"对立两极之间严重的异质性"和"对立两极内部高度的同质性";而且这种极化以民主党和共和党之间的对立为核心,即政党的极化;还表现为精英在国会与最高法院中的对立,以及大众在社会运动、选举中的民意分化。③

国内学者的相关量化研究发现,美国经济不平等与其政治极化存在较强的相关性(参见图2-1)。从19世纪至今的美国历史进程来看,美国出现了两个经济不平等与政治极化并存的高峰时期。第一个是欧美自由资本主义向垄断资本主义过渡的时期。在这一时期,垄断资本兴起,并向美国参众两院、最高法院渗透,使得经济不平等与政治极化程度达到历史上第一个高峰。④ 对经济不平等和政府公共部门的不信任,引发了美国著名的左翼民粹主义运动——平民党运动。作为对左翼政治的反弹,宣扬种族歧视、反对外来移民,维护(中下层)白人特权的3K党

---

① Nolan McCarty, Keith T. Poole and Howard Rosenthal, *Polarized America: The Dance of Ideology and Unequal Riches*, Cambridge: MIT Press, 2006, p. 15.

② Andrew Gelman, *Red State, Blue State, Rich State, Poor State: Why Americans Vote the Way They Do*, Princeton, NJ: Princeton University Press, 2008, p. 113.

③ 参见孙存良《选举民主与美国政治极化研究》,世界知识出版社2020年版,第12页。

④ 参见付随鑫《美国经济不平等和政治极化关系探析》,《美国问题研究》2017年第1期。

右翼民粹主义也发展起来。换言之，经济不平等的恶化，助推右强左弱的民粹主义兴起，强化了美国的政治极化。

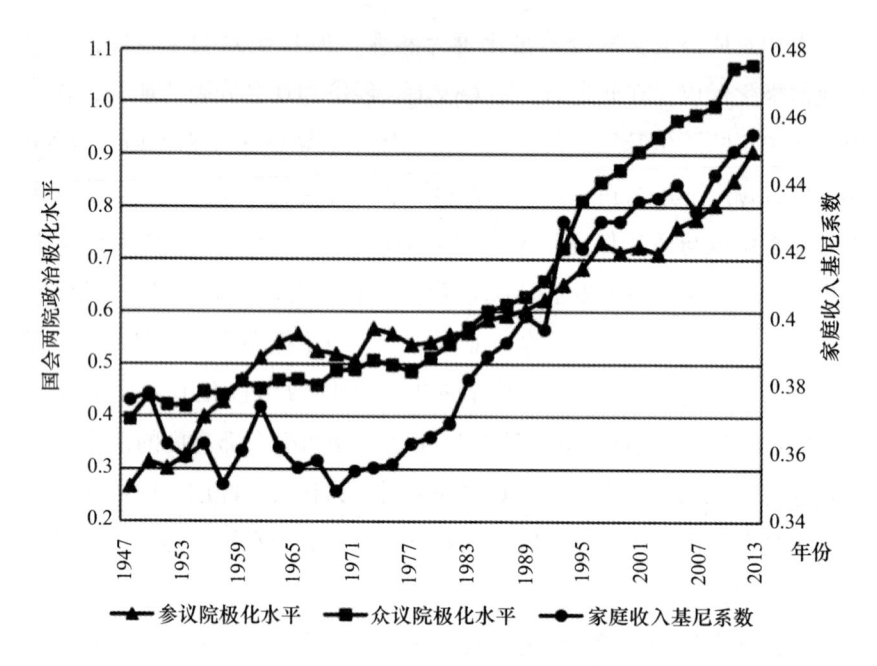

图 2-1　国会两院政治极化水平与家庭收入基尼系数的变化趋势

资料来源：United States Census Bureau, Historical Income Tables: Income Inequality, https://www.census.gov/hhes/www/income/data/historical/inequality/; House Polarization 46nd to 14th Congresses, Senate Polarization 46nd to 14th Congresses, http://voteview.com/dwnl.htm. 转引自付随鑫《美国经济不平等和政治极化关系探析》，《美国问题研究》2017 年第 1 期。

（二）不平等升级下的"非对称极化"

极端不平等对美国"自由民主"政治产生三种根本威胁：精英阶层利益偏离民众；精英阶层获得过大利益以及精英阶层对民主的认同度降低。[1] 这在政党政治中就表现为政治的"非对称极化"（asymmetric polarization），即共和党右倾的速度远快于民主党的左倾，导致政党政

---

[1] ［美］雅各布·哈克、保罗·皮尔森：《推特治国：美国的财阀统治与极端不平等》，法意译，当代世界出版社 2020 年版，第 44 页。

治的整体右倾保守主义化。共和党从一个标准的中右翼政党，变成一个极度保守的右翼政党，远比英国保守党右倾得多。美国的企业和金融精英都致力于维护其自身的优势地位和特权，其中一部分"主要通过对政治进行巨额投资来达到这一目的……现在这部分人越来越多，越来越富裕，组织性越来越强……他们的目标与大部分美国人之间的分歧也越来越大。结果就产生了民主不断受到削弱、财阀统治不断得到加强的恶性循环""当不平等达到极致……权力将转移到精英手上，他们的利益诉求将与普罗大众分道扬镳，他们将越来越恐惧民主制度……'保守派困境'日趋严重并变得更加危险"[1]。因此，保守派必然不会"坐以待毙"，而是利用"自由民主"的漏洞反民主。

尽管美国社会当下不平等的扩大，导致社会矛盾激化、社会运动频发，但是亿万富豪仍能运用其在经济上的巨大优势，通过政治献金及"暗金"（Dark Money）发展有利于其统治的保守主义意识形态，并以此指导强大的右翼社会运动。受右翼民粹主义深刻影响并将之内化的美国共和党人，尤其擅长将之与反全球化、种族不平等等问题相交织，以身份政治取代阶级政治，攻击并弱化左翼社会运动对经济不平等扩大的抗争和诉求。这背后事实上是巨富阶层对民主制度的恐惧，使得他们在推动保守主义复兴的同时，构建一种与财阀政治相媾和的身份政治。"不管是现在还是过去，种族分裂一直是美国历史的核心……它在目前政治环境中所起的作用很大程度上要归功于权力和财富向上层的大规模转移。"[2] 精英的经济利益决定了他们对经济不平等的漠然，因此，他们通过抹杀阶级政治，贯入身份政治、自由主义、民族主义等立场和意识形态主张等方式重塑底层民众的反抗。

毫无疑问，"任何一个国家的统治阶级，为了巩固其政治统治，都

---

[1] [美] 雅各布·哈克、保罗·皮尔森：《推特治国：美国的财阀统治与极端不平等》，法意译，当代世界出版社2020年版，第60、213页。
[2] [美] 雅各布·哈克、保罗·皮尔森：《推特治国：美国的财阀统治与极端不平等》，法意译，当代世界出版社2020年版，第13页。

要竭力维护和发展其占统治地位的意识形态。西方国家从来就不允许马克思主义在他们的意识形态中居于指导地位。西方国家都有一套系统的方法和手段，来对他们的官员、学生、群众、军队灌输资本主义的思想、价值观和政治信条。在这个问题上，他们也是抓得很紧的"①。2008年金融经济危机后，美国右翼民粹主义的强势崛起，就是美国财阀对其保守主义意识形态大众化的成果。美国保守主义政治学家詹姆斯·布坎南（James Buchanan）的公共选择理论，就是在斯凯夫基金会等保守主义基金会的支持下不断完善并传播，从而成为受到保守派亿万富豪查尔斯·科赫（Charles Koch）青睐的右翼运动指导理论。如果说福利经济学假设动机良好的政府管制市场是为了"矫正"失灵并提供私人主体不愿提供的公共产品，那么，公共选择理论则假设在政府中工作的人是理性、自私的，因而应防范公务人员"过度掌权"，减少人为干预，应用自由市场逻辑来支配政治制度的运转。② 科赫家族正是运用这一理论，通过其控制的美国繁荣基金会发起了茶党运动，并加强其对共和党的渗透与控制，助推了美国政治的非对称极化。

经济不平等升级的受害者不仅仅有底层民众，还包括所谓"橄榄形"社会的最大阶层——稳定的工薪阶层和中间阶层，他们甚至开始解体、向底层滑落。不同于20世纪30年代大萧条时代美国中产阶层对罗斯福新政（The New Deal）的支持，在保守派极具蛊惑性的本土主义、种族主义、反全球化的叙事中，白人中产阶层在2008年金融危机后更焦虑地针对穷人和少数族裔的再分配扩大，转而支持右翼民粹主义。③于是，便形成了民主党对具有左翼色彩的"占领华尔街"运动的半心半意支持，以及共和党对同样对经济不平等感到焦虑却反对国家干预、

---

① 中共中央文献研究室编：《江泽民论有中国特色社会主义（专题摘编）》，中央文献出版社2002年版，第411页。

② 参见银培萩《暗金政治：慈善基金会如何塑造当代美国保守主义观念体系》，《复旦学报》（社会科学版）2021年第4期。

③ 这本质上还与保守主义力量对美国社会观念的倾力塑造有关，具体分析见下文。

反对福利扩张的右翼民粹主义"茶党"运动的大力支持。这种差异性，正体现了美国政党政治的非对称极化，即右翼保守主义化。

在奥巴马政府时期，由于共和党阵营的支持，茶党成功建制化，进入众议院。随着茶党实力的膨胀，该党40名众议员组建了所谓"自由派议员党团"（Freedom Caucus），在一些议题上立场非常强硬，作为允许提高公共债务上限的回报，该"党团"希望改革公民权利方面的内容，包括削减社会保障、医疗保险和医疗补助等，拒绝任何综合型支出法案，以为他们喜欢的法案提供资金（如国防）。茶党的极右翼立场导致共和党在政治上进一步右转，从而使得"最不保守的共和党人也比最

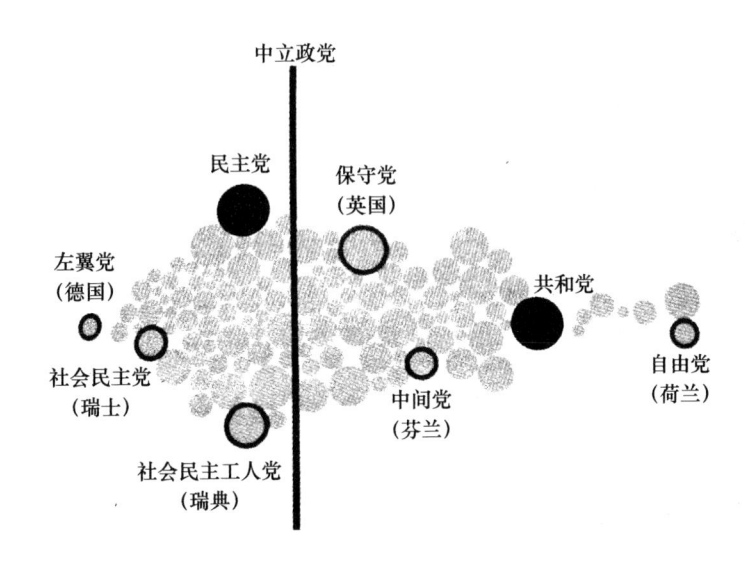

图 2-2 西欧、加拿大和美国政党的意识形态立场

资料来源：Sahil Chinoy, What Happened to America's Political Center of Gravity, https://politicalwire.com/2019/06/26/what-happened-to-americas-political-center/. 转引自[美]雅各布·哈克、保罗·皮尔森《推特治国：美国的财阀统治与极端不平等》，法意译，当代世界出版社2020年版，第79页。

说明：图中圆圈大小取决于该党在最近一次选举中获得的选票比例。图中仅显示赢得1%以上选票的政党。分析对象主要包括西欧国家、加拿大和美国的一些政党，基于 Manifestos Project 网站（https://manifesto-Project.wzb.eu/）编制的各党竞选纲领形成。

保守的民主党人更右,而这就是所谓的非对称极化"①。如此,两党之间便再无中间地带,政治光谱也无重叠。它们视彼此为对手甚至敌手。当民主党表示支持提高最低工资,增加社会福利时,共和党则反对提高税收进行再分配,提倡所谓"工作福利"。

(三)"三权分立"制衡机制的短路

由于极端不平等使得利益调和变得更加困难,美国"三权分立"的制衡机制甚至开始出现短路。美国政党政治的"非对称极化",从表面上看是共和党的保守化,事实上是20世纪末以来日趋反民主的美国财阀选择强化共和党为其政治代理人的角色。

在2008年金融经济危机以来,经济不平等加速升级背景下,对于美国财阀及其代理人(主要是共和党)来说,获取极端分子支持比赢得更广泛的大众的认可更重要。这些极为保守的选民往往由学历低、生活在偏远地区的白人组成。支持共和党的这些极端主义者在人数上并不占优,但是,"少数派"(富人和极端分子)利用美国政治体系长期存在的特点,使得其三权分立中的制衡机制短路了。在财阀的支持下,日益保守的共和党控制了更多的州法院及美国联邦最高法院。

相对于总统与参众两院,最高法院因没有军权和财政权而在三权中表现相对弱势,但是它具有制定政策权、确定案例权、司法纠偏权,特别是司法审查权和宪法解释权,决定其在美国"自由民主"政体中的特殊地位。尤其美国联邦最高法院审查国会与州法律以及总统的决定的强大权力,且在任何时候都具有裁决社会与经济争议问题以及相应的政策制定权力,是美国司法任命中的政治因素。② 最高法院大法官只有9人,且终身任职。因此,最高法院大法官的任命,往往是总统和国会、民主与共和两党激烈博弈的焦点。"大法官的选任必然陷入激烈的政治

---

① [美]菲利普·科特勒:《美国民主的衰落》,夏璐、高蕾译,中国人民大学出版社2023年版,第157页。

② Henry R. Glick, *Courts, Politics and Justice*, New York: McGraw-Hill, Inc., 1983, p.92.

冲突与竞争之中。如政党委派职务的权力，参议院的权力以及司法的权限都会牵涉到。"① 因此，对自己党派的忠诚，一直是美国总统提名大法官所考虑的非常重要甚至是最核心的因素。因此，司法独立很难摆脱党派、财阀政治的影响。

在 2000 年美国总统大选中，同是出身政治世家的共和党候选人乔治·W. 布什与民主党候选人艾伯特·戈尔（Albert Arnold Gore Jr.）展开的竞争异常激烈。二人在佛罗里达州选票差距极小，戈尔率先起诉至州法院，要求重新验票，一度获得支持，而布什则转向美国最高法院。世纪总统选战，成为"世纪司法大战"。最终，美国联邦最高法院以 5 比 4 的表决结果，推翻了佛罗里达州法院的裁决，使布什登上总统宝座。但这一结果受到广泛批评，主要集中在司法对政治的干预和对民主原则的违反上。批评的声音认为是大法官的政治倾向影响了最终结果。因为当时最高法院中，5 名大法官属于保守派，4 名大法官属于自由派。

类似的剧情在 2014 年再度上演。在对"麦卡琴和共和党全国委员会诉联邦选举委员会案"② 的裁决中，5 名共和党总统任命的保守派法官投赞成票，4 名自由派大法官投了反对票。这样的裁决结果，最终推翻了给美国政治竞选中的候选人、政治团体和政治行动委员会捐款总额的上限。事实上，2010 年，美国最高法院在对"联合公民案"进行投票时，就已裁决"超级行动委员会"可在竞选中无限制捐款，这些捐款常常不对公众透露，因此被指为"暗金"。"如果说'联合公民案'是最高法院打开了一扇门，那么今天的决定就等于打开了防洪闸。"③

---

① Henry R. Glick, *Courts, Politics and Justice*, New York: McGraw-Hill, Inc., 1983, p. 92.
② 麦卡琴是一位来自亚拉巴马州的商人。在 2012 年美国大选时，他向 16 位竞选联邦公职的候选人共捐款 3.3 万美元，并拟向另外 12 人分别捐款 1776 美元，但因联邦相关法律遭阻止。于是麦卡琴联手共和党全国委员会将美国联邦选举委员会告上法庭，要求取消对于政治捐款的限制。
③ 温宪：《美国最高法院推翻政治捐款限额："钱主政治"更将大行其道》，https://world.people.com.cn/n/2014/0403/c42355-24820245.html。

这种完全基于党派和政治倾向作出的裁决，成为美国最高法院政治"非对称极化"的缩影。这同时也是经济不平等不断升级背景下，美国财阀集团通过各种形式的政策协调机构以及"暗金"组织塑造行政、立法和司法机构，捍卫古典自由主义和保守主义的主导地位，扭曲"三权分立"制衡机制的突出表现。到 2020 年 9 月，在特朗普政府任期进入倒计时的时刻，美国联邦大法院的保守派大法官与自由派大法官的比例达到了 6 比 3，政治立场更进一步右倾化、保守化。

三 经济不平等扩大推动欧洲政党格局重构

与美国的政治极化或非对称极化不同的是，在经济不平等扩大的背景下，欧洲政党政治出现了碎片化现象，政党格局在此起彼伏、一轮又一轮的左翼民粹主义运动及右翼民粹主义社会运动中被重塑。欧洲各国政党格局的变化存在很大的相似性。一是传统中左翼力量，如社会民主党的影响力和支持率大幅下降；二是右翼民粹主义政党的影响力大幅上升；三是政党格局呈现碎片化态势。

（一）不平等的扩大加速欧洲社会民主党的衰落

欧洲社会民主党在其一百多年的历史演进中，从激进的反资本主义左翼力量转型为欧洲民主体制的改良者和捍卫者。尤其是在第二次世界大战后，社会党国际关于民主社会主义的宣言《法兰克福声明》、德国社会民主党《哥德斯堡纲领》、英国工党修正主义代表安东尼·克罗斯兰（Anthony Crosland）的《社会主义的未来》等，标志着欧洲社会民主党的"民主社会主义"思想体系的成形，及其对此前社会民主主义思想的重塑。社会民主党人观念上的转变及其对凯恩斯主义政策的实践和运用——尤其是欧洲福利国家的建成与完善，使之赢得了西方主流社会的认可。可以说，第二次世界大战后欧洲资本主义的"黄金三十年"，也是社会民主主义的黄金时代。

欧洲社会民主党人的"意识形态像是一种千变万化的思想和价值观

念的马赛克，不断地根据新的环境和实践经验而改变"①。第二次世界大战后，欧洲社会民主党在意识形态上表现出了开放性和多元性，尤其一改将社会主义与自由主义对立的立场，吸收自由主义观念，持续求变。因此，英国工党前党首托尼·布莱尔（Tony Blair）称社会民主党的意识形态是"永恒的修正主义"②。与此同时，社会民主党人也随着欧洲产业结构和工人阶级队伍的变化，实行跨阶级联合的政治动员策略。这是一种构建全方位党、去阶级化的策略，导致党陷入其所意欲联合的不同利益主体——富人、中产阶层和中下层工人阶级利益不兼容的困境。尽管一直不断地进行适应性调整，但在经历20世纪与21世纪之交的修正主义高峰——"第三条道路"的短暂辉煌后，欧洲社会民主党开始走向衰落。

2008年金融危机后，欧洲经济不平等进一步扩大。但早已将自由主义意识形态内化的欧洲社会民主党人多数不仅认同紧缩、放松劳动力市场保护有助于走出经济危机，而且切实推动了此类改革。如意大利中左翼民主党的衰落，直接源于其在金融危机后推进的削减福利和弱化劳动力市场保护的改革。生计危机的加剧使得民众对福利体系所提供的社会服务和物质保障产生了更大的依赖和更多的需求。意大利国家选举研究协会在2013年大选后的调查也印证了这一点：90.9%的人认为，社会保护应该成为任何一届政府的首要目标；83.5%的选民认为，政府应该采取干预措施以缩小国内收入。③但是，2013年民主党主导下的中左翼组阁后，却继续推行系列亲市场的结构改革。这些改革进一步降低了大批雇佣劳动者的就业保护水平，却未能从本质上弥补收入保障制度的固有缺陷，进而使得更多家庭陷入了绝对贫困。对此，意大利共产党也

---

① Stephen Padgett and William E. Paterson, *A History of Social Democracy in Postwar Europe*, London and New York: Longman, 1991, p. 11.
② 参见陈林、林德山主编《第三条道路：世纪之交的西方政治变革》，当代世界出版社2000年版，第10页。
③ 参见意大利国家选举研究协会公开的民调数据（http://www.itanes.org/dati/）。

犀利地指出，民主党右转及其推动的新自由主义改革，摧毁了左翼的公信力，导致左翼"内核"坍塌，陷入迷茫的支持者要么弃权，要么转向五星运动党。① 如表 2-1 所示，民主党议会选举支持率从 2008 年众议院的 33.69%，一路走低，到 2022 年降至 18.96%。

表 2-1　2008 年以来意大利主要政党（联盟）参众两院和欧洲议会选举结果

政党/政党联盟	参议院 2008（%）	参议院 2013（%）	参议院 2018（%）	参议院 2022（%）	众议院 2008（%）	众议院 2013（%）	众议院 2018（%）	众议院 2022（%）	欧洲议会 2009（%）	欧洲议会 2014（%）	欧洲议会 2019（%）
民主党	33.69	27.3	19.1	18.96	33.18	25.4	18.7	19.07	26.12	40.81	22.14
中左联盟	38.01	31.4	23.0	25.99	37.55	29.6	22.9	26.13	—	—	—
联盟党②	8.06	4.3	17.6	8.85	8.30	4.1	17.3	8.11	10.21	6.15	34.26
力量党③	38.17	22.1	14.3	8.27	37.38	21.6	13.9	8.77	35.26	16.81	8.78
兄弟党	—	1.95	14.01	26.01	—	1.92	14.42	25.99	—	3.67	6.44
中右联盟	47.32	31.0	37.5	44.02	46.81	29.2	37.0	43.79	—	—	—
五星运动	—	23.6	32.2		—	25.6	32.7	15.43	—	21.86	17.06

资料来源：笔者根据意大利内政部公布的选举数据整理而成，参见 https://elezionistorico.interno.gov.it。

法国社会党也经历了相似的衰落进程。在法国前总统弗朗索瓦·奥朗德（François Hollande）执政期间，社会党内部已经出现巨大分歧。这种分裂主要体现在经济社会维度：一派是自由主义改革派，在奥朗德的带领下为适应全球化和欧洲一体化的深入发展而进行的自由主义色彩的经济社会改革，即持有文化自由主义+经济自由主义主张；另一派是

---

① PCI, "Il Quadro Politico Tra Realtà e Prospettive", in *Documento Politico Ricsotruire il PCI per Cambiare L'Italia*, Primo Congresso Nazionale 6, 7 e 8 Luglio 2018, p.18.
② 联盟党于 2017 年底由北方联盟更名而来，因此此前为北方联盟选举数据。
③ 1994 年成立的力量党，在 2009 年解散并加入新组建的自由人民党（PDL），2013 年 11 月复建。2013 年选举数据为自由人民党数据。

回归左翼传统派，他们批评奥朗德的改革背离了社会党的初衷，呼吁加强国家对市场的干预与对劳动者的保护，重视社会公平，即持有文化自由主义+国家干预主义主张。[1] 社会党自由派的改革使其彻底丧失与右翼共和党的边界感，党内左翼传统派则倒向了梅朗雄的"不屈法国"。社会党在2017年的总统竞选中彻底落败，其支持率从28.63%骤降至6.36%，从主流大党沦落为法国政坛的边缘化政党。[2]

德国社会民主党也遭遇了类似的危机。德国社民党在第二次世界大战后先后制定的《哥德斯堡纲领》《柏林纲领》和《汉堡纲领》，重塑了民主社会主义的历史传统，并在其中加入了自由、公平和团结的基本价值观，一度为其赢得高达44%的支持率。但在德国遭遇经济危机、社会不平等扩大的21世纪初期，社民党对德国福利国家实施了右翼政党"敢想不敢做"的大刀阔斧改革，先后在劳动力市场和社会保障领域推出"哈茨法案"和"2010议程"等核心改革内容。这些法案的新自由主义色彩浓郁，严重弱化了社民党在社会政策议题中的传统左翼政党形象，引发了工人阶级及社会底层的失望。此后，在2005年德国大选中，社民党遭遇滑铁卢，并因此失去了总理职位。德国社民党从1998—1999年大选支持率为44%的最高位跌至2019年13%的最低位。[3] 2020年以来，社民党的民调支持率徘徊于15%—17%，与全盛时期相比跌落半数有余，不但再无法与基民盟分庭抗礼，甚至被绿党、选择党等反超。[4]

(二) 福利国家边界的强化与（极）右翼政党兴起

2008年金融经济危机对欧洲国家的冲击迟迟未能散去，右翼政党

---

[1] 参见彭姝祎《试析法国政党格局的解构与重组——政党重组理论视角下的审视》，《当代世界与社会主义》2020年第2期。
[2] 参见法国内政部网站（https://www.interieur.gouv.fr/）。
[3] 参见伍慧萍《德国社会民主党的历史变迁与现实困境》，《当代世界与社会主义》2021年第5期。
[4] "Politik I", https://www.forschungsgruppe.de/Umfragen/Politbarometer/Langzeitentwicklung_-_Themen_im_Ueberblick/Politik_I/#Projektion.

牢牢抓住欧洲福利国家的外部边界——享有福利资格的前提是公民权或合法居留权，大肆宣扬福利沙文主义。在欧洲中下层贫困化与移民增加和难民涌入叠加的背景下，右翼政党退回到民族福利国家保护伞内的主张受到追捧。可以说，右翼民粹主义力量在深刻影响美国政坛的同时，也在欧洲政党政治中逐步占据了优势，形成了一股反全球化、反欧洲一体化、反移民的潮流。

经济不平等的进一步恶化，及全球化、欧洲一体化和族群结构多元化背景下"内外对立"的加剧，是意大利左右翼民粹主义政党兴起和民主党、力量党等曾经的主流政党衰落的直接诱因。联盟党和兄弟党的先后强势兴起，与其在经济不平等扩大与难民危机交织背景下诉诸种族/国族意义上的"内外对立"动员密切相关。这种动员高度契合了民众的本土主义取向及安全与身份认同需求。与此同时，力量党依然是主张开放自由流动的新自由主义精英在右翼阵营的主要代表，而意大利兄弟党的保护传统家庭、提高意大利人出生率、反对伊斯兰化等主张，也满足了意大利社会中更为传统和保守的民众对家庭团结、国族/宗教身份认同的诉求。如表2-1所示，极右翼兄弟党在参议院选举中的支持率从2013年的1.95%极速飙升至2022年的26.01%。

同意大利兄弟党和联盟党持有极为相似立场，且常常与之在欧盟超国家层面相互呼应的法国极右翼政党——国民联盟，也延续其自20世纪90年代以来的势头。在2008年金融危机后历次总统选举中的支持率稳步上升，从2012年的17.9%增至2017年的21.3%。玛丽娜·勒庞（Marine Le Pen）在2022年法国总统大选第一轮投票中获得24%的支持率——仅次于时任总统埃马纽埃尔·马克龙（Emmanuel Macron）；在第二轮的对决中勒庞获得42%的支持率。[①] 这是勒庞第二次进入法国总统第二轮投票，足以证明右翼民粹主义政党在法国的强劲势头。

德国选择党也被归为极端的右翼民粹主义政党，其兴起逻辑与意大

[①] 参见法国内政部网站（https：//www.interieur.gouv.fr）。

利联盟党和兄弟党基本一致。选择党于2013年2月成立,在2013年9月的联邦选举中就获得了4.7%的支持率,仅差0.3%就可跻身联邦议院。在2014年5月欧洲议会选举中,选择党支持率增至7%,获得欧洲议会席位。2017年,选择党便以12.6%的支持率进入联邦议会。此后,选择党稳健发展,2024年的民调支持率达到了20%左右。该党的选民多元,既有从基民盟和自民党等右翼阵营投奔而来的,也有从左翼党和社民党转来的。而且选择党的意识形态主张主要是国家保守主义和市场自由主义,持有鲜明的反移民立场。但选择党的专业组织能力极强,"非常接近在德意志帝国和魏玛共和国时期所谓的'乡绅党',是自由保守势力组建的精英党,由于核心成员和创建者中经济学教授大有人在,在媒体当中甚至被称为'教授党'"[①]。

(三) 政党格局碎片化

在传统中左翼力量——社会党衰落、右翼民粹主义兴起的冲击下,欧洲多国政党格局重构,甚至呈现碎片化态势。意大利政党格局的重构与碎片化,在欧洲国家中具有相当大的代表性。20世纪90年代,意大利爆发了影响深远的肃贪反腐运动——"净手运动",天主教民主党、意大利社会党等长期参与执政联盟的政党土崩瓦解。意大利第一共和时代(1948—1994)也因之落幕。在第二共和时代,意大利虽然依旧是典型的多党制,但是居主导地位的左翼民主党[②]和中右翼力量党一直在谋求实现左右两大政治联盟轮流执政的模式,即被2016年新组建的意大利共产党(PCI,以下简称"新意共")强烈批评的政治生态"美国化"[③]。在2013年民粹主义五星运动党兴起之前,几乎没有"第三党"

[①] 伍慧萍、姜域:《德国选择党——疑欧势力的崛起与前景》,《国际论坛》2015年第2期。

[②] 左翼民主党于1998年更名为左翼民主人士党(DS),后于2007年10月与改良主义中间派民主自由党(DL)合并组建民主党。

[③] PCI, "Il Quadro Politico tra Realtà e Prospettive", in Documento Politico Ricsotruire il PCI per Cambiare L'Italia, Primo Congresso Nazionale 6, 7 e 8 Luglio 2018, p. 18.

能够对民主党和力量党的主导地位构成威胁。如表 2-1 所示，在 2018 年的选举中，右翼民粹主义联盟党（Lega）取代了力量党在中右翼阵营的主导地位，而在 2022 年议会选举中意大利兄弟党（FdI）的强势崛起则进一步重塑了右翼联盟的格局。因此，意大利政党政治和选民一度呈现出的意识形态"极化""固化"特征，也随着主要政党意识形态的演化和选民流动性的增强，在相当大程度上弱化了。

自 2008 年经济危机爆发以来，意大利社会阶层及其需求趋于多样化，但传统主流政党的应对却是趋同且单一的。五星运动党和联盟党的纲领主张供给却是丰富的："非左非右"的五星运动党既诉诸经济意义上的"上下对立"，又持有减税、疑欧和反移民主张；右翼阵营的联盟党和意大利兄弟党既诉诸疑欧、种族/国族意义上的"内外对立"，又持有环保、增加老年福利和家庭津贴等主张。不过，五星运动党和右翼民粹主义政党——联盟党及兄弟党的纲领之间最主要的差异在于前者更侧重民生福利议题，而后者更近似当今持有古典自由主义和保守主义立场的美国共和党。意大利右翼政党反移民，主张对企业和个人减税，反对福利扩张——尤其是五星运动党提出的公民基本收入制度。但中右联盟内部并非铁板一块。中右内部的分裂也体现了意大利统治精英——主张开放和自由流动的新自由主义派与更注重秩序、文化和身份认同的保守主义者之间分歧与博弈的加剧。

近年来，法国和德国的政党格局碎片化与意大利颇为相似，也在此轮民粹主义风潮的冲击下呈现出碎片化。在法国 2017 年总统选举中，没有一名政党候选人的支持率超过 30%，其中最高的是共和国前进党，为 24.01%，其他四个政党中除社会党为个位数支持率外，均在 20% 左右。总体来看，法国右翼力量占据上风，但其内部也较分裂。

2021 年 9 月，德国举行联邦议会选举。在此次选举中，连续执政 16 年的由"基民盟"和"基社盟"组成的联盟党仅获得 24.1% 的支持率，遭遇历史性败绩；社会民主党有限地逆转了持续近二十年的衰落趋势，以高于联盟党 1.6% 的微弱优势，即 25.7% 的支持率重返联邦议院第一大党的位置；绿党、自由民主党和选择党的支持率分别为 14.8%、11.5% 和 10.3%，在联邦议院分列第 3—5 位。① 可见，德国政党格局碎片化问题也较突出。

欧洲主要国家的政党格局近年来由此前的中左/中右两翼化向碎片化转变。欧洲政治右倾化、保守化中的碎片化，深刻表明尽管欧洲政治精英竭力重塑民意，但民众仍对其主导的资本主义经济社会治理及不平等扩大的后果极为不满，从而不断地寻求更多的替代选择。然而，这些貌似多元的选择，也都是由经济上占主导地位但内部分裂的精英提供的。

小　结

本章对欧美经济不平等扩大所产生的社会、政治影响进行了分析。经济不平等的升级与欧美广大劳动者社会权利的弱化，形成了相互强化的恶性循环。在第二次世界大战后资本主义"黄金时代"，欧美工人阶级所获得的劳动保障权益、相对平等的教育权、可及的公共卫生服务等社会权利，都在新自由主义主导下的"新镀金时代"受到了侵蚀。社会权利的弱化，又进一步加剧了经济不平等的升级。

2008 年金融危机，似乎成为一个时代的分水岭。在此之后，欧美资本主义国家反抗经济不平等的有组织的罢工抗议活动或民众自发组织的社会运动频繁爆发。经济不平等的升级，或经济权力不对等的扩大，导致美国政治呈现出"非对称极化"。就社会运动而言，具有左翼色彩的社会运动的持续性、政策转化力，都逊色于右翼民粹主义运动。如具有反建制色彩的"占领华尔街"运动对美国民主党的影响或者说所能从后者得到的支持，都弱于极端保守主义运动——"茶党"运动对美

---

① 联邦德国选举监察官网（https://www.bundeswahlleiterin.de）。

国共和党的影响。在政治层面，美国的"非对称极化"表现为占据收入与财富顶层的美国财阀集团，更加极端地利用其资本优势巩固其自身的政治统治地位和意识形态领域的霸权地位。他们运用手中的经济资源，在行政机关、立法机关和司法机关培植代理人，扭曲"三权分立"的制衡机制；在学术界和思想界筛选、培养右翼思想的孵化者，既塑造民意，又让民众在"多元"的政治选择中追求"平等的幻象"。

经济不平等的扩大，加速了百余年来一直在"修正主义"中徘徊的欧洲社会民主党的衰落。欧洲社会民主党人对自由主义的臣服，使其在欧洲福利国家的演进中实施了右翼政党难以推进的新自由主义改革，从而导致其自身在大众控诉经济不平等扩大的民粹主义浪潮中被抛弃。而欧洲的右翼精英似乎也抓住了民粹主义浪潮下的机遇，以"顺应民意"的姿态崛起。欧洲右翼力量的本土主义、反全球化、反欧洲一体化，契合了欧洲民众在经济不平等扩大下的多重不安全感——物质的、文化的、身份的等。欧洲（极）右翼的崛起及其多元化特点，重塑了第二次世界大战后欧洲国家中左与中右相对平衡的两极政党格局。

第二部分

经济不平等何以不断扩大

　　权利决不能超出社会的经济结构以及由经济结构制约的社会的文化发展。

——马克思《哥达纲领批判》

第三章　不平等的民主与经济不平等的扩大

经济不平等与政治不平等以一种正相关的方式共存于当代西方资本主义国家的经济与政治生活中。在经济不平等升级之下，拥有巨额财富的财阀为维持其经济优势，全方位地对政治权力进行投资、渗透，影响和塑造民众的观念，进而导致了政治的"非对称极化"——前文对此进行了分析。然而，这只是经济不平等与政治不平等之间辩证关系的一半，另一半则是政治深刻地形构经济——这也正是马克思主义创始人早已深刻揭示的经济基础与上层建筑的辩证关系。

那么本章则聚焦于分析欧美民主政治缘何未能在一人一票的程序合法、政治平等基础上，增强公民的社会权利，对经济不平等进行有效调节。或者说，欧美的民主政治近年来以何种方式推动了经济不平等的升级。如果存在真实的政治平等，那么，它应能促进经济平等——因为99%才是多数。但是西方的"政治平等"显然没能起到约束经济不平等的作用，反而出现了经济不平等与政治不平等相互促进的恶性循环。

第一节　西方民主的内涵与外延

民主是一个内涵丰富的概念，它可以是一种价值，[①] 也可以指一种

[①] 参见王莉《携手弘扬全人类共同价值——"民主：全人类共同价值"国际论坛综述》，《人民日报》2021年12月18日第3版。

政体，甚至是一种意识形态。西方民主在近现代以来的发展中，往往与自由主义、保守主义和社会民主主义意识形态相结合，通过具体的制度安排作为其载体，从而成为西方政治与经济精英阶层维护其支配和主导地位的重要手段。

民主在社会结构中属于上层建筑，是由经济基础决定的，而阶级斗争、政治斗争、思想文化、历史传统等因素，也对民主产生着重大影响。在阶级社会，民主的主体从来都是经济上占支配地位、政治上占统治地位的阶级，因而民主总是具有阶级性，总是一定阶级用来实现其统治的形式和手段。[1]

因此，在解析西方不平等的政治民主，尤其它如何作用于经济不平等之前，有必要对西方民主的理论演化及其制度特点进行扼要分析。

一 民主内涵的核心"主权在民"的演变

本书无意对西方思想界的民主内涵进行全面完整的界定，但根据研究需要，应对民主内涵的核心——"主权在民"，在近现代以来西方的演变进行扼要概述。主权在民、主权属民，在学理上亦称人民主权原则。

不管对民主的定义多么复杂或多么精确，所有定义的根本之中存在一个人民的权力（popular power）的观念，或者指一种权力也许还有权威依赖于人民的情况。那种权力或者权威通常被认为是政治性的，因此它常以人民主权的形式体现出来——人民作为最终的政治权威。[2]

---

[1] 李铁映：《论民主》，人民出版社、中国社会科学出版社2001年版，第5页。
[2] Anthony Arblaster, *Democracy*, Maidenhead: Open University Press, 2002, p. 9.

从词源学上说，国内外学界对民主一词的起源达成了共识，即源于古希腊语"demokratia"（δημοκράτια）。其中，Demos（δημos）意思是人民，kratia（κράτια）意思是掌握、做主，合在一起就是人民掌握、做主。显然，民主的概念源自希腊尤其是雅典城邦的政治实践。古希腊著名思想家亚里士多德依据城邦统治者的多寡，将古希腊政治制度分为君主、贵族和共和三种常态政体，以及相应的僭主、寡头和民主三种变态政体。其中，民主政体是多数人的统治——尽管在雅典城邦实际上意味着奴隶主的统治。

民主概念是历史的、具体的、发展的。在古罗马共和国灭亡之后的中世纪，即便选举和自治依然在欧洲存在，但民主的光芒已经隐没于皇权与教权交织的封建制度之中。启蒙主义运动重新光大了古希腊思想家的民主。洛克以社会契约论为基础，提出政府就是根据人民的同意来实现人民的统治。卢梭则向前迈进了一大步，提出了主权在民的思想。他认为：

> 主权实质上就是公意，而意志是绝对不能由他人代表的。它要么是自己的意志，否则就是别人的意志，中间的意志是没有的。人民的议员不是而且不可能是人民的代表；他们只不过是人民的办事员罢了，在任何事情上都没有最后决定之权。任何法律，不经过人民的亲自批准，都是无效的，都不能成为一项法律。[①]

显然，卢梭主张的是一种直接民主制度。

随着资本主义在西欧与北美的演化，民主的人民主权观开始向代议制民主发展。1786年夏，马萨诸塞州的暴动，威胁到了财富和债券阶

[①] 《卢梭全集》第4卷，李平沤译，商务印书馆2012年版，第118页。

层的利益,刺激了美国立国之父的神经。1787 年,各州代表①齐聚费城,召开制宪会议。在会上,代表们一致认为,"民主是经济自由的威胁,对那些作为财产权利的自由来说,尤其如此"②,从而最终就保护自由和财富、作为契约的政府、共和主义和有限政府达成共识。从詹姆斯·麦迪逊(James Madison)整理的制宪会议的记录中我们可以看出:

> 美国立国之父们并不想建立一个民主政权,他们试图建立一个强有力的政府来维持独立战争后的社会现状,以此来维护现存制度的既得利益者。在当时秘密协商的过程中,与会者对民主政治的偏见,对公众政治参与的蔑视溢于言表。他们主要关切的是怎样平息民众因革命而被激发的政治激情,如何抵制完全的阶级平等化倾向。③

因此,宪法中包含了大量通过分散权力来抑制民众运动的内容:四大决策实体不同任期,众议院 2 年;参议院 6 年;总统 4 年;法院,终身。美国实行"共和政府"和代表制原则,不保证直接的民主——仅众议院由民众直接选举。如果说当时英国政治路线的主流是古典自由主义,那么 1787 年的《美国宪法》则在一定意义上体现了美国立国之父古典保守主义的一面,即其作为经济利益的政治分配方案的反大众性和反民主性。④ 美国立国之父出于"既要遏制民主又不能反对民主的双重

---

① 在 55 名代表中,最少 45 人持有国家债券,14 人从事土地投机活动,24 人进行放贷和投资,11 人从事贸易和制造业,35 人是奴隶主,并且还有 15 人占有大量的种植园(参见[美]托马斯·戴伊等《民主的反讽:美国精英政治是如何运作的》,林朝晖译,新华出版社 2016 年版,第 34 页)。

② Robert Dahl, *A Preface to Economic Democracy*, Cambridge: Polity Press, 1985, p. 2.

③ [美]迈克尔·帕伦蒂:《少数人的民主》,张萌译,北京大学出版社 2009 年版,第 54—55 页。

④ 参见[美]托马斯·戴伊等《民主的反讽:美国精英政治是如何运作的》,林朝晖译,新华出版社 2016 年版;[美]罗伯特·达尔《美国宪法的民主批判》,佟德志译,东方出版社 2007 年版。

考虑"①，通过普通大众的选举支持来维持有产寡头的统治目的，对民主定义进行重设，进而创立了对后世影响深远的代议制民主。

此后，代议制民主对人民主权的体现，或者两者之间的等号关系，被阿历克西·德·托克维尔（Alexis de Tocqueville）与约翰·S. 密尔（John S. Mill）等政治哲学家继续阐发并强化。托克维尔在《论美国的民主》中，一方面对"多数的专制"存在忧虑，另一方面赞成人民主权原则，"一切权力的根源都存在于多数的意志之中"②，"民主政府的本质，在于多数对政府的统治是绝对的，因为在民主制度下，谁也对抗不了多数"③。托克维尔对民主优点的阐释及其缺点的洞察，对密尔影响甚深。英国政治哲学家密尔身处19世纪的大变革时代，深受功利主义和自由主义原则影响，系统论证了实现人民统治的最好形式是将民主与代议制结合起来的"代议制政府"。密尔认为，代议制政府是这样的，即"全体人民中一大部分人民通过由他们定期选出的代表行使最后的控制权，这种权力在每一种政体都必定存在于某个地方，他们必须完全握有这个最后的权力。无论什么时候只要他们高兴他们就是支配政府一切行动的主人。不需要由宪法本身给他们以这种控制权"。④ 但同时，他提出了代议制政府中可能存在的两大弊病：一是"议会中的普遍无知和无能，或者说得温和一点，智力条件不充分"；二是"有受到和社会普遍福利不同的利益影响的危险"⑤。密尔的这两点所指向的"庸人政治"及对个人自由的侵犯，不过是担忧所谓"多数的专制"，即多数穷人对少数富人的"压迫"。因此，他提出保护少数的原则以避免多数的专制的危险性，并继续把民主的代议制政府看作最理想的政府形式，认

---

① 张飞岸：《被自由消解的民主：民主化的现实困境与理论反思》，中国社会科学出版社2015年版，第146页。
② [法]托克维尔：《论美国的民主》，董果良译，商务印书馆2017年版，第318页。
③ [法]托克维尔：《论美国的民主》，董果良译，商务印书馆2017年版，第312页。
④ [英] J. S. 密尔：《代议制政府》，汪瑄译，商务印书馆1982年版，第68页。
⑤ [英] J. S. 密尔：《代议制政府》，汪瑄译，商务印书馆1982年版，第68页。

为"由人数上的多数掌权比其他的人掌权较为公正也较少危害"①。

法国大革命与英国工业革命同被视为18世纪欧洲的"双元革命"。在后者极大地推动欧洲资本主义社会的生产力得到大发展的同时,前者则塑造了现代资本主义民主制。② 在法国大革命中,"人民群众扮演了积极主动而不是消极被动的角色,旧日的忠顺和服从传统被人民中间的平等意识所取代"③"被剥夺者找到了通向政治权力的捷径"④。因此,法国大革命后,民主成为"多数下层人反对少数上层人的旗帜""推动大众政府和财富的再分配"。⑤ 到19世纪三四十年代,随着工人运动的高涨、欧洲社会主义运动的蓬勃发展,"无论是社会主义者还是他们的反对者,都认为民主和社会主义是一种同族现象"⑥。换言之,在被双元革命迅速改变的西方世界,反抗双元革命的社会主义和共产主义思想体系和革命力量登上了历史的舞台,并迫使资产阶级在19世纪末20世纪初不得不开始重新定义民主。

二 "精英民主"与"多元民主"的实质

以威尔弗里多·帕累托(Vilfredo Pareto)为代表的意大利"精英统治"理论家认为,在历史的舞台上人民群众是不起眼的,精英才是主角。即便是在被西方视为代议制民主"典范"的美国,政府偏袒投机商的利益,贿赂选民等现象比比皆是。代议制民主也不过是过去专制统

---

① [英] J. S. 密尔:《代议制政府》,汪瑄译,商务印书馆1982年版,第115页。
② 参见 [英] 艾瑞克·霍布斯鲍姆《革命的年代:1789—1848》,王章辉等译,中信出版社2017年版,第1—4页。
③ [英] 安东尼·阿伯拉斯特:《民主》,孙荣飞、段保良、文雅译,吉林人民出版社2005年版,第64页。
④ [英] 约翰·邓恩主编:《民主的历程》,林猛等译,吉林人民出版社1999年版,第131页。
⑤ [英] 约翰·邓恩主编:《民主的历程》,林猛等译,吉林人民出版社1999年版,第149页。
⑥ Frank Cunningham, *Democracy Theory and Socialism*, New York: Cambridge University Press, 1987, p. 3.

治的翻版，寡头政府才是历史中的常态，"人民表达其意愿的政治体制仅仅是理论家的幻想，在古往今来的东方和西方现实世界中从未出现过"①。帕累托也意识到"对私有财产的关心阻止了美国建国之父们追求他们曾经所宣称的人的普遍权利"②，尽管1787年《美国宪法》所确立的共和政府与代议制原则与指引美国立国之父反英国殖民统治的精神旗帜确实是一致的，即自由主义。

帕累托对主权在民的消极立场，被约瑟夫·A. 熊彼特（Joseph Alois Schumpeter）发展成"精英民主"理论。熊彼特认为，卢梭等提出的主权在民理论颠倒了政治现实，民主制度的首要目的不是授权于民，而是人民选择代表，即"某些人通过获取人民选票而得到作出决定的权力"③。熊彼特不赞同从词源学意义上理解民主，即从"人民"和"做主"的意义上说人民在那里统治的意思，民主"不过是指人民有机会接受要来统治他们的人的意思"，是"自称的领导们之间为争取选民投票而进行的自由竞争"。④ 简言之，熊彼特把竞争性选举等同于民主。这种认识本身就是对西方现实民主政治的观念化，并从反面证明"资本主义社会虽然是按照主权在民的原则建立起政治制度的，但由于其金钱政治的本性，并没有真正实现主权在民"⑤。

"精英民主"理论忽视了现代西方资本主义政治博弈中利益集团的作用，"多元民主"理论应运而生。英国社会主义者乔治·柯尔（George D. H. Cole）指出："真正的民主政治不应当在单独的无所不能

---

① Vilfredo Pareto, *Sociological Writings*, Translated by Derick Mirfin, New York: Blackwell Paperbacks, 1976, p. 270.
② ［英］安东尼·阿伯拉斯特：《西方自由主义的兴衰》，曹海军等译，吉林人民出版社2004年版，第266页。
③ ［美］约瑟夫·熊彼特：《资本主义、社会主义与民主》，吴良健译，商务印书馆1999年版，第337页。
④ ［美］约瑟夫·熊彼特：《资本主义、社会主义与民主》，吴良健译，商务印书馆1999年版，第302页。
⑤ 李良栋：《论民主的内涵与外延》，《政治学研究》2016年第6期。

的议会中寻求，而应当在各种有调节的职能的代表团体这种制度中去寻找。"[1] 源于英国的这种传统多元主义理论，对西方民主社会主义、保守合作主义等意识形态在重塑民主的过程中产生了很大影响。

罗伯特·A. 达尔（Robert Alan Dahl）承认，在现代资本主义政治制度下，人民在民主中不可能直接参与决策，而是通过成为利益集团成员来参与。在继承托克维尔和柯尔等的思想的基础上，达尔指出，权力安排本身就是不同利益集团相互讨价还价的过程，政治决策则是政府调和利益集团冲突的结果。达尔认为，主权在民只是理想化的民主，民主的实际意义不在于多数人还是少数人统治，而是广泛的大众参与。为此，达尔以"多元民主"（polyarchy）代替"民主政治"。"多元民主"包含七个方面的内容：选举官员、自由公正的选举、包容的选举权、竞选官员的权利、言论自由、选择性的消息、结社自治。[2] 可见，普选权和选举制度也是"多元民主"的核心内容。不过，达尔承认"多元民主"的重大缺陷：使政治不平等稳定化；扭曲公民意识；使公共议事日程不正常；使人民对议事日程失去最终控制。[3] 达尔也提出克服这些缺陷的根本途径在于完善"多元民主"，并增进经济民主。

然而，无论熊彼特"精英民主"的竞争性选举，还是达尔"多元民主"的普选权和政治参与，本质上都将民主的内核界定为普选权。马克思曾经指出："依靠普选权来治理国家就像绕道合恩角时迷失了航路的海船水手一样：他们不研究风向、气候和使用六分仪，却用投票来选择道路，并宣布多数人的决定是不会错的。"[4] 这消解了民主的主权在民的原始含义。在这样的理论演化中，代议制民主似乎也变得不再恰

---

[1] [英] 柯尔：《社会学说》，李平沤译，商务印书馆1959年版，第70页。
[2] [美] 罗伯特·A. 达尔：《民主及其批评者》，曹海军、佟德志译，吉林人民出版社2006年版，第304—305页。
[3] [美] 罗伯特·A. 达尔：《多元主义民主的困境——自治与控制》，尤正明译，求实出版社1989年版，第41页。
[4] 《马克思恩格斯全集》第10卷，人民出版社1998年版，第316页。

当,选举民主才是对西方政体的最好界定。①

三 "自由民主"与"社会民主"的危机

第二次世界大战后,欧美资本主义国家普选权进一步扩大,妇女获得了选举权,劳资力量对比发生了有利于劳工的变化。这一方面由于20世纪二三十年代的大萧条使得资本主义失去了道义合法性和经济合法性,另一方面由于共产主义、社会主义力量在反法西斯斗争中的卓越贡献及苏联引领下的世界社会主义运动的蓬勃发展。社会主义民主理论以此为基础,比资本主义更能体现主权在民原则。尤其苏联和东欧社会主义国家与西欧资本主义国家相邻,其所进行的社会主义实践和工业化探索,被寄予真正实现"人民意志"和"共同福利"的新型人民民主厚望。这些变化使得资本主义要通过建设"自由民主"与"社会民主"来展现其经济与政治优势。当时大众对民主的认知集中于三个方面:多数的统治、广泛的政治参与和社会财富的再分配。于是,在第二次世界大战后资本主义与社会主义竞争民主代表权的时代,西欧多国福利国家采取了"社会民主"模式;而历来以自由主义为旗帜的美国,则采取了"自由民主"模式。②

在这个时代,"资本主义企业利益和劳工阶层利益之间的社会妥协"陷入了不可逆转的危机:"为了换取资本主义制度的生存和对其产生的不平等的抗议的普遍平静,经济利益集团学会了接受对其肆意弄权的某些限制。集中在民族国家层面的民主政治力量能够确保这些限制得到尊重,因为这些公司在很大程度上服从于民族国家的权威。"③ 正因如此,在20世纪六七十年代,欧美国家新社会运动和各

---

① 参见[意]弗拉迪米洛·贾凯《"民主"概念在西方的演变及其偏狭性》,李凯旋译,《世界社会主义研究》2022年第1期。
② 张飞岸:《被自由消解的民主:民主化的现实困境与理论反思》,中国社会科学出版社2015年版,第201—202页。
③ Colin Crouch, *Postdemocrazia*, Roma-Bari: Laterza, 2003, pp.10-11.

类抗议运动在第二次世界大战后的不同阶段取得了重大的成功,如美国平权运动、反战运动如火如荼,意大利的"热秋"运动,法国的"五月风暴"(都在工人权利或公民权利领域取得了巨大突破),以至于在某些时候似乎几近挑战了这些社会的深层权力结构(即生产和所有权的关系)。于是,在此情形下,无论是自由主义派代表达尔,还是保守主义派代表塞缪尔·亨廷顿(Samuel Huntington)都一致认为西方民主陷入了危机——美国的"自由民主"模式与西欧的"社会民主"模式都陷入了治理失能的困境,并不得不对此作出"理论"回应。

"三边委员会"委托亨廷顿等人提供关于危机的解决方案。《民主国家的统治能力》就是针对此次危机的报告,亨廷顿等在报告中指出西方国家确实面临着统治能力危机和政府信任危机,但同时他们谴责了"过度民主",并对抗议活动发起明确攻击,认为这些运动对"民主秩序"本身构成了潜在威胁。因此,他们呼吁为了民主本身的利益,采取节制民主的措施。于是,他们开始赞扬冷漠:"一个民主制度的有效管理,一般需要一些个体和团体的一定程度的冷漠和不参与。"[1] 由此可见,保守派学者眼中的危机,不过是对第二次世界大战后普选权的扩展所带来的社会权利极速普及的恐惧。

值得注意的是,"三边委员会"的号召在此后的几十年里得到西方国家的热烈响应。后来,时任意大利共产党总书记恩里科·贝林格(Enrico Berlinguer)向苏联提出:"民主,作为普遍的历史价值,是构建真正社会主义社会之基础。"[2] 这是西方国家共产党针对其所认为的

---

[1] Michel Crozier, Samuel P. Huntington, and Joji Watanuki, *The Crisis of Democracy: Report on Governability of Democracies to the Trilateral Commission*. New York: New York University Press, 1975, p. 114. 关于三边委员会可参见 Olivier Boiral, "Gli opachi poteri della Trilaterale", *Le Monde Diplomatique*, Novembre 2003; Domenico Moro, *Club Bilderberg. Gli uomini che Comandano il Mondo*, Roma: Aliberti, 2013, pp. 95-144.

[2] Enrico Berlinguer, *La Democrazia è un Valore Universale. Discorso in Occasione del 60° Anniversario della Rivoluzione d'Ottobre*, Mosca, 3 Novembre 1977.

苏联的"民主赤字"发出的呼吁,但它至少存在两个局限:第一,它似乎假定西方国家的选举民主是民主的典型模式;第二,它假定在不触及资本统治的经济结构的前提下,扩大民主空间本身就是一个可以追求的目标。① 换言之,"政体是一种权力关系的总和,其中不但包括政权的组织形式,更重要的还有经济权力……不讨论经济权力的政体理论都是隔靴搔痒"②。自 20 世纪 90 年代苏联解体、东欧剧变后的资本和商品的自由化运动中,经济权力以"全球化"之名侵蚀了西欧的"社会民主"的基石。"自由民主"意图终结民主,"社会民主"出现赤字。

西方自由主义思想家约翰·罗尔斯也尝试从经济权力角度对西方"精英民主"和"多元民主"的危机,及其非正义性进行反思。在《作为公平的正义:正义新论》中,罗尔斯对现代社会体系政体作出五种类型的划分:"(1)自由放任的资本主义;(2)福利国家的资本主义;(3)带有指令性经济的国家社会主义;(4)财产所有的民主制度;(5)自由(民主)社会主义。"③ 在罗尔斯看来,前三种政体都违反了两个"正义"原则:一是保障所有人的基本自由的"平等的自由原则";二是适用于机会和权力分配的"公平的机会平等"及适用于收入和财富分配的"差别原则"。自由放任的资本主义仅仅呈现出形式上的平等,否认平等的政治自由的公平价值和公平的机会平等。福利国家构建了社会最低保障,但与自由放任资本主义一样允许经济结构不平等的存在,使得经济和政治议程都掌握在少数人手里,因此也否认了政治自由的公平价值。指令性的计划经济体制因为缺乏市场机制而违反了平等的基本权利和自由。只有最后两种政体,即财产所有的民主制度和自由(民主)社会主义的理想政体中包含了两个正义原则,保障了基

---

① [意]弗拉迪米洛·贾凯:《"民主"概念在西方的演变及其偏狭性》,李凯旋译,《世界社会主义研究》2022 年第 1 期。
② 杨光斌:《合法性概念的滥用与重述》,《政治学研究》2016 年第 2 期。
③ [美]约翰·罗尔斯:《作为公平的正义:正义新论》,姚大志译,中国社会科学出版社 2011 年版,第 165 页。

本自由和政治自由的公平价值和公平的机会平等，以差别原则中的相互性观念①来规范经济不平等和社会不平等。② 显然，罗尔斯意识到当今发达的资本主义政体及其制度安排，不仅存在政治层面的不平等，而且强化了经济与社会的不平等，因而是非正义的。当下欧美资本主义国家政治、经济与社会不平等的扩大现状表明，即便是罗尔斯颇具改良主义色彩的"正义"政体也只是空中楼阁。

中国思想界对何谓有效民主也提出了科学完备的标准。这对我们观察欧美资本主义民主体系的不平等具有重要的启示价值。尽管民主是历史的、具体的、发展的，各国民主植根于本国的历史文化传统，成长于本国人民的实践探索和智慧创造，民主道路不同，民主形态各异。但是，评价一个国家政治制度是不是民主的、有效的，仍有一定的统一标准——

> 主要看国家领导层能否依法有序更替，全体人民能否依法管理国家事务和社会事务、管理经济和文化事业，人民群众能否畅通表达利益要求，社会各方面能否有效参与国家政治生活，国家决策能否实现科学化、民主化，各方面人才能否通过公平竞争进入国家领导和管理体系，执政党能否依照宪法法律规定实现对国家事务的领导，权力运用能否得到有效制约和监督。③

第二节　美国"自由民主"的反讽

政治不平等与经济不平等之间的相互强化，是马克思早就揭示过

---

① 在作为公平的正义中，相互性介于不偏不倚（impartiality）与互利（mutual advantage）之间，它是由规范社会的正义原则表达出来的一种公民之间的关系。

② ［美］约翰·罗尔斯：《作为公平的正义：正义新论》，姚大志译，中国社会科学出版社 2011 年版，第 164—170 页。

③ 中华人民共和国国务院新闻办公室：《中国的民主》，人民出版社 2021 年版，第 1—2 页。

的:"权利同权利相对抗,而这两种权利都同样是商品交换规律所承认的。在平等的权利之间,力量就起决定作用。"① 财阀统治和精英政治是美国"自由民主"的实质。在这种民主政体下,公共政策反映的并不是民众的要求,而是精英阶层的主流价值观与需求。换言之,精英运用其经济优势和政治权力获益,而大众利益受损,不平等因之扩大。

一 利益集团的非对称影响力

即便是多元主义理论的主要旗手达尔本人,也意识到了经济权力的不对等性会使不平等的政治民主进一步强化经济结构中的不平等。达尔在1976年版的《政治、经济与福利》一书的序言中指出,"在所有多元社会中,很大一部分公民并不参加甚至不属于任何组织。他们被排斥在可以影响政府关键决策的范围之外。像其他类型的政治参与一样,参与组织也会受到社会和经济地位的偏见。富有的人更多地参与组织、参与政治,而贫穷的人则更可能是无组织的,他们很少参与或压根儿就不参与公共生活",尤其"商业在多元政体中扮演某种特别的且不同于其他利益集团的角色,它也比其他利益集团更加有力"。② 毫无疑问,这里的商业集团就是欧美资本主义国家的企业,尤其是垄断企业和大财阀。由此可见,无论在西欧的"社会民主"中,还是美国的"自由民主"中,即便公民的组织是多元的,但不平等是广泛存在的。不仅存在参加组织和不参加组织的公民之间的不平等,还存在组织之间的不平等。因为不同组织拥有的可利用资源不同,加之领导人素质、能力等的影响,实力雄厚的组织对政府政策的影响更大。

美国财阀的强大影响首先表现在其通过思想观念对公共政策的塑造上。显然,当前美国右翼古典自由主义和保守主义意识形态占据上风的

---

① 《马克思恩格斯文集》第5卷,人民出版社2009年版,第272页。
② Robert A. Dahl and Charles E. Lindblom, *Politics, Economics and Welfare*, New Brunswick and London: Transaction Pubblisher, 1992, p. xi.

情况，并非自然而然地形成的。财阀统治集团中参与度最高，组织性最强的富豪要比普通美国人保守得多。① 美国顶层富裕阶层在20世纪晚期为重建保守主义意识形态投入了大量的资本，从而结构性地改变了自20世纪三四十年代以来美国自由国际主义共识下左翼意识形态蓬勃发展所带来的左右翼较为平衡的状况。在福利经济学盛行于欧美的时代，美国一些反新政的企业家创办了支持保守主义观念的基金会，支持哈耶克等人创建的"朝圣山学社"（Mont Pelerin Society）。其中，卡尔·波普尔（Karl Popper）的《开放社会及其敌人》和路德维希·冯·米塞斯（Ludwig von Mises）的《官僚体制·反资本主义的心态》都成为新自由主义的经典之作，其中所表达的对历史演进、人类思想史、市场和政治实践的看法，系统性地摧毁了美国的新政自由主义和英国社会民主主义的思想基础。② 如今，朝圣山学会成员通过智库阿特拉斯网络（Atlas Network）获得了科赫基金会等保守主义基金会的大量资助，不断推动自由主义经济观念在美国学术社群的传播，进而塑造了美国政府的公共政策。正如马克思和恩格斯早在一百多年前就深刻地洞察到的那样：

> 统治阶级的思想在每一时代都是占统治地位的思想。这就是说，一个阶级是社会上占统治地位的物质力量，同时也是社会上占统治地位的精神力量。支配着物质生产资料的阶级，同时也支配着精神生产资料，因此，那些没有精神生产资料的人的思想，一般地是隶属于这个阶级的。占统治地位的思想不过是占统治地位的物质关系在观念上的表现，不过是以思想的形式表现出来的占统治地位的物质关系；因而，这就是那些使某一个阶级成为统治阶级的关系

---

① ［美］雅各布·哈克、保罗·皮尔森：《推特治国：美国的财阀统治与极端不平等》，法意译，当代世界出版社2020年版，第8页。

② Max Hartwell, *A History of the Mont Pelerin Society*, Carmel: Liberty Fund Inc., 1995, pp. 18-19.

在观念上的表现，因而这也就是这个阶级的统治的思想。①

美国巨富和财阀也非常擅长利用他们庞大的资源鼓动政客和党派领导人选择特定立场，采取特定战略，以使美国政治博弈的结果对其更有利。2020年美国大选的政治支出总额达144亿美元（如图3-1所示），是2016年总统选举周期总支出的两倍多，再次创造了新的纪录。在美国"金钱政治"的游戏规则下，普通候选人根本无力承担巨额竞选支出，而不得不依赖巨富阶层和利益集团的政治献金来开展竞选活动。

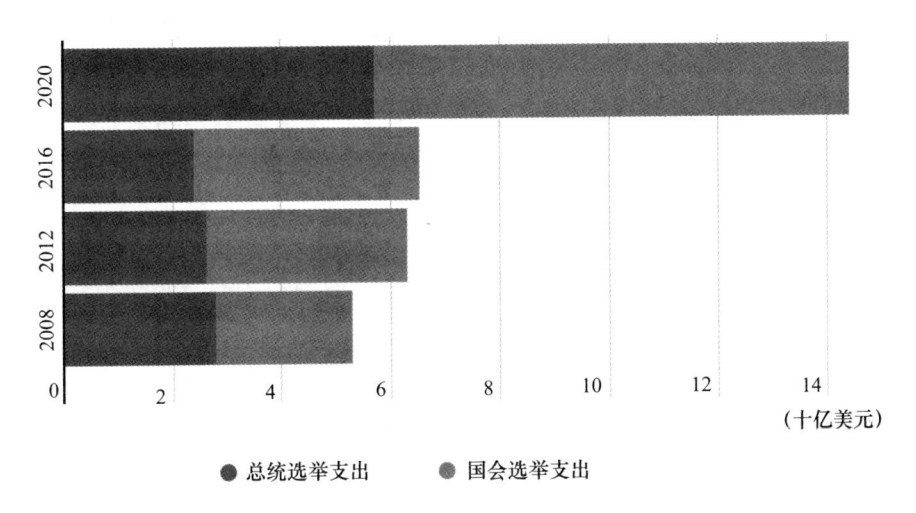

● 总统选举支出　　● 国会选举支出

图3-1　美国大选（含总统选举和国会选举）支出（2008—2020）
资料来源：Karl Evers-Hillstrom, https://www.opensecrets.org/news/2021/02/2020-cycle-cost-14p4-billion-doubling-16/.

美国多数利益集团往往通过以"政治行动委员会"（Political Action Committee，PAC）的名义向候选人直接提供政治献金。政治行动委员会分为"独立基金会"和"非附属委员会"两种类型。"独立基金会"从企业、贸易协会和劳工组织等处吸纳献金。其中，企业政治行动委员

---

① 《马克思恩格斯文集》第1卷，人民出版社2009年版，第550—551页。

会主要支持共和党,且其在数量和资金上均远超由于工会衰落而处于劣势的劳工政治行动委员会——多倾向于支持民主党。如在 2016 年大选中,前者募集 5.65 亿美元,后者募集 3.42 亿美元。① "非附属委员会"是所谓非意识形态或议题组织性质的"领导人政治行动委员会",是国会领袖支持本党候选人的工具,可面向社会公众募集资金。但是,大多数美国成年人的政治捐款并不多。在 2020 年的选举周期中,近 1.8% 的美国成年人向政治委员会捐款超过 200 美元,而这一数字在 2016 年和 2012 年分别为 0.7% 和 0.5%。总体而言,200 美元或以下的小额捐赠者占 2020 年筹款总额的 22.9%,高于 2016 年的 15%;富人的自筹资金在筹款中所占比例达 42.59%,低于 2016 年的 48.62%。随着个人捐赠者影响力的增加,传统的政治行动委员会(如企业政治行动委员会和"领导人政治行动委员会")在政治筹款中的力量正在减弱。2019—2020 年来自政治行动委员会的筹款比例从 2015—2016 年总统选举周期的 9% 降至 4%。这与政治行动委员会所接受的捐款受到《联邦竞选法案》的严格限制有一定关系。②

因此,巨富阶层和利益集团越来越多地通过超级政治行动委员会(Super PAC)进行"独立支出"(Independent Expenditure),又称外部支出(Outside spending),来影响竞选活动。2020 年,前 100 名捐赠者向政治委员会捐赠了 16 亿美元,占筹款总额的 9%。亿万富翁捐赠者将他们的现金输送给超级政治行动委员会和混合政治行动委员会,这些机构可以筹集和花费无上限的资金。2020 年,外部支出总额接近 33 亿美元,几乎是 2016 年创下的最高纪录的两倍。③

---

① 参见 http://classic.fec.gov/press/summaries/1976/ElectionCycle/1976DataTitle.shtml#PAC76,转引自倪春纳《政治献金与美国的政治选举》,《当代世界与社会主义》2018 年第 5 期。

② Karl Evers-Hillstrom, "Most Expensive Ever: 2020 Election Cost $14.4 billion", https://www.opensecrets.org/news/2021/02/2020-cycle-cost-14p4-billion-doubling-16/.

③ Karl Evers-Hillstrom, "Most Expensive Ever: 2020 Election Cost $14.4 billion", https://www.opensecrets.org/news/2021/02/2020-cycle-cost-14p4-billion-doubling-16/.

在美国，501（c）（4）①公民联盟/社会福利政治非营利组织也是美国大选的重要资金来源。据统计，2019年此类非营利组织多达79808家。②尽管这类组织从表面上看不是政治性的，但是可以完全自由地从事游说活动，进行非党派的选民登记和投票活动；而且享有税收豁免权，且没有公开其资金来源的义务。这类"静悄悄"地影响美国政治的组织被称为"暗金"组织。因此，超级政治行动委员会往往会利用美国信息披露规则的漏洞，吸纳"暗金"。在2020年大选中，排名前七的超级政治行动委员会都有部分资金来自"暗金"，而"暗金"组织的支出更多地流向持有保守主义立场的共和党。③简言之，尽管穷人人口基数庞大，在一人一票的逻辑下占据着优势，但他们所选择的也不过是美国金钱政治下富人通过金钱所筛选过的候选人。这些候选人怎么会极力推动其背后"金主"不感兴趣的再分配政策或加强工人集体谈判权利呢？

相对而言，劳工阶层对民主党、美国政府公共政策的影响要小得多。尽管如今美国的劳工组织、各种行业工会联盟通过政治委员会提供的政治献金98%以上都被民主党吸收，而且他们几乎不给共和党基金，但基金的规模限制了其对民主党政策的影响力和塑造力。虽然美国民调显示，人们普遍愿意加入工会，但实际上美国的工会密度在21世纪以来一直在10%上下徘徊。④工会是美国"自由民主"政体中少有的、始终代表非富裕美国人的有组织的利益集团。在欧洲大陆国家中，工会密度可达三分之一左右，而北欧国家则达到三分之二以上，如丹麦。这使

---

① 美国《国内税收法》的501（c）条款列举了有资格获得联邦所得税减免的社会组织，并规定这些免税组织必须以增进公共利益和非营利为目的，不得为个人谋取利益。其中，502（c）（4）列明的组织有公民联盟/社会福利组织、政治非营利组织和地方协会，等等。

② 参见徐彤武等著、赵梅主编《美国公民社会的治理——美国非营利组织研究》，中国社会科学出版社2016年版，第18—21页。

③ 参见徐彤武等著、赵梅主编《美国公民社会的治理——美国非营利组织研究》，中国社会科学出版社2016年版，第18—21页。

④ Trade Union Dataset，https://stats.oecd.org/Index.aspx?DataSetCode=TUD.

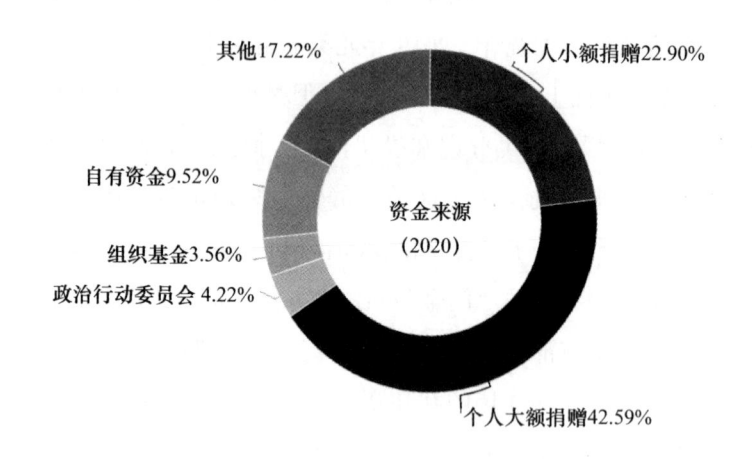

图 3-2 2020 年美国大选的竞选资金来源

资料来源：Karl Evers-Hillstrom, "Most Expensive Ever: 2020 Election Cost ＄14.4 billion", https://www.opensecrets.org/news/2021/02/2020-cycle-cost-14p4-billion-doubling-16/.

得欧洲雇佣劳动者从工会集体谈判中的受益者整体上比美国要多。美国著名政治学家保罗·皮尔森（Paul Pierson）称，事实上仅有 6% 的个人劳动力隶属于某个工会，这是 20 世纪 20 年代以来的最低水平。事实上，相较于西欧民主国家的工会密度，美国的比率似乎都是在四舍五入时可以舍掉的小数。[①]

劳工组织的弱化，一方面与美国资本主义高度金融化、实体经济空心化有关，另一方面也与财阀对工会的负面观念塑造有关。某项民调的结果很好地说明了美国民众对劳工组织的矛盾。截至 2009 年，不到一半的美国民众支持劳动者工会组织，近三分之二的人认为，工会对其成员给予了帮助，但 62% 的人认为，工会对非会员或普通公众及美国整体经济造成了伤害。[②] 当然，必须指出的是，民主党并非工人阶级政党。

[①] ［美］雅各布·哈克、保罗·皮尔森：《推特治国：美国的财阀统治与极端不平等》，法意译，当代世界出版社 2020 年版，第 52 页。

[②] ［美］托马斯·戴伊等：《民主的反讽：美国精英政治是如何运作的》，林朝晖译，新华出版社 2016 年版，第 104 页。

劳工组织对民主党的影响力有限,还因为民主党自身也代表银行、好莱坞影视公司、律师协会等形形色色的企业和财阀的利益。

二 美国"自由民主"中的寻租

本书并不否认抽象的市场力量对不平等的影响。根据本书第一章对欧美发达资本主义国家在四个方面——转移支付之前的收入不平等、转移支付之后的收入不平等、财富的不平等及社会流动性的比较,发现美国在其中的表现几乎垫底。如果都是市场经济高度发达的资本主义经济体,市场是主要的驱动力量,那么为何会存在这么大的差异?当然,本书也不否认福利国家本身就是一个不平等的经济社会结构。但是,仍需注意的是欧洲发达资本主义国家经济不平等的升级,尚没有美国表现得如此剧烈。那么答案只能是——"市场力量真实存在,但它们被政治塑造了"[1]。换言之,尽管资本主义市场经济规律普遍存在,但是人为因素在美国极端不平等的存在中是决不可忽视的。尤其是代表资本的利益集团一直以来都在不断强化这种结果。这种现象在经济学中被称为"寻租",也是被经济学家视为导致不平等升级的深层原因之一。

事实上,马克思早在《资本论》第一卷中就列举过他所生活时代的资产阶级如何"寻租",如何将国家权力与其资本结合,以巩固其自身的财产关系,谋取不正当利益。"资本在它的萌芽时期,由于刚刚出世,不能单纯依靠经济关系的力量,还要依靠国家政权的帮助才能确保自己吮吸足够数量的剩余劳动的权利。"[2] 现在看来,"寻租"恐怕是要贯穿资本主义发展始终的,且在"精英统治""多元民主"幌子的掩盖下更为隐蔽、巧妙罢了。

---

[1] [美] 约瑟夫·E. 斯蒂格利茨:《不平等的代价》,张子源译,机械工业出版社2020年版,第57页。
[2] 《马克思恩格斯文集》第5卷,人民出版社2009年版,第312页。

(一) 寻租加剧不平等的机理

美国经济学家对导致经济不平等升级的"寻租",作出了清晰界定。狭义的"寻租",指特定的利益集团对政府进行游说,以从其他利益集团那里攫取好处。具体可以分为两种情况:一是可以被视为"对一些实际上不会提高生产力或实际上会降低生产力的东西的投资,但这确实提高了他的收入,因为这给了他垄断权力的特殊地位"[1];二是追求的是"私人回报来自他人财富的再分配,而不是财富的创造"[2]。因此,有的西方经济学家往往将寻租视为一种"零和博弈"(zero-sum game)——赢者所得等于其他人所失,有的则将之视为"负和博弈"(negative-sum game)——赢者所得少于其他人所失。

经济学家对美国不平等加剧原因的研究重点讨论了两种解释——企业提取垄断租金的能力的提高和企业间收益差异的增加。经济学家对过去三十多年间美国企业不断增长的提取经济租金的能力进行了分析,其中有三个趋势尤其值得关注:市场集中、专利和版权保护的规模和范围的扩大,以及非金融公司采用金融模式。[3] 而斯蒂格利茨在研究不平等问题上,直接将以"其他人为代价帮助富人的许多方式都称为寻租",其方式有很多种——政府提供的或隐蔽或公开的转移支付或补贴;减少市场竞争程度的法律;对现有竞争法执法不严;允许企业侵占他人利益或将成本转移给社会其他人的法令。[4] 美国财阀们相对于劳工组织,对政府、政党形成的非对称影响力,使得美国"自由民主"政体中出现

---

[1] Gordon Tullock, "Rent Seeking as a Negative-sum Game", In *Toward a Theory of the Rent-Seeking Society*, James M. Buchanan, Robert D. Tollison, and Gordon Tullock (eds.), College Station: Texas A&M University Press. 1980, pp. 16-36.

[2] Kevin M. Murphy, Andrei Shleifer, and Robert W. Vishny, "The Allocation of Talent: Implications for Growth", *The Quarterly Journal of Economics*, 1991, Vol. 106, No. 2, pp. 503-530.

[3] Eileen Appelbaum, "Domestic Outsourcing, Rent Seeking, and Increasing Inequality", *Review of Radical Political Economics*, 2017, Vol. 49, No. 4, pp. 513-528.

[4] [美] 约瑟夫·E. 斯蒂格利茨:《不平等的代价》,张子源译,机械工业出版社 2020 年版,第 42 页。

了更多的寻租现象，进而加剧了不平等的升级。

（二）隐蔽的寻租——不公正的税收政策

也就是说，在美国，寻租加剧不平等升级的基本原理就是财阀利用其市场优势和政治权力增加其自身的收入，将财富从金字塔底层转移到上层。其中，最鲜明的例子就是财阀集团通过对政党的投资，影响公共政策，如税收政策。2001年，清楚地知晓其自身"根基"所在的共和党小布什政府，将其减税方案中40%的好处给了美国最富裕的1%的人口。这种税收政策使美国预算发生赤字，并不成比例地使富人受益。但是，特朗普政府在2017年公布的税收政策中80%的好处都给了了最富裕的美国人。第二次世界大战结束初期，美国最富有的400个家庭所缴纳的地方税、州税和联邦税加起来超过了家庭总收入的70%；1970年，这些家庭税收占收入比仍在50%以上；但到1995年，税收占收入比降到40%；2005年，税收占收入比继续下降，跌至30%；而到2018年，最富裕的400个家庭实际税率约为23%。[①]

美国联邦税收结构的主要特点是，高度依赖个人所得税和工薪社保税，企业利润税占比很低。而与此同时，美国主要流向个人的税式支出规模庞大。

近年来美国人均GDP和人均收入均呈缓慢增长态势，但是各项税收占GDP的比重均不同程度地呈下降态势。其中，总税收占国内生产总值的比率从2000年的28.3%下降到2018年的24.3%，到2019年为24.47%。个人所得税降幅较小，从2000年占GDP比重的11.994%降至2019年的10.143%，社保税也从6.6%左右的占比降至6.1%，而企业利润税占GDP的比重相应地从2.24%降至0.957%。也就是说，美国税收的66%源自以个人为征税对象的税种，该比重显著高于经济合作与

[①] ［美］雅各布·哈克、保罗·皮尔森：《推特治国：美国的财阀统治与极端不平等》，法意译，当代世界出版社2020年版，第4、71页。

发展组织成员国的平均水平。①

美国的税收制度极大地限制了工薪阶层的逃税能力。美国针对工薪阶层的 W-2 纳税表②，覆盖了工薪阶层超过 90% 的收入。而相关研究显示，财富水平后 50% 的美国人未报税收入占真实收入的 7%，而最富有 1% 的美国人，该比例达到 21%，最富有的 0.1% 群体的相应比重达到了 66% 以上。③

美国的税收制度为大企业的减税和避税提供了合法途径。同时，大企业一直设法推动税法修改来避税。如 2017 年《减税与就业法案》将公司所得税税率从 35% 降到 21%，但很多公司的实际税率远低于此。以科技巨头亚马逊公司为例，2020 年新冠疫情期间，其利润飙升至 200 亿美元，但仅为其利润的 9.4% 缴纳了企业利润税。在 2020 年财年，至少 55 家大企业不仅没有纳税，还享受了高达 120 亿美元的税收减免——其中包括 85 亿美元的（合法）避税和 35 亿美元的退税。④

此外，根据联邦税法，联邦政府对某些负有纳税义务的组织和个人给予特别免税、豁免缴税或减税，或提供特殊的信贷、优惠税率或延期纳税义务等，都是税式支出。换言之，这是联邦政府以减少税收收入形式进行的政府财政支出。税式支出占联邦预算的很大一部分，2020 年 11 月，美国税收联合委员会发布的报告显示，2020 财年的税式支出总额接近 1.8 万亿美元。⑤

---

① Tax Revenue, https://data.oecd.org/tax/tax-revenue.htm#indicator-chart.

② W-2 表是雇主（Employer）给雇员（Employee）发的年度工资总计表，由公司填写。W-2 表主要记录了员工的年薪，以及从工资中扣缴的各类税款，包括联邦税、州税和地方税等；比如，上一年的薪资情况、雇主从薪资中预扣了多少税款等。

假如雇员有几份兼职，在每年年初将会从各雇主那里收到一份 W-2 表。W-2 表分为 4 个部分，分别是基础信息、收入与联邦相关项目、州税相关项目和地方税相关项目。

③ John Guyton (eds.), "Tax Evasion at the Top of the Income Distribution: Theory and Evidence", https://www.nber.org/system/files/working_papers/w28542/w28542.pdf.

④ Matthew Gardner and Steve Wamhoff, "55 Corporations Paid MYMO in Federal Taxes on 2020 Profits", https://itep.org/55-profitable-corporations-zero-corporate-tax/.

⑤ 参见魏南枝《新冠肺炎疫情下的美国收入分配制度分析》，《世界社会主义研究》2021 年第 6 期。

美国税式支出的受益者主要是中高收入阶层和拥有财富最多的群体。因为个人的纳税等级越高，被扣除、免除或排除的税收优惠就越大。以2019财年为例，58%的税式支出流向了全美收入前20%的家庭，24%的税式支出被全美收入前1%的家庭所享有。[①] 要知道，公共税收的缩减，会极大地限制政府在公共教育、就业和公共卫生等领域的投资。而这些领域对中下层民众的社会权利发展往往至关重要。在这个知识经济爆炸、技术变革日新月异的时代，没有获取优质教育渠道的出身底层家庭的孩子，无疑被剥夺了一切改变其自身命运的可能。

（三）创造可持续的垄断——以制药业的垄断租为例

美国资本主义中还有一种显著的寻租模式加剧了不平等的升级，即通过减少竞争，加剧市场集中而形成的垄断租。垄断租的形成，一般都是财阀利用市场力量和市场的不完善来确保政治为其服务。除了金融垄断（本书另辟一章讨论），19世纪美国铁路大亨、20世纪石油大亨洛克菲勒，以及20世纪末比尔·盖茨的微软在个人计算机软件业中的主导地位，都是借助当时某种市场机制取得了垄断并维持了这种垄断地位。

显然，垄断者不是好的创新者。无论资本主义的功利主义政治哲学，还是自由主义政治哲学都主张资本主义总体财富的增长，更需要激发创新。专利和版权是为创新、研究和创造性努力提供资金的机制。这在某种意义上也是一种通过暂时垄断而对创新的激励，但它们也为寻租行为提供了激励。延长垄断期和扩大专利与版权保护的范围，让公司收取的垄断租金远远超过了创新和创造所应得的激励。在美国，立法机关制定的专利法，往往包含通过延长专利权的时限、减少新企业进入并提高垄断权的细节内容，从而使垄断租金最大化，而非不断激发更多有益

[①] Ward Williams, "Why Do We Spend So Much Federal Tax Money on the Rich in the US?", https://bettertomorrowfinancial.com/2020/04/29/why-do-we-spend-so-much-federal-tax-money-on-the-rich-in-the-us/.

的创新。

专利法制造的垄断租，在美国制药行业中非常普遍。毕业于哈佛医学院、曾在《纽约时报》做了22年记者，后成为医保政策独立撰稿人的伊丽莎白·罗森塔尔（Elisabeth Rosenthal）博士，在其《美国病》中深刻地揭示了制药企业如何利用专利权及变相延长专利权寻租。但是，美国食品和药物管理局（FDA）的执法不严，更是纵容了这种行为。

罗森塔尔以治疗慢性肠道疾病的美沙拉嗪为例，从患者视角揭露了美国药企的专利游戏。亚沙可，即有专利保护的聚合涂层工艺的美沙拉嗪，在被宝洁公司收购后，患者每月使用的价格飙升了500美元（即宝洁公司从中获取的专利费用），高达750美元以上。2009年，亚沙可的所有权再度被出售。收购的药企通过增加药剂胶衣厚度的"创新"方式且只花费了两万元专利申请费，以不费吹灰之力再度延长了专利权。因此，到2015年，患者每月为美沙拉嗪专利药支付的费用超过了1200美元，而此前每月167美元的仿制药也超过了700美元。药企的这些花招仅仅遭到了美国食品和药物管理局的"一再谴责"。然而，随着技术的不断成熟，其他国家此类药品价格早就处于下降状态。如在英国，持有私人处方（即在国家医疗服务体系之外）的患者每月要为包膜型美沙拉嗪支付40英镑或55美元的全价费用，但大多数享受国家医疗服务体系的患者，每月只需要支付9英镑或12美元。[①]

截至20世纪90年代中期，在美国食品和药物管理局（如加快审批程序、放宽药品广告限制）、美国联邦高等法院（以言论自由为名对药品广告采取保护措施）及美国专利和商标局的共同协作下，一套有利于制药业长期获利的基本参与规则被确定下来——"专利制度坚强有力，价格不受任何限制"。在美国，"一药一专利"的时代已一去不复返。单

[①] 参见［美］伊丽莎白·罗森塔尔《美国病》，李雪顺译，上海译文出版社2019年版，第72—75、89页。

种药品的专利保护数从1990年的2.5个增加到2005年的3.5个;到2016年,很多畅销药品受到保护的专利在5个以上,有的甚至十几个以上——不仅保护化学分子式,还保护某种剂型的制备过程和给药系统。由此,大量资本进入美国制药企业,甚至还有来自欧洲的投资,因为欧洲国家政府对药品实行了价格控制,更多地将药品视为公共利益。2002年,全球制药业82%的钱投到了美国。1990年以来,美国制药业的增速是经济总体增速的两倍之多。自此,从事药品开发的人物形象,从20世纪80年代的既关注效益又有情怀,备受尊敬的专家形象,转变为一切都是服务于资本,药品开发不过是"纯粹的商务决策"资本家形象。截至2015年,前对冲基金经理马丁·史克莱利成为美国制药业的典型代表人物——他买下问世已久的一款廉价寄生虫仿制药所有权后,每片药价便从13.5美元暴涨到750美元。[①]

美国制药企业也有一套巧妙的操弄方法,利用美国食品和药物管理局和专利法(美国知识产权法亲商意味浓郁),延长垄断租的有效期。根据《蒙特利尔公约》,为保护臭氧层,美国雾化产品必须弃用氯氟烷烃,而采用新型抛射剂。药品商趁机为新哮喘雾化剂重新申请了专利保护,彻底清除了仿制药。这导致沙丁胺醇的常规定价从10美元增至100多美元(而在澳大利亚,仍属于仿制药,价格不超过9美元),有的雾化剂甚至超过300美元。有分析指出,每一个新的申请项目都会给美国食品和药物管理局带来数百万美元的申请费,且根据《处方药使用者费用法案》收取的手续费可以增加人手,以加快审批。显然,每年超过5亿美元的收费,让美国食品和药物管理局无法对制药业"太强硬"。

在药品制造商的专利游戏中,还有提起诉讼。这可以遏制仿制药的竞争,保护其通过弱专利获得的垄断租金。如前文提到的美沙拉嗪的例子。类似这种弱专利产品一旦退出,仿制药商就会提起仿制药申请,但

---

① 参见 [美] 伊丽莎白·罗森塔尔《美国病》,李雪顺译,上海译文出版社2019年版,第78—84页。

专利药制造商就可通过提起诉讼的方式，使美国食品和药物管理局根据《哈奇—瓦克斯曼法案》对进入审批程序的仿制药参与者启动为期30个月的终止程序。这种做法使得专利药制造商得以维持其垄断地位。如垄断了美国价值数十亿美元的Ⅰ型糖尿病市场的赛诺菲—安万特，在2013年上调药品售价的25%后，在2014年通过这种手段将礼来公司的类似生物制药成功挡在美国市场之外。[①] 专利持有者和律师，是此类诉讼的最大赢家，而非广大患者——这些可怜人只是被掠夺者。

除提起诉讼外，制药商还有各种不同伎俩维持其垄断地位。通过"产品跳跃"的方式，比如胶囊改片剂，或调整给药方式——口服改咀嚼等，重新获得专利保护，继续垄断市场。此外，制药商还可以通过向美国食品和药物管理局申请改变药品的法律地位，即"非处方药转换"。从处方药转换成非处方药后，还可获得监管机构授权的三年市场专有权，并将仿制药竞争者一劳永逸地排除在市场之外。制药商有时还通过开发复方药的方式攫取高额利润。如美国食品和药物管理局2011年批准的一种镇痛药多爱喜（Duexis），其实就是大众熟知的两种仿制药布洛芬（商品名美林）和法莫替丁（商品名高舒达）的复方制剂。相较于布洛芬和法莫替丁的效用，多爱喜并没有实质性提升，但因其受到五种专利保护，售价高达1600美元之多，是平民普药布洛芬的近200倍。由于美国制药商的专利戏法持续制造垄断，推高药价，医保公司强制实行与账单百分比挂单的共付额，大众要么选择更便宜的替代药，要么就多花几百甚至成千数万美元。于是，大众的财富就这样被美国制药业财阀攫取了。

当然，美国食品和药物管理局还有其他方式为药企垄断提供机会。2006年，美国食品和药物管理局宣布未经其正式审批的药物不再允许销售，而其中大多是监督管理局成立和规定出台前就使用多年的合成

[①] 参见［美］伊丽莎白·罗森塔尔《美国病》，李雪顺译，上海译文出版社2019年版，第89—91页。

药。罗森塔尔博士以秋水仙碱为例。这种治疗痛风的廉价药已经使用了数百年,并不存在安全风险,多家仿制药商都在生产。为保证患者始终能买到药,管理局主动向制药厂提出一项交易:对药品的安全性和有效性进行检测,然后授予其为期三年的垄断经营权。于是,小型药企URL制药公司的检测,预料之中地证明了秋水仙碱疗效好且几乎无不良反应。与此同时,该药获得了五项专利保护,药名被改为秋水仙素,售价从几美分一跃为5美元,仿制药也随之被取缔。① 总之,美国制药业通过专利戏法实现的垄断,是美国每年医疗保健支出近GDP的20%,为发达国家平均数两倍的主要因素之一。

近两年来,美国阿片类药物危机也深刻地暴露了美国制药业的垄断规模及其巨大危害。根据美国国家药物滥用研究所的统计数据,阿片类用药过量死亡人数从2010年的21089人上升到2017年的47600人,并在2019年保持稳定。随后,2020年报告的死亡人数大幅增加,达68630人,2021年报告的服药过量死亡人数再次增加,高达80411人。② 而制药公司就是这场愈演愈烈的药物危机的幕后黑手,其中最引人瞩目的莫过于美国普渡制药公司(Purdue Pharma)。从20世纪90年代开始,普渡制药研发的奥施康定在美国很快就像阿司匹林一样成为常用药,几乎人人都用过。一名专家在法庭作证时说,在这些年里,掌控普渡制药的萨克勒家族通过大力推广奥施康定等药物大发横财,累计获利约130亿美元。在2006年至2015年,包括普渡制药在内的止痛药生产商及相关组织在游说和政治捐款方面花费超过8.8亿美元。制药业的撒钱游说,使得本该承担起监管职责相关机构非但没有拿出有效措施,反而在关键时刻给制药公司"开绿灯"。《纽约人》周刊网站刊文指出,

---

① 参见[美]伊丽莎白·罗森塔尔《美国病》,李雪顺译,上海译文出版社2019年版,第93页。
② Drug Overdose Death Rates, https://nida.nih.gov/research-topics/trends-statistics/overdose-death-rates.

美国食品和药物管理局于 1995 年批准奥施康定用于治疗中度至重度疼痛，但普渡制药没有对该药的成瘾性和易滥用性进行过任何临床研究，而美国食品和药物管理局却批准了奥施康定的药品说明书。[1]

2016 年 4 月，美国国会通过了《确保患者用药和有效执法法案》，大大地限制了美国毒品管制局监管大型制药企业的能力。《华盛顿邮报》称，除了该法案的提案者和共同提案者之外，很少有立法者知道这项法律将产生的真正影响。

该法案未经辩论即在国会获得一致同意通过。而这种议会程序只适用于被认为没有争议的法案。白宫似乎也没有意识到该法案将产生的重大影响。[2]

在美国，医疗器械行业是远比制药业垄断更为集中的行业。医疗器械寡头对产品分销具有绝对掌控权。占领全球市场的大型医疗器械制造商只有寥寥几家。如髋关节植入物，几乎都是由史赛克、捷迈邦美、辛迪思和施乐辉等公司生产的，而它们恰恰组成了一个"垄断联盟"。因为涉及可以维持垄断地位的监管政策和专利保护，这个联盟拒绝在海外，如中国，建立生产基地。

医疗保健领域的巨额支出，并没有为其带来双倍于其他发达资本主义国家的绩效——事实上，意大利以其占国内生产总值 9.4% 的医疗保健支出（2020 年支出水平）[3]，达到了略高于美国的绩效水平。医疗保健领域的超额支出，本质上是由普通民众承担的。这种支出大大挤占了美国应该投入公共教育、职业培训等其他公共领域的资金，进而导致美

---

[1] 参见新华社记者宋盈、刘品然《美国："嗑药不停"上层"捞金不止"》，新华网，2023 年 9 月 26 日，http：//www.news.cn/2023-09/26/c_1129886930.htm。

[2] Scott Higham and Lenny Bernstein, "Did President Obama Know Bill would Strip DEA of Power?", https：//www.washingtonpost.com/investigations/did-president-obama-know-bill-would-strip-dea-of-power/2017/10/15/86fe711c-b03a-11e7-9e58-e6288544af98_story.html.

[3] European Commission's Directorate-General for Health and Food Safety（DG SANTE）, *State of Health in the EU：Synthesis Report* 2023, https：//health.ec.europa.eu/system/files/2023-12/state_2023_synthesis-report_en.pdf, p. 40.

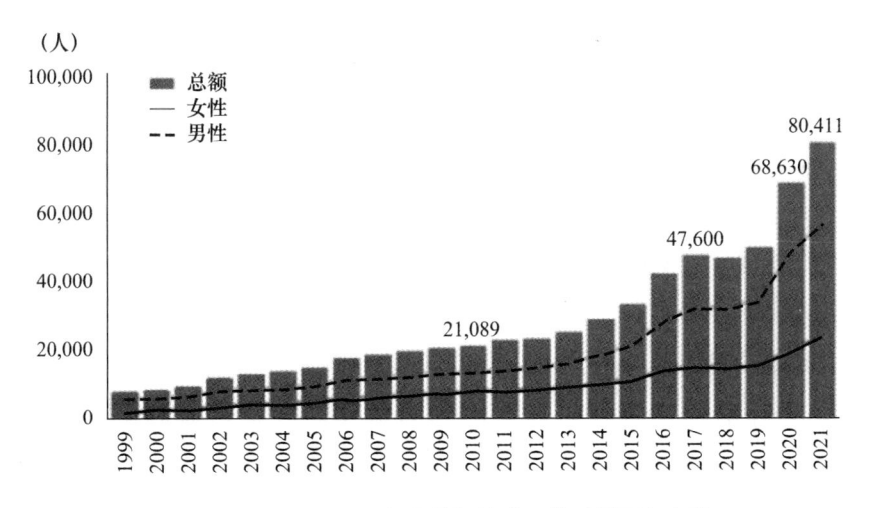

图 3-3　1999—2021 年全美阿片类用药过量死亡人数

资料来源：Drug Overdose Death Rates, https://nida.nih.gov/research-topics/trends-statistics/overdose-death-rates.

国社会机会不平等的进一步恶化。

通过对制药业和医疗器械行业中寻租现象冰山一角的呈现，我们不难想象美国垄断寻租现象背后令人触目惊心的利益纠葛及其巨大危害。这种寻租被斯蒂格利茨称为"监管俘获"（regulatory capture）。有时这种俘获与金钱激励相关，因为监管委员会的成员还会回到其监管的行业，他们的利益与行业利益是一致的，甚至事关其职业生涯发展。但有时监管俘获却是思维模式俘获，或认知俘获（cognitive capture）。[①] 换言之，监管者深深认同美国新保守主义和新自由主义思想，对这些思维模式和意识形态有着天然的共鸣。但无论是哪种"俘获"，本质上都是美国财阀和精英利用经济优势和文化霸权，通过不平等的民主全方位巩固其自身的统治地位。

[①] ［美］约瑟夫·E. 斯蒂格利茨：《不平等的代价》，张子源译，机械工业出版社 2020 年版，第 51—52 页。

第三节　欧洲的"社会民主赤字"

最近几十年来，技术变革加速、资本主义经济金融化等，确实在不同程度上导致了经济不平等的扩大，但是，政治领导人的政治目标和优先次序选择，政治议程和公共政策的内容也能大幅增加或在一定程度上减轻经济不平等扩大的压力。在这方面，欧洲一体化和福利国家的改革，也给了我们观察资本主义不平等扩大中，民主政治如何作用于经济分配的案例。

一　欧洲一体化中的"社会民主赤字"

被誉为20世纪欧洲十分成功的两大制度工程——民族福利国家和欧洲联盟，在近几十年的发展中愈发不可避免地交织在一起。[①] 尽管今天的欧盟几乎囊括了欧洲所有社会保障体制十分成熟完备的民族福利国家，但欧盟依然只是"福利国家的联盟"，或者"改革中的福利国家的联盟"，而非"福利的联盟"。[②] 欧洲统一大市场和经贸联盟的建立以及长期的高失业率，促使欧盟逐步将就业与社会政策提上政治日程。但是欧盟并没有在可见的未来也不可能在联盟层面建立与福利国家保障体系比肩的再分配制度。欧盟社会政策体系的主要功能与特性，在很大程度上取决于欧盟政治体制的影响逻辑——毕竟，政策是政治机制与政治过程的结果，反映了社会中最具有实力集团的利益。[③]

（一）欧盟多层治理的"社会民主赤字"

对于欧盟政体的性质，学术界一直争论不休，究其原因恐怕在于欧

[①] Anton Hemerijck, *Changing Welfare States*, Oxford: Oxford University Press, 2013, p. 291.

[②] 周弘：《国内欧盟社会政策研究之我见》，《欧洲研究》2003年第1期。

[③] Gilles Saint-Paul, "The New Political Economy: Recent Books by Allen Drazen and by Torsten Persson and Gui do Tabellini", *Journal of Economic Literature*, 2000, Vol. XXXviii, pp. 915-925. 转引自李增刚《新政治经济学导论》，上海人民出版社2008年版，第5页。

盟政体本身的复杂性与特殊性，挑战了所有界定政体性质的传统政治理论。20世纪90年代，对欧盟性质与结构的研究中兴起了一种新理论——多层治理理论，对欧盟的政治机制进行理论探讨。多层治理理论，相较于其他研究欧洲一体化的宏大理论如功能主义或政府间主义以及界定政体性质的诸多理论而言，更易厘清欧盟的内部权能配置、影响逻辑和"民主赤字"问题。在欧盟当前的所有制度构成中，"治理"（governance）是一个内涵不甚清晰的概念，西方学者主要强调它与传统"统治"（government）的区别。治理强调国家能力的限度和其他行为者介入的必要性，是公共和私人部门管理其共同事务诸多方面的总和，是一种调和相互冲突或不同的利益并且使之联合行动的持续的过程，包括正式的和非正式的制度安排。① 不同于民主政体中的统治，治理与控制和权威有关，却不必与合法性和民主责任挂钩。② 不能把治理简单地等同于政府所做的事情，否则，人们既不能在国际关系中也不能在欧盟层面谈论治理。③ "多层治理"理论，就是在对欧盟的性质与结构的研究中兴起的。它最早于1993年被提出，而后逐步被完善，至20世纪90年代中期，多层治理的概念获得重视，被欧盟委员会引入欧盟官方用语中。国内学者认为，欧盟此举主要有两大含义：首先，定位了其自身政治实践的性质和意义；其次，为后来的机构改革与权能扩张寻求理论依据。④

最早将多层治理理论引入欧盟研究的盖瑞·马克斯（Gary Marks），通过分析欧洲机制和次国家行为体两个向度对决策权的分享，拓展了欧

---

① 参见俞可平主编《治理与善治》，社会科学文献出版社2000年版，第4页。
② Otto Holman, "Asymmetrical Regulation and Multidimensional Governance in the European Union", *Review of International Political Economy*, 2004, Vol. 11, No. 4, p. 716.
③ 参见［德］贝娅特·科勒-科赫等《欧洲一体化与欧盟治理》，顾俊礼等译，中国社会科学出版社2004年版，第176页。
④ 参见田德文《欧盟社会政策与欧洲一体化》，社会科学文献出版社2005年版，第162—164页。

盟多层治理这一概念。

> 欧洲一体化是一个政体创建的过程，在这一过程中，权威和对政策制定的影响被多层政府分享——次国家的、国家的和超国家的。在国家政府是欧盟政策制定的强大参与者的同时，控制权已从它们手中滑向了超国家机制。国家已丧失了一些先前对其各自领土上的个体的权威控制。简言之，政治控制的中心已发生了变化，国家主权被欧盟成员国间的集体决策和欧洲议会、欧盟委员会及欧洲法院的自治角色所稀释。①

可见，马克斯强调的是一体化进程中权力的多层配置，包括了向上——超国家、向下——次国家行为体和侧面——公共私人网络三个向度的转移。

西蒙·希克斯（Simon Hix）则认为，欧盟作为一个新的多层面治理制度，呈现出包容性、多中心化和关键职能的规则化等特性：

> 首先，治理的进程不再排他性地由国家来引导，而是包容了所有可指导、掌控或管理社会的政治和行政角色的活动。其次，这个进程中的国家与非国家角色的关系是多中心的和非等级的，而且是相互依存的。最后，关键的治理职能是社会和政治风险的规则化，而不是资源的重新分配。②

由此来看，欧盟的多层治理意味着权能再分配的进程，非等级性、

---

① Gray Marks, Liesbet Hooghe and Kermit Blank, "European Integration from the 1980s: State-Centric v. Multi-level Governance", *Journal of Common Market Studies*, 1996, Vol. 34, No. 3, pp. 342-343.

② Simon Hix, "The Study of the European Union Ⅱ: The 'New Governance' Agenda and Its Rival", *Journal of European Public Policy*, 1998, No. 5, p. 1.

多中心关系以及社会和政治风险的规则化。换言之，欧盟多层治理就是以谈判协商的方式制定新规则，对原属国家的权能进行重新配置，从而形成了一种非等级的、网络化治理模式。从权能配置角度来看，在这一进程中获益最大的是欧盟超国家机构，或是从成员国处获得了专属决策权，或是可与之共享部分权能。但就社会政策领域而言，成员国始终将其视为禁脔。

欧盟多层治理体系的核心问题乃是权能的再配置。成员国缔结的条约及其派生性法律，规定了欧盟所获的权能及所涉领域，并通过"辅助性原则"①和"相称性原则"②对联盟行动的内容和形式作出了严格约束③。也就是说，联盟条约规定了欧盟超国家机构在哪些领域有排他性决策权，哪些领域有建议权，而哪些领域是禁脔。从总体上看，超国家机构在经济领域，尤其是在统一大市场的构建方面获得了庞大的权能而在社会政策领域的行动力却备受局限。随着一体化的深入，这种反差越发强烈，备受诟病。斯蒂芬·吉尔（Stephen Gill）冠之以"新宪政主义"④，即经济政策与广泛的政治问责分离，使得欧盟机构更多地响应市场力量而更少地回应大众民主力量在社会政策方面的要求。这在本质上就是欧盟一直遭到广泛质疑的"民主赤字"问题。

欧盟治理体系权威来源的多样性、多层性和多中心性，即超国家的、国家的、次国家的机构，以及拥有执行权力的代理机构等，注定了欧盟决策程序的曲折与复杂性。这对试图影响决策结果的公共利益代表集团的专业性和调度资源的能力都提出了很高的要求。欧盟的主要决策

---

① 所谓辅助性原则，是指在非联盟专属权能的领域，只有在拟行动的目标不能在成员国的中央或地区和地方层面完全实现，但由于拟行动的规模或行动效果在联盟层面更好实现，在这种情况下，联盟才可采取行动。

② 相称性原则，要求联盟行动的内容和形式不得超出实现两部条约的目标所必需的范围。

③ 参见《欧洲联盟基础条约——经〈里斯本条约〉修订》，程卫东、李靖堃译，社会科学文献出版社2010年版，第34页。

④ Stephen Gill, "Constitutionalising Capital: EMU and Disciplinary Neoliberalism", in Andreas Bieler and Adam D. Morton (eds.), *Social Forces in the Making of the New Europe. The Restructuring of European Social Relations in the Global Political Economy*, Houndmills: Palgrave, 2001, p. 7.

机构是垄断提案权的欧盟委员会以及拥有立法权的理事会和欧洲议会。地方委员会和经济与社会委员会，都只有咨询的权限。超国家机构委员会有权决定是否、何时、以何种方式提出议案，而作为成员国政府代表的理事会和欧洲议会通过共同体决策程序（涉及95%的领域）行使决策权。那么，在多层治理体系下，各国的利益组织应尽力实施多重战略：既要与地方政府进行很多接触，要说服国家政治行为者，又要说服欧盟的各个机构。所以，多层治理的影响逻辑意味着利益需在多层面被代表，而欧盟委员会的突出地位，使它成为最受偏爱的"求助"对象。

欧盟多层治理体系的影响逻辑——利益需在多层面被代表，使得资源雄厚者在多层治理体系中占据优势，资源匮乏者处于劣势。这意味着拥有更多优势资源的利益集团会有更多的机会影响甚至主导多层治理规则的制定。奥托·豪尔曼（Otto Holman）更为激进地指出，所谓多层治理体系，指的就是一个构建新型欧盟政体的进程，或者更具体地说是一个在欧盟的生产和金融等核心领域构建资产阶级的新型主导形式的进程。但这一进程比以往要更为综合全面。[1] 欧盟超国家机构庞大的经济权能与弱小的社会权能之间的强烈反差，更加剧了资源雄厚者与资源匮乏者之间影响力和行为偏好的差异。具体而言，基于欧盟在统一大市场的竞争规则与货币政策、共同商业政策等核心领域所拥有的排他性专属立法权能，企业利益代表组织自然是倾向在布鲁塞尔直接设立代表处，为赢得垄断提案权的欧盟委员会的倾听而进行激烈斗争，进而深刻地影响新规则的制定。然而，在社会政策领域，按照豪尔曼的说法，成员国从中央政府到劳动者，都表现出一种"新民粹主义"，最大限度地保留了相关权限，欧盟仅仅在极为有限的促进就业、工作条件、适当社会保护、打击社会排斥等几个方面获得了共享权能，所以工会、雇员协会等劳动者联合会更倾向将其活动和影响力局限在民族国家范围内。对于欧

---

[1] Otto Holman, "Asymmetrical Regulation and Multidimensional Governance in the European Union", *Review of International Political Economy*, 2004, Vol. 11, No. 4, p. 716.

洲工会联合会等类似泛欧层面的利益组织,由于既不能提供特殊激励,又无力克服"新民粹主义"的影响而建立起劳工的跨国认同感,因此并不被工人看好,对超国家机构在社会政策领域的影响力也十分有限。总之,欧盟多层治理对资源雄厚者有利的影响逻辑,反映了这样一个事实:欧盟主要是一个促进统一大市场建设的共同体,其政策直接且非常明确地指向生产者,[①] 同时也决定了欧盟社会政策的发展必然是缓慢的,是从属于市场的,且备受各种政治因素的限制。

因此,欧盟成员国在经济事务方面决策能力的空心化,已经达到了前所未有的程度。将主权转移到超国家层面的机构,将基本的决定权从民族国家手中夺走,转移到一个——正如美国政治学家罗伯特·达尔所说的"民主机构基本上是无效的"层面。达尔解释说:

> 名义上的民主结构,如直接选举和议会,已经正式到位。然而,观察家们一致认为,欧盟仍然存在巨大的"民主赤字"。欧盟层面的关键决策,主要是通过政治和官僚精英之间的协议作出的。决策所受到的限制并非由民主进程确定的,而基本上是由各方之间的博弈带来的,同时还取决于对国内和国际市场可能产生的后果。决策取决于交易、等级结构和市场。如果排除需要批准的程序,那么民主进程的作用是微乎其微的。[②]

(二)欧盟社会政策的弱再分配性与从属性

根据经《里斯本条约》修订后的《欧洲联盟基础条约》相关内容欧盟社会政策可具体分为"就业政策""社会政策"以及具有再分配性质的"欧洲社会基金"三部分。由于迄今为止欧盟社会政策都以促进

[①] 参见[德]贝娅特·科勒-科赫等《欧洲一体化与欧盟治理》,顾俊礼等译,中国社会科学出版社2004年版,第257页。

[②] Robert A. Dahl, *Sulla Democrazia*, Roma-Bari: Laterza, 2000, p.123.

就业为中心，因此国内也有学者把欧盟社会政策分为"就业政策"和"社会政策"两个相互联系的部分。①

既然欧盟多层治理体系的影响逻辑有利于资源雄厚者，且欧盟超国家机构本身在统一大市场领域获得了专属的排他性权能，而社会政策领域的权能极为有限，那么，这就注定了欧盟机构所要面对的主要压力来自资方，主要职责和大量偏好集中于创造统一大市场，而在社会政策的制定上显得"心有余而力不足"，使之不得不从属于市场的创建进程。同时，由于成员国在与欧盟机构的权能配置博弈中，对社会政策权能的最大程度保留，使得多层治理体系中的欧盟社会政策协调性和理念性的意味更浓。

所谓"弱再分配性"，是指欧盟社会政策拥有福利国家的再分配功能，但是能力极弱。基于多层治理体系的影响逻辑，资源雄厚的企业家协会、商业联合会等更易对欧盟的决策产生重大影响，使之作出欧洲福利国家的新自由主义改革有利于市场创建而非再分配的决策。正如多层治理理论者所言，欧盟超国家机构进行治理的关键职能在于制定规则，而不是资源的重新分配。在社会政策领域更是如此，欧盟没有直接的资源重新配置权，无征税权，财政预算规模很小。② 加之对资源雄厚者有利的影响逻辑，所以实施"劫富济贫"的再分配能力是很弱的。2015年欧盟年度预算的规模仍小于奥地利或比利时两国的年度预算，为1450亿欧元，占整个联盟全年财富收入的1%，而成员国的财政预算与财富收入的比例在2013年平均水平为49%。用于经济、社会和地域聚合的资金规模占联盟总财政收入的三分之一，但绝对数值仅有492.3亿欧元，其中的451亿欧元用于增长与就业，5.25亿欧元用于救助最贫

---

① 参见田德文《欧盟社会政策与欧洲一体化》，社会科学文献出版社2005年版，第5—6页。

② 联盟财政预算的来源有非欧盟国家进口商品关税、非欧盟国家进口农产品关税、增值税和基于成员国国内生产总值征收的税金（参见 European Commission, Directorate-General for the Budget, "EU Budget at a Glance", http：//bookshop.europa.eu/en/eu-budget-at-a-glance-pbKV0614180/? Catalog-CategoryID =mpgKABstFogAAAEjbIUY4e5K）。

困人口。① 欧洲社会基金（ESF）在 2014—2020 年 7 年的可支配资金也仅有 80 亿欧元，用于社会融合的部分仅占五分之一左右，即只有 16 亿欧元。②

欧盟社会政策具有鲜明的"从属性"。意即欧盟社会政策一直是构建统一大市场和促进欧洲经济一体化的手段，而非目的。虽然《罗马条约》明确安全和福利才是共同体的目标，"更紧密的联盟"只是手段，但正如前文所述，欧盟的影响逻辑决定了资源雄厚者占优势，而他们的偏好是构建统一大市场，不断推进欧洲经济一体化，而非构建完整有效的欧盟社会政策体系。所以，连构建福利与安全的社会政策一直都被作为推动市场的工具之一，处于从属地位。或者用皮尔森的话说，欧盟社会政策不过是欧洲经济一体化进程的副产品或"外溢"结果，且随着制度发展成为市场进程的一部分。③

在 20 世纪 60 年代关税同盟建立后，成员国坚持欧共体社会政策的倡议最好限于为劳工自由流动提供基本条件和协调社会保障权利，共同体制定的社会政策和法令要围绕实现"四大自由"的需要而制定。此后，共同体层面的社会政策不仅始终处于从属地位，而且主要限于促进劳动力自由流动的"劳工政策"领域。20 世纪八九十年代，虽然当时以德洛尔为首的委员会认识到社会发展是统一大市场成功的前提和保障，但仍用新功能主义逻辑告诉人们市场是优先的——统一大市场激发了人们对欧洲货币联盟的需求，而后者的成功构建才使得"社会欧洲"成为可能。安东·海默瑞克（Anton Hemerijck）认为，直到 20 世纪 90

---

① European Commission, Directorate-General for the Budget, "EU Budget at a Glance", http://bookshop.eu-ropa.eu/en/eu-budget-at-a-glance-pbKV0614180/?Catalog-CategoryID=mpgKABstFogAAAEjbIUY4e5K.

② "European Social Fund 2014-2020", http://ec.europa.eu/esf/main.jsp?catId=62&langId=en.

③ Paul Pierson and Stephan Leibfried, "Semisovereign Welfare States: Social Policy in a Multitiered Europe", in Stephan Leibfried and Paul Pierson (eds.), *European Social Policy—between Fragmentation and Integration*, Washington: The Brookings Institution, 1995, pp.43-77.

年代中期之后的 10 年间，欧盟社会政策才有了质的飞跃，传达出欧盟不仅仅是"一个市场和钱"的信号，《阿姆斯特丹条约》也难得没有以自由市场为其核心。[①] 但经《里斯本条约》修订的《欧洲联盟运行条约》赋予欧盟的社会政策权能，依然主要集中于促进劳动力自由流动领域，主要包括消除成员国公民跨国就业的障碍的规定和跨国就业者的社会保障安排两大部分。虽然该条约的社会政策中明确规定，应通过指令的方式规定成员国在改善工作环境、工作条件、劳动者社会保障与保护、劳动者的信息和咨询、接纳被排斥在劳动力市场之外的人员、男女平等等议题上逐步实施最低要求，但同时却附加了条件——指令应避免施加可能阻碍中小企业的创建和发展的行政、财政和法律方面的限制。[②] 简言之，实施最低要求的社会保护措施的前提，不能妨碍市场的"自由"运转与发展。当前欧盟社会政策整体上仍从属于市场的创建。

（三）欧盟社会政策的"协调性"与"引导性"

所谓"协调性"指欧盟社会政策的主要功能之一是对成员国不同的社会保障立法进行协调，以满足统一大市场的需求。如果说多层治理的关键职能就是社会和政治风险的规则化，那么欧盟在社会领域的政策，就在很大程度上表现为一个在多层治理中协调各国社会与就业领域的不同法律法规的体系，即对不同规则的协调。海默瑞克曾指出，欧盟社会政策是在三个方面共同存在的，包括一套"宪政原则"（Constitutional Principles）、一些"有约束力的共同体法"（Binding Community Legislation）以及制度性的相互补充（Institutional Complementarities）。国内学者将它们归结为相互支撑的"宪法""硬法"和"软法"。[③]

[①] Anton Hemerijck, *Changing Welfare States*, Oxford: Oxford University Press, 2013, pp. 291-304.

[②] 参见《欧洲联盟基础条约——经〈里斯本条约〉修订》，程卫东、李靖堃译，社会科学文献出版社 2010 年版，第 107 页。

[③] Anton Hemerijck, "Social Europe between the Fate of the 'Double Bind' and the Prospect of 'Double Engage-ment'", http://www.europanet.org/conference2004/papers/D1_Hemerijck.pdf. 转引自田德文《欧盟社会政策与欧洲一体化》，社会科学文献出版社 2005 年版，第 4 页。

欧盟社会政策协调的典范之一，就是对劳动力流动问题成功地进行了立法，在没有直接干预成员国劳动力市场的情况下，使各国解除了对劳工跨国境流动的限制。依据欧盟条约的规定，劳动者"自由流动"意味欧盟成员国公民有权前往其他欧盟成员国寻找工作，且不需要工作许可，即使工作合同终止，依然可以在他国居留，与目的地公民享有同等的就业、工作条件及其他社会和税收便利。[①] 对劳动力自由流动进行协调的关键内容在于对社会保障的协调，"欧洲议会和理事会应根据普通立法程序，在社会保障领域制定劳动者自由流动所必需的措施"，成员国应"将根据各国法律分别计算的所有期限合并"，为受雇的或从事自营业的移民劳动者提供福利。[②]

欧盟社会政策的"引导性"，是指欧盟通过多层治理的软性机制以及各种社会战略的制定，给予福利国家在改革进程中以理念和制度方面的积极引导和影响。自20世纪80年代以来，面对经济全球化和区域一体化及经济增速放缓、失业率攀升和老龄化等外部冲击与内部压力，欧盟民族福利国家一直在进行不同程度的改革。虽然依据条约规定，欧盟社会政策领域的立法既不得影响成员国制定其社会保障制度基本原则的权利，又不得影响某一成员国维持或采取符合两部条约的但更为严格的保护措施，[③] 所以欧盟没有权能直接干预成员国的福利体制改革，但通过多层治理中的软性机制及各种战略的制定，欧盟对成员国给予了理念上和制度改革方面的积极引导和影响。

开放式协调法（Open Method of Coordination）是欧盟在社会政策领域发挥范式性影响的主要机制之一。这是一种软性的、开放的机制。其中，成员国依然保留在社会政策领域中的主导权，但是它们被要求就其

[①] "Free Movement – EU Nationals", http://ec.europa.eu/so-cial/main.jsp?langId=en&catId=457.

[②] 参见《欧洲联盟基础条约——经〈里斯本条约〉修订》，程卫东、李靖堃译，社会科学文献出版社2010年版，第70页。

[③] 参见《欧洲联盟基础条约——经〈里斯本条约〉修订》，程卫东、李靖堃译，社会科学文献出版社2010年版，第107页。

计划、实施过程和结果进行披露，接受监督和同行评析。虽然没有惩罚性机制，但是通过成功案例交流、定期汇报、监督和同行评析，成员国政策制定者对社会问题及合适的社会政策形成了新的概念。开放式协调的核心意义在于，通过交流与学习推动成员国福利体制与劳动力市场的现代化，将欧盟社会政策中的价值理念融入成员国福利体制的改革中。开放式协调机制还囊括了非国家和次国家的行为体，在构建跨国"学习网络"的同时，也成功地促成了一系列共同的就业与社会政策目标的形成，加强了欧盟作为一个"社会联盟"的合法性。[1]

进入 21 世纪以来，欧盟社会领域的理念与政策核心即对"人"的投资，已经在欧盟就业领域的"灵活安全模式"和社会保障方面所推崇的"社会投资"（Social Investment）模式中得到了很好的诠释。灵活安全模式在 2007 年被欧盟委员会定义为一种综合战略。它不是简单的劳动契约的灵活化与收入支持保障的加总，其核心在于对终身教育的重视，在于不断提高劳动者技能和素质，以提升工人应对外部急剧变化的能力。在金融危机后，欧盟又推出了新技能—新就业战略。新战略不仅重视知识和人力资源问题，同时更注重对富有创新能力的人才进行投资，以创造新的就业机会，即通过对人的投资创造就业。"社会投资"理念，最早是由吉登斯和艾斯平·安德森等提出的。自 21 世纪初以来，欧盟将它融入欧洲社会建设的计划中。其中，2014 年欧盟委员会的"社会投资一揽子计划"（Social Investment Package）包括：引导成员国更高效、更有效地利用他们的财政预算以确保社会保护的适当性和可持续性；加强人们当前和未来的能力以提高他们融入社会和参与劳动力市场的能力；关注福利与服务的统合，以能自始至终地帮助人们并取得持续、积极的社会结果；强调预防而非治疗，以减少对福利的需求，将福

---

[1] Anton Hemerijck, *Changing Welfare States*, Oxford: Oxford University Press, 2013, p. 317.

利提供给真正需要的人；呼吁投资儿童与年轻人，以增加他们的人生机遇。①

三十多年来，欧盟社会政策的重要性无疑得到了相当大程度的提升，无论多层治理体系的影响逻辑是否对其有利，无论成员国政府是否愿意接受这样的事实。正如海默瑞克所言，一个真正的欧盟社会政策空间已经出现，而且在这样一个经济、社会与人口发生根本变迁的时代，欧盟层面社会政策的创新已经强大到在政治上足以支持成员国的社会契约，推动民族福利国家改革，缓冲单一市场的冲击。② 不管我们认为海默瑞克对欧盟社会政策的作用是否过于夸大其词，但必须承认这样"一个无情的事实"，即"社会欧洲不能依靠各国的单独行动来实现"③。民族福利国家因为普遍面临人口老龄化、技术革新、劳动力市场结构变化等内部挑战，以及全球化和欧洲统一大市场竞争法和《稳定与增长公约》所规定的预算限制（限于欧元区国家）等外部挑战，在社会政策领域进行创新的空间是极为有限的。这一方面在原则上使得成员国意识到在社会政策领域集体行动的重要性，被动地走向"欧洲化"；另一方面也对欧盟层面的社会政策协调功能提出了更高的要求。

但是，在"社会欧洲"不断拓展其空间的过程中，我们不应忽视欧盟同时进行的版图扩张对社会政策"欧洲化"所带来的负面影响。这一方面意味欧盟在社会政策协调方面的难度加大，因为联盟的每一次扩大都会加剧欧盟成员国之间在经济实力、社会保障理念、水平和制度等方面的差异；另一方面也意味在社会政策领域的决策与权能扩张会遭遇更大的阻力——社会政策因其自身所具有的特殊政治意义而被视为成员国的禁脔——来自成员国政府与民众的"新民粹主义"的抵制。所

---

① "Social investment", http://ec.europa.eu/social/main.jsp?catId=1044&langId=en.
② Anton Hemerijck, *Changing Welfare States*, Oxford: Oxford University Press, 2013, p.327.
③ Paul Teague, "Monetary Union and Social Europe", *Journal of European Social Policy*, 1998, Vol.8, No.2, p.129.

以，虽然欧盟已经扩展了超越主权民族国家边界的政治范围，但是在可以预见的将来不会构建出替代民族国家的政治体制①，也不会构建出替代性的福利体制。也就是说，多层治理体系下的欧盟不会获得成员国的全部主权，没有权能，没有法律依据，也很难有足够大的政治压力去构建一个"欧盟福利国家"。而欧盟社会政策的终极意义，在目前以及可见的将来，都在于最大程度地在统一大市场中发挥协调性功能，在成员国改革中起到引导性作用——推动社会团结观念的改变，转而采取一种加强个人、地区和国家在国际经济中竞争力的社会投资政策。

二 "社会民主赤字"与福利国家的新自由主义化

欧洲福利国家一直被视为第二次世界大战后资本主义发展"黄金三十年"间资本与强大劳工运动妥协的结果，而多层治理体系中欧盟超国家机构经济与社会权能的不对称性及其对资源雄厚者有利的影响逻辑，不利于政党政治的"欧洲化"，更不利于劳工运动突破"本土主义"的局限性而形成泛欧层面的联合以产生令资方妥协的压力。如前所述，欧盟的"民主赤字"及其社会政策从属于围绕创造统一大市场的"协调性"和"引导性"特征，使得福利国家的社会妥协所赖以存在的两个基础假设被推翻了：工人阶级的讨价还价能力和公司对民族国家（主要取决于国家规模）的相对从属地位。与此同时，欧洲社会主义运动在苏联解体、东欧剧变后处于低潮的背景下，左翼政党逐步衰落，欧洲福利国家在新自由主义改革中出现了"再商品化"的回归。

（一）左翼政党"失语"恶化"社会民主赤字"

当历史的车轮驶入21世纪第三个十年时，欧洲多国共产党也走过了百余年的历程。百余年来，欧洲各国共产党在资本主义变迁之共性和

---

① [德] 贝娅特·科勒-科赫：《欧洲治理的演变与转型》，转引自俞可平主编《全球化：全球治理》，社会科学文献出版社2003年版，第284页。

本国经济、政治、社会、文化之民族性制约下进行的社会主义探索，深刻地影响了欧洲政治、经济、社会生活的进程。正如社会主义评论家莱泽克·科拉科夫斯基所言："无论西欧采取何种政策以给穷人和弱势群体带来更多公正、安全、教育机会、福利和社会责任，如果没有社会主义者的天真和幻想，没有他们的社会主义意识形态和运动所产生的压力，这些政策都不可能实施。"[①]

百余年来，西欧共产党的社会主义探索始终围绕着"资本主义怎么了、人类向何处去"这些重大问题进行。第二次世界大战后走上"议会道路"的西欧共产党，着手对资本主义进行结构改革。这实际上是意大利共产党在苏共二十大后对西欧主要共产党早已开展的实践作出的概括。结构改革意味着"必须在政治民主的范围内""找到一条……适应本国的历史发展、社会结构和广大劳动群众的感情的目标"的道路，实现"经济结构的深刻改造"，"对社会进行社会主义改造"。[②] 西欧共产党的结构改革包括引入普享性福利原则和国有化两大内容。如意大利共产党在中部"红区"艾米莉亚罗马涅大区首府博洛尼亚的治理，被视为结构改革的典范。凭借广泛扎根于社区的党组织，意共推动社会主义传统在"红区"的复苏，恢复了在法西斯时期被破坏的生产与消费合作社。在20世纪六七十年代，除地方层面的福利建设成就之外，法国共产党在与社会党共同签署的《共同纲领》中加入了其对法国资本主义进行结构改革的主张和治理举措，如发展社会保障——完善医疗健康体系和大规模住房规划，推动非宗教的公共教育和就业权的发展，以及继续推动对大企业的国有化等。西班牙共产党和葡萄牙共产党在推动国家民主化后，也在推动福利国家建设方面作出了重大贡献。

然而，随着欧洲多国共产党在20世纪90年代苏联解体、东欧剧变

---

① Leszek Kolakowski and Stuart Hampshire（eds.），*The Socialist Idea：A Reappraisal*，London：Weidenfeld and Nicolson，1974，p.16.
② 《苏联共产党第二十次代表大会文件汇编》，人民出版社1956年版，第1293—1294页。

后的衰落，共产主义与社会主义意识形态和运动在欧洲的影响力极速衰落。在 20 世纪 80 年代出现衰落趋势的西欧两大共产党——意共和法共很快陷入边缘化的困境。这种边缘化意味着对国家政治生活影响力的下降，即其组织力量和选举支持率萎缩及与此相伴的马克思主义和共产主义思想文化在欧洲共产党内和传统左翼中的主导地位弱化。1991 年意共悲剧性解散之后，其主体部分组建了左翼民主党，少数主张传承并革新意大利共产主义传统的党员组建了意大利重建共产党（以下简称意大利"重建共"）。但此后意大利"重建共"不断衰落，在 1996—1997 年拥有 13 万名党员，到 1999—2003 年便降至 9 万人左右，2008 年党员大规模流失的趋势难以遏制，到 2021 年仅剩 9738 名党员。[①] 西共和法共在 20 世纪 90 年代尚保持 9% 以上的支持率，但进入 21 世纪后，其影响力急速下降。法共在 2007 年国民议会选举中的支持率降至 3% 以下，这是建党以来的最低水平。西共所在的左翼联盟 2015 年的支持率亦不足 4%。坚守马列主义传统的葡共则在国家政治生活中保持较稳定的影响力，其所在的联合民主联盟自苏联解体后，无论在国家还是地方选举中基本能够保持 8%—9% 的支持率。具有悠久历史和优良传统的欧洲共产党力量的衰落和边缘化，导致欧洲的马克思主义理论的创新丧失了实践的源头。无论当今欧洲共产党有多么激进的反资本主义立场，持有多么鲜明的平等、正义主张，都很难在风起云涌的欧洲社会运动中担纲引领者的角色。如在美国发生的那般，欧洲的工人罢工和抗议运动往往由于缺乏先锋队的领导和科学理论的指引而迷失于强势崛起的右翼民粹主义之中。这也最终导致工人阶级和广大雇佣劳动者在议会中失去了其最富于激情和战斗力的"护民官"。

在欧洲一体化加深的背景下，左翼政党的边缘化及中左翼社民党以

[①] "Tess 2019 Certificati al 250521"，https：//www.rifondazionecomunista.org/xi/wp-content/uploads/2021/06/Tesseramento-2019-Certificati-al-250521.pdf.

"第三条道路"之名的右转，共同催生了科林·克劳奇（Colin Crouch）所描述的"资本主义企业利益和劳工阶层利益之间的社会妥协"陷入了不可逆转的危机。此前，"为了换取资本主义制度的生存和对其产生的不平等的抗议的普遍平静，经济利益集团学会了接受对其肆意弄权的某些限制。集中在民族国家层面的民主政治力量能够确保这些限制得到尊重，因为这些公司在很大程度上服从于民族国家的权威。"①

当来自"三驾马车"的财政紧缩压力引发南欧国家大众的激烈反抗时，2013年，世界领先的投资银行之一摩根大通的一项研究明确指出，在欧洲外围国家（主要指爆发主权债务危机的南欧诸国）的民主宪法中存在妨碍欧元区正常运作的一大障碍，其中某些段落引人深思：

> 在危机开始时，人们普遍认为，国家层面的历史性问题具有经济性质。但是，随着危机的演变，外围地区存在的根本政治问题清晰显现。我们认为需要解决这些问题，才能使经济和货币联盟正常运作。外围地区的政治体系都诞生于独裁政权终结后，且都带有这段历史的烙印。宪法显示出强大的社会主义影响，反映了法西斯主义失败后左翼政党获得了政治力量。外围国家的政治制度普遍表现出以下特点：行政能力弱；中央政府相对弱于大区政府；劳动力权利有宪法保护……有抗议政治局势的不受欢迎的变化的权利。这些政治遗产的缺陷在这场危机中暴露无遗。②

摩根大通报告的起草者将由于外围国家政府"仅部分成功"的"财政和经济改革"归因于上述"缺陷"——本质上是"过度民主"，即宪法"限制了他们的行动"。而所谓"过度民主"，恰恰是欧洲社会

---

① Colin Crouch, *Postdemocrazia*, Roma-Bari: Laterza, 2003, pp. 10-11.
② David Mackie et al. ii., "The Euro Area Adjustment: About Halfway There", *Europe Economic Research*, J. P. Morgan, 28 Maggio 2013, p. 12.

主义运动在其先锋队组织和科学理论指引下的诸多斗争成果之一。

事实上，随着欧洲传统左翼力量的衰落，由此导致左翼在国家和超国家层面政治生活中逐渐陷入沉寂，"过度民主"被瓦解，"社会民主赤字"才是现实。这使得福利国家的新自由主义改革不断被推进，经济不平等的升级与雇佣劳动者的"再商品化"变得醒目。

（二）"社会民主赤字"下的劳动力市场灵活化

如前所述，在欧洲一体化加速、工会力量相对弱化、左翼政党边缘化和中左翼社民党右转的背景下，欧洲福利国家在20世纪90年代加速了新自由主义改革。其中，对雇佣劳动者的社会权利造成最大伤害或者说推动劳动者"再商品化"的最重要改革，就是劳动力市场领域的改革。

撒切尔夫人（Margaret H. Thatcher）那句糅合了新保守主义和新自由主义主张的名言——"别无选择"（There is no alternative），赢得了欧洲大陆多数政治与经济精英的青睐。在盎格鲁—撒克逊新右派的支持下，经济合作与发展组织在1994年《就业战略》中，为患上"低增长与高失业"并存的"硬化症"的西欧国家开出了降低就业保护、增加积极就业政策资源投入的"药方"。欧洲多国接受了该药方，将本国就业停滞分化与高失业归因于"僵化"的劳动保护模式，认为这种模式极大地限制了劳动力的"供给"，使之在质量、数量及单位劳动力成本上都缺乏"灵活性"，因而竭力主张通过降低保护来提高劳动力供给的灵活性及青年和妇女的就业率。1997年《阿姆斯特丹条约》签署后，欧盟对成员国劳动力市场改革的影响逐步增强，在其不断的压力输入下，欧洲多国"摩拳擦掌"，意欲实施改革，放宽劳动保护限制。

让我们先以德国为例。2002年，德国施罗德[①]政府成立了由彼德·哈茨（Peter Hartz）领导的"劳动力市场现代化服务委员会"，又称

[①] 格哈德·施罗德（Gerhard Schröder），1998—2005年任德国总理，1999年当选德国社民党主席。

"哈茨委员会"。该委员会中缺乏能够代表工人阶级利益的工会代表，而来自资方、学术界（如法学和政治学）及管理咨询界专家构成了委员会的主要成员。这种人员构成已经表明"哈茨改革"的倾向性。委员会从 2002 年至 2004 年连续推出了四大改革法案，即四部《劳动力市场现代服务法》，简称"哈茨Ⅰ""哈茨Ⅱ""哈茨Ⅲ"和"哈茨Ⅳ"，构成了所谓的"哈茨改革"。哈茨改革对德国劳动力市场的职介、组织结构、管理方式以及就业促进措施等进行了全方位的调整。"哈茨改革"的目标是在三年时间里将失业人口减少 200 万人，为失业者介绍工作的周期从 33 周降至 22 周，与此同时，将联邦劳动局支付的失业保障费用从 400 亿欧元降至 130 亿欧元。[①]

  2002 年 12 月出台的"哈茨Ⅰ"，从 2003 年 1 月 1 日起开始执行。"哈茨Ⅰ"主要包括以下内容：设立公共临时就业服务机构——个人服务代理机构（PSA），为失业者提供就业优惠券。这两个措施都是为失业者提供临时性工作，以使失业者能够以此保持与劳动力市场的接触，提高就业能力从而获得长期就业机会。同时，重新定义"合适的工作"概念。失业时间超过 12 个月（年老者为 18 个月）的失业者应接受任何合法的工作，不管对工作内容和薪酬高低是否满意。"哈茨Ⅱ"自 2003 年初生效。该法案鼓励创建个体公司，积极推广小型就业和微型就业等灵活就业方式。创建个体公司的失业人员可从国家获得一定的创业补贴和过渡期补助。微型和小型就业政策的目的是提升低工资就业者和低技能失业者的收入。"哈茨Ⅲ"于 2004 年 1 月 1 日生效。该法案主要对德国就业服务体系进行了改革，以引导和服务更加灵活的劳动力市场。"哈茨Ⅳ"于 2005 年 1 月 1 日开始生效。该法案将失业救济金和社会救济金合二为一，引入"失业金Ⅱ"，并增加了强制就业的要求。"失业金Ⅱ"主要源于税收。此外，该法案还引入了"一欧元工作"，以给长

---

① Werner Eichhorst and Kutz Kaiser, "The German Labor Market: Still Adjusting Badly?", Http://ftp.iza.org./dp2215.pdfIZADiscussionPaper2215.

期失业者创造工作机会，使其能够保持工作状态且有机会被雇主看中，而且除了失业金之外可略有额外收入。但如果符合条件的失业者无正当理由拒绝接受此类工作，就要被扣失业金。① 因此，"哈茨Ⅳ"本质上触及了福利的削减和对劳动者的"再商品化"。

显然，"哈茨改革"是施罗德政府利用劳资双方的非对称影响力开启的改革。德国主要民意调查机构之一——Forsa 在 2002 年对公众对"哈茨改革"的看法进行了调查。根据这项调查，46%的人认为改革"基本正确"，42%的人认为"基本错误"。在前东德地区，52%的人拒绝改革，而在前西德地区，也有40%的人反对改革。② 此次改革严重缺乏民众支持，在社民党内也未达成共识。程序合乎"民主"，实质上存在巨大的"民主赤字"。

在近二十年后的今天，这场改革受到的评价依然褒贬不一，且其绝大部分内容都是充满争议的。如果仅从就业率的数据来看，它是成功的——2002 年德国失业率为 13.5%，2012 年为 5.5%。③ 但是，失业率下降和就业率提升的背后，是低质量就业的增加，而且改革在帮助长期失业者方面的绩效并不突出。改革加速了劳动者的"再商品化"，导致德国的"工作贫困"（In-work Poverty）率在 2005—2015 年间翻倍，其增长率为欧盟成员国之最。直到 2017 年，德国工作贫困率才降至 9%，略低于欧盟平均水平的 9.3%。④ 因此，2019 年，德国社民党人直言

---

① 关于"哈茨改革"的更详细内容参见刘露露、郑春荣《从"第三条道路"理论看德国劳动力市场政策的转向——基于对哈茨改革的分析》，《德国研究》2009 年第 4 期；杨伟国等《德国"哈茨改革"及其绩效评估》，《欧洲研究》2007 年第 3 期；Werner Eichhorst and Kutz Kaiser, "The German Labor Market: Still Adjusting Badly?" Http://ftp.iza.org./dp2215.pdfIZADiscussionPaper2215; The Hartz employment reforms in Germany, https://www.centreforpublicimpact.org/case-study/hartz-employment-reforms-germany 等。

② "The Hartz Employment Reforms in Germany", https://www.centreforpublicimpact.org/case-study/hartz-employment-reforms-germany.

③ "The Hartz Employment Reforms in Germany", https://www.centreforpublicimpact.org/case-study/hartz-employment-reforms-germany.

④ Walter Hanesch, "In-work Poverty in Germany", https://ec.europa.eu/social/BlobServlet? docId=21111&langId=en.

"我们要把'哈茨改革'抛在身后"①。

意大利的劳动力市场改革,受欧盟"协调性""引导性"社会政策的影响更深,也更为明显。1997年和1999年,意大利在兼职就业和固定期合同问题上,分别收到了欧盟的两份指令。中左翼政府在2000年将1997年指令顺利转化为第61号法令,规定最大程度地实现兼职就业的灵活性,同时推动兼职就业者享有与全职就业者同等的工作条件。1999年指令的转化遭到了工会和激进左翼政党的强烈抵制。因为转化后的国内法规定,企业但凡有用工需要,即可签订固定期合同,不必得到行政部门的专门授权,也不必将其与集体合同等同视之。这实质上限制了工会在该领域的干预与控制权,同时给予雇主无限次地使用固定期合同的可能。2001年上台的中右翼政府在强力通过了该项法令后,在2003年迈出了更加灵活化的一步——颁布"比亚吉法"(Legge Biagi),引入"员工租赁"服务或"劳务供应"制度,允许与"劳务派遣"机构签订无固定期限合同,并在临时就业规范中去除了原有不允许从事低端工作的规定。2012年,在欧债危机压力和欧盟的"欧洲学期"的监督机制约束下,意大利非民选的"技术官僚"政府进一步放宽了劳动保护,尤其是对无限期就业者的解雇限制。此后,灵活就业原则在意大利劳动力市场中被不断强化,相应的失业救助津贴制度也对标欧盟得以"现代化"——在提高替代率水平的同时与再就业挂钩。② 在2012年改革后,意大利无固定期限合同的解雇保护指数已经由2008年的4.5降至2013年的2.5,固定期合同保护水平在1997年改革后从原来的4.0大幅降至金融危机前的2.3,总体就业立法保护水平已经由1998年的3.3降至2013年的2.5。③ 在欧盟的影响和压力下,意大利劳动力市场

---

① "'Grundsicherung' statt Hartz IV", https://www.tagesschau.de/inland/nahles-hartz-altmaier-101.html.

② 关于意大利劳动力市场改革的内容与影响参见李凯旋《意大利劳动力市场灵活化改革解析》,《当代世界与社会主义》2018年第2期。

③ Daniele Cecchi and Marco Leonardi, "Labour Market Reforms in Italy 2008-13: the Crisis and Beyond", International Labour Office, Research Department, Geneva: ILO, 2015, p.20.

改革对劳动者的"再商品化"影响更为显著。

(三)"社会民主赤字"下的福利国家养老金制度改革

根据《马斯特里赫特条约》的规定，凡是有意向加入欧洲经济货币联盟（EMU）的成员国都必须满足下列经济政策标准：（1）每年的通货膨胀率不得超过该国及其邻近三国平均通胀率的1.5个百分点；（2）政府财政预算年度内赤字不得超过国内生产总值的3%；（3）政府的总负债（债务+储备）占国内生产总值的比例不得超过60%。作为欧盟创始国的法国和意大利，长期违反其中的1—2两个标准，尤其是意大利的财政赤字和政府总负债规模常年严重超标。在欧盟的财政纪律压力下，两国对养老金制度实施以增收减支、削减赤字为主要目的的改革。

1993年，法国政府对私有工商业部门雇员的养老金制度进行改革：将领取全额养老金缴费年限从37.5年延长至40年；把养老金的计算标准从参照职业生涯中工资水平最高的10年延长到最高的25年；将养老金水平与物价脱钩，与缴费挂钩。2010年，法国政府将退休年龄提高至62岁，同时将领取全额养老金年龄提高至67岁。在2012年提高缴费的费率后，2014年以渐进方式将领取全额养老金的缴费年限提高至43年。2022—2023年，法国政府绕过议会立法程序，推进养老金改革，将退休年龄从62岁延长至64岁。尽管在野党因改革存在程序民主的"缺陷"而极力反对，且法国工会也组织了十余次数十万人乃至百万人规模的大罢工，依然没能阻止政府推行改革的决心。事实上，更为直接且有效地影响法国养老金收支和待遇水平的是政府在缴费费率、计算标准和缴费年限上的隐蔽调整。而民众因为信息不对称，往往对延长退休年限更为敏感，反应更为激烈。

从改革的效果来看，由于提高费率、降低公共养老待遇，法国公共养老金的财政状况确实得到了很大改善。但是，对劳动者而言，养老金的"充足性"大大受损。研究表明，改革将导致代际差异，使退休者的生活水平持续下降。替代率将呈现代际递减，从20世纪50年代生人（简称"50后"，依此类推）的55%减至"90后"的45%；其次体现在缴费率上，缴费率将从"50后"的23%升至"90后"的27.8%；最后体现在养老金收益上，改革将使"80后"的养老金收益减少4.5%，"70后"受影响最大，将降低5.9%，"50后"受到的影响最小，降低1.2%。[①] 此外，法国的养老金改革对低收入者和因各种原因提早退出劳动力市场的人不利，导致部分人的致贫风险增加；在提升老年就业率的同时，导致非老年群体失业率上升。

意大利在马斯特里赫特标准的压力下，进行了更为激进的结构改革。在1992年的阿玛托改革（Riforma Amato）中，意大利政府提高了缴费年限，并将养老金待遇与通货膨胀脱钩，与劳动者终身薪资水平挂钩。1995年的迪尼改革（Riforma Dini）因引入名义账户制而被视为哥白尼式改革。自此，意大利公共养老金待遇水平将取决于四大因素：劳动者缴存额度、实际退休年龄、宏观经济状况和人口结构。2001年，意大利中右翼政府在养老金领域主要采取了参数改革的方式，推出了奖励延退及通过年龄与缴费期限制退休的政策。21世纪最重大的改革由经济学家马里奥·蒙蒂（Mario Monti）主导下的技术官僚政府完成——如此意大利的主流政党便可"免责"，不会因此损失选票。改革的主要内容包括：统一不同行业和性别退休年龄，并逐步提高至67岁（2021年），提高缴费费率，如自雇者达到24%；提高缴费年限，如男性提前退休的缴费年限为42年零10个月。在2012年的养老金改革后，如法国一样，意大利养老金财政状况得到改革，第二支柱和第三支柱的补充养老得以发展——这甚至得到了欧盟的"赞赏"。但其负面影响也是显

---

① 参见彭姝祎《法国养老金改革的选择：参数改革及效果分析》，《欧洲研究》2017年第5期。

著的，公共养老金的再分配能力大大减弱，代际不平等升级，灵活就业群体陷入老年贫困风险增加。[①] 大众的贫困化问题，表明欧洲福利国家的新自由主义改革，使其愈发丧失了"互助共济"的再分配功能。

小　结

本章从民主内涵与外延的角度，对民主作为一种价值、意识形态和塑造利益或被利益集团塑造的制度，在欧美国家的演变进行了分析。在欧洲的双元革命后，反抗资本主义不平等的工人运动和社会主义运动风起云涌，宣扬"主权在民"的民主被视为一种天然地与社会主义同族的现象。出于解构"主权在民"的民主的目的，欧美资产阶级的思想家祭出"精英民主"与"多元民主"的大旗，将民主置换为以竞争性选举、普选权和政治参与为其主要内容的代议制民主制度。但是，在20世纪六七十年代新社会运动席卷欧美的年代，资产阶级保守主义思想家又开始主张遏制"过度民主"，宣扬"政治冷漠"也是一种自由。随着新自由主义的兴起，无论美国非对称的"自由民主"，还是欧洲福利国家赤字累累的"社会民主"，都纵容、塑造了经济不平等的升级。

在财阀统治下的"自由民主"的美国，税收政策、福利保障政策、法律制定与修订等反映的并不是民众的要求，而是顶层1%群体的文化霸权和多元需求。精英阶层经济优势和政治权力之间存在相互强化的关系。美国精英阶层与大众对政治议程日益不对称的影响力，决定了经济利益分配中不平等的升级，以及教育、就业、健康等社会权利不平等的升级。在这样的因果循环中，流传已久的"美国梦"对那些坚信"天道酬勤"的底层民众而言，不过是一种幻象。

苏联解体和东欧剧变后，欧洲传统左翼力量边缘化，中左翼社会民

---

① 关于意大利养老金改革的具体内容及影响，参见李凯旋《意大利养老金改革及启示》，《欧洲研究》2017年第5期。

主党右转，导致欧洲福利国家的"社会民主"的政治基础遭到极大削弱。与此同时，资方通过推动民族福利国家经济权能向欧盟超国家层面的集中及其相关决策与大众民主的分离，制造了"社会民主赤字"。这使得欧洲福利国家在欧盟市场化的压力下，不断地推进新自由主义化改革。在不断扩大的经济不平等中，劳动者的劳动保护水平下降，工作贫困、青年失业等问题突出。欧洲的"社会民主赤字"，加剧了欧洲福利国家的危机。

第四章　欧美资本主义经济金融化致使不平等加剧

20世纪70年代末以来，陷入生产停滞、利润率下降和积累困境的欧美发达资本主义世界，开启了又一轮经济金融化进程。这意味着第二次世界大战后一度被压制和削弱的金融资本霸权的恢复和扩张。这种扩张有其历史必然性，是资本主义积累体制中重复出现的模式。马克思早就断言："因此，一切资本主义生产方式的国家，都周期地患一种狂想病，企图不用生产过程作中介而赚到钱。"[1] 本轮资本主义经济体系的金融扩张或金融化，在微观层面表现为对非金融部门资本结构与投资决策的金融化、金融体系自身的金融化及家庭部门的被动金融化。金融化导致垄断资本主义进入学界所称的垄断资本主义的"垄断金融资本时期"[2]。在这个历史阶段，对大众的金融掠夺（Financial expropriation）[3]成为资本主义利润的重要来源，中层和下层民众当下与未来创造的剩余价值都被顶层精英悉数收入囊中，社会不平等加剧。

自20世纪70年代以来，欧美（尤其是美国）非金融企业部门出现了持续的金融化转型。投融资行为的趋势性变化——固定资本投资持续减少，金融利润和资产性收入持续提高，以及企业治理结构的重大变

---

[1]《马克思恩格斯文集》第6卷，人民出版社2009年版，第67—68页。
[2]［美］约翰·贝拉米·福斯特：《资本主义的金融化》，王年咏、陈嘉丽译，《国外理论动态》2007年第7期。
[3] 参见［英］考斯达斯·拉帕维查斯《金融化了的资本主义：危机和金融掠夺》，李安译，《政治经济学评论》2009年第1辑。

化——"股东价值"原则占支配地位，经理人偏好让位于股东价值偏好。这些变化提高了资本收益在收入与财富分配中的权重。资本主义经济金融化本身意味着宏观层面职能资本与金融资本的共谋，而微观经济层面各部门互为条件、互为辅助的碰撞，以及民主政治层面的"寻租"则共同推动了当代资本主义经济金融化的转型。

第一节 资本主义经济金融化的现象与本质

马克思在《资本论》第一、二、三卷中对金融资本的内涵和基本理论进行了系统阐述。正是在此基础上，国外马克思主义研究者从宏观层面对当代资本主义金融化的本质进行了解析——垄断集团运用金融信用体系实现其对工人剩余价值的持续占有。同时，从中观和微观层面对金融化的界定，是对资本主义金融化加剧不平等机制的必要具象化解析。

一 资本主义金融化的现象与本质

（一）金融资本的内涵

尽管金融资本最早是由杰出的法国马克思主义思想家保尔·拉法格（Paul Lafargue）提出的，[①] 但马克思也早在《资本论》第一、二、三卷中对金融资本作出了系统分析阐述。资本主要表现为产业资本、商业资本和借贷资本（或生息资本）等具体形式。其中，产业资本和商业资本的总和又称职能资本。借贷资本（或生息资本）是职能资本运动中

---

① 鲁·希法亭也对金融资本作出了界定："愈来愈多的工业资本不属于使用这种资本的工业家了。工业家只有通过银行才能取得对资本的支配权，对于工业家来说，银行代表这种资本的所有者。另一方面，银行也必须把自己愈来愈多的资本固定在工业上。因此，银行愈来愈变成工业资本家。通过这种方式实际上变成了工业资本的银行资本，即货币形式的资本，我把它叫做金融资本。""金融资本就是由银行支配而由工业家运用的资本。"参见《列宁全集》第27卷，人民出版社2017年版，第361—362页。

闲置货币资本的转化形式和派生形式，是从事货币借贷活动的资本。生息资本承载了资本主义最富有拜物教的表现形式——自我增殖、自行创造，"正因为价值的货币形态是价值的独立的可以捉摸的表现形式，所以，以实在货币为起点和终点的流通形式 G…G'，最明白地表示出资本主义生产的动机就是赚钱。生产过程只是为了赚钱而不可缺少的中间环节，只是为了赚钱而必须干的倒霉事"①。

此外，还有虚拟资本——它是借贷资本（或生息资本）的派生形式，具体形式包括股票、国家的公债券和企业债券等。马克思指出："人们把虚拟资本的形成叫做资本化。人们把每一个有规则的会反复取得的收入按平均利息率来计算，把它算做是按这个利息率贷出的一个资本会提供的收益，这样就把这个收入资本化了。"②虚拟资本就是生息资本的所有者所取得的某种形式的、将来可以还本付息的保证，"完全像价值符号一样，只是价值的权利证书"③。因此，在此后的政治经济学理论演化中，金融资本往往被抽象为借贷资本（或生息资本）和虚拟资本之和，有时也被视为不同职能资本相互融合的总资本。正是在资本从不同的职能资本向金融资本融合的过程中，金融资本确立了其在垄断资本主义中的主体地位，进而在 20 世纪 70 年代开启了其扩张的进程。

（二）资本主义经济金融化的内涵

国内外学术界对资本主义经济金融化的研究颇多。尽管相较于经典马克思主义对金融化本质的把握，这些研究更多地表现为一种对现象的描述，但对我们从微观层面更实证地理解资本主义经济金融化转型对不平等加剧的影响，也具有启示意义。其中，一些欧美经济学者从微观和中观层面对其进行界定，使我们能更充分地了解资本主义经济金融化的

---

① 《马克思恩格斯文集》第 6 卷，人民出版社 2009 年版，第 67 页。
② 《马克思恩格斯文集》第 7 卷，人民出版社 2009 年版，第 528—529 页。
③ 《马克思恩格斯文集》第 7 卷，人民出版社 2009 年版，第 575 页。

内容和表现。从微观层面而言，金融化是一种"股东价值导向"理念及在此基础上的"股东价值最大化"的支配地位和企业治理结构的变化，以及资本市场取代银行系统成为企业投融资渠道和动员社会资本的主要力量。[1] 德国的经济学家则将之定义为一系列现象和趋势。其中包括未偿付金融资产、金融机构的规模和复杂性及金融交易额的大幅增长；非金融企业在金融市场上的活动日益活跃，金融市场对企业活动的影响日益增大；金融在日常生活中的重要性日益增加，例如新闻中对股票市场发展的定期报道，以及家庭在养老金或教育等方面对金融市场发展的依赖性日益增加。[2] 这意味着在欧美国家，那些非金融部门的企业越发沉迷于通过金融投资或投机活动牟取利润——企业短期的财务表现或股票价格更受关注，直接生产经营活动则受到冷落。换言之，企业主或企业经理人偏好减少回报周期长的科研创新投资，而专注短线的金融投机。中观层面的金融化，则意味着以银行为主的金融体系被以证券市场及其衍生品为基础的金融体系所挤压，各种金融工具、金融方式花样百出，令人眼花缭乱。在国家内部、国际市场中，金融机构、金融主体行为者及其动机，金融市场地位提升，影响力扩张。[3]

欧美国家有关金融化的研究主要集中在美国，而金融化并不是在每个国家以相同的时间、相同的程度或完全相同的形式发生的。相较而

---

[1] 参见 William Lazonick and Mary O'Sullivan, "Maximizing Shareholder Value: A New Ideology for Corporate Governance", *Economy and Society*, 2000, Vol. 29, No. 1, pp. 13-35; Malcolm Sawyer, "What Is Financialization?", *International Journal of Political Economy*, 2013, Vol. 42, No. 4, pp. 5-18. 转引自陈波《经济金融化：涵义、发生机制及影响》，《复旦学报》（社会科学版）2018 年第 5 期。

[2] Daniel Detzer, "Financialization Made in Germany-A Review", Institute for International Political Economy Berlin, Working Paper, 2019, No. 122, pp. 1-58.

[3] 参见 Gerald Epstein, "Financialization, Rentier Interests, and Central Bank Policy", Paper prepared for PERI Conference on "Financialization of the World Economy", December 7-8, 2001, University of Massachusetts, Amherst, https://peri.umass.edu/fileadmin/pdf/financial/fin_Epstein.pdf; Ronald Philip Dore, "Stock Market Capitalism and Its Diffusion", *New Political Economy*, 2002, Vol. 7, No. 1, pp. 115-121; Ronald Dore, "Financialization of the Global Economy", *Industrial and Corporate Change*, 2008, Vol. 17, No. 6, pp. 1107-1109.

言,美国比西欧时间早、程度深、规模大。正如欧洲学者安德烈·布朗（Andrew Brown）等人研究发现的："金融化横贯了整个世界体系,但其性质、影响和反应存在地区和规模上的巨大差异。"①

与此同时,欧美左翼学者在宏观层面从资本积累、资本关系等角度,对资本主义金融化的观察具有深邃的历史性,也更为本质。他们深刻地指出,金融资本的扩张与资本主义金融化为同一种资本主义的周期性趋势。当代著名新马克思主义者、意大利著名理论家乔万尼·阿里吉（Giovanni Arrighi）给金融化下了一个宽泛而又较为本质的定义：资本积累从物质扩张阶段进入金融扩张阶段,货币资本用于借贷和投机。根据其自身对欧洲14世纪以来的多个金融化中心——意大利、荷兰和英国的资本主义不同演化史的研究,阿里吉认为,金融化意味着该轮资本积累周期进入危机阶段,同时处于中心位置的霸权国将走向衰落。因此,金融化是资本主义的历史周期模式,而且是超地域的——金融化的周期与西方世界经济霸权周期紧密相连。因此,在20世纪70年代以来出现的资本主义金融扩张并不是新鲜事物,是历史资本主义内在的、重复出现的趋势;金融扩张还是资本积累体制进行完全重组的手段——历史并非简单地重复,全球资本主义的发展动力也在发生变化。② 事实上,阿里吉的这些思考,受启发于费尔南·布罗代尔（Fernand Braudel）。布罗代尔指出,金融资本最早出现在意大利的城邦。③从历史资本主义的"长时段"范围来观察的话,布罗代尔认为,资本主义的本质特点是在不同时空下的"灵活性"（flexibility）和"兼容性"（eclecticism）的结合;而资本主义的"真正家园"是金融领域,而非商贸领域

---

① Andrew Brown, David A. Spencer, and Marco Veronese Passarella, "The Extent and Variegation of Financialisation in Europe: A Preliminary Analysis", *Revista de Economía Mundial*, 2017, No. 46, pp. 49-69.

② 参见［意］乔万尼·阿里吉《漫长的20世纪：金钱、权力与我们时代的起源》,姚乃强、严维明、吴承义译,社会科学文献出版社2022年版。

③ Giovanni Arrighi and Joe Cleary, "Up for Grabs", *Field Day Review*, 2009, No. 5, pp. 122-137.

或工业领域；资本主义与国家结合在一起（颇为讽刺的是——并非市场），是其在现代取得成功的关键。① 可见，金融资本的扩张有赖于资产阶级国家权力，两者相互渗透、相互塑造。

美国生态马克思主义者约翰·贝拉米·福斯特（John Bellamy Foster）曾言简意赅地指出："资本主义的金融化即经济活动的重心从产业部门（甚而从诸多正在扩大中的服务业部门）转向金融部门。"② 资本积累的金融化，是全球资本主义经济增长放缓背景下，攫取了超额利润的大型垄断公司为其先前积累的巨额剩余寻找的出路。于是，在这一进程中，金融机构作为金融产品的供给方推出了期货、期权、衍生产品、对冲基金等一系列新的金融工具。在金融机构创新的推动下，金融投机愈演愈烈、金融市场不断扩张。萨米尔·阿明（Samir Amin）表达了相似的观点，在当前垄断集团的控制下，资本积累要持续扩大，唯一的选择就是把其过剩的剩余用作金融投资，并通过债务增长来消纳垄断的剩余利润。③ 正如戴维·哈维（David Harvey，更多译为大卫·哈维而为国内学界熟知）所分析的那样，自20世纪70年代以来，剥夺性积累——不是生产财富和收入，而是对财富和收入通过股票、证券投机，借助信贷的资产剥夺等进行的再分配，逐渐成为当今国际金融资本在国内和国际市场获得巨额财富的重要方式。④

因此，我国学者指出，资本主义经济金融化及其影响逻辑主要表现为：（1）金融业增加值占GDP的比例越来越大；（2）金融业的地位从实体经济的服务者变成主导者，金融市场是资本主义整个市场体系里最

---

① Giovanni Arrighi, "Braudel, Capitalism, and the New Economic Sociology", *Review (Fernand Braudel Center)*, 2001, Vol. 24, No. 1, pp. 107-123.
② ［美］约翰·贝拉米·福斯特：《资本主义的金融化》，王年咏、陈嘉丽译，《国外理论动态》2007年第7期。
③ 参见［埃及］萨米尔·阿明《当代资本主义体系的内爆》，黄钰书译，《政治经济学评论》2013年第3期。
④ 参见［美］戴维·哈维《新帝国主义》，付克新译，中国人民大学出版社2019年版，第87页。

具有权力的市场；(3) 资本市场和金融市场的投机和预期决定汇率和利率，且反过来左右实体经济的投资和消费；(4) 虚拟经济和虚拟资本的积累速度远远超过真实 GDP、人均收入和人均工资的增速，导致收入差距和贫富分化日益恶化。①

金融化是一种与资本运动、资本积累相联系的现象，必须结合资本运动、价值运动去把握其本质。剩余价值的最大化，实现资本的价值增值是资本主义社会的根本目的。资本主义金融化的动力也源于此。在当代资本主义社会，职能资本与金融资本融合为总资本，通过金融信用体系对生产过程、经济运行进行全方位控制，实现其对剩余价值的追求。换言之，资本主义经济金融化意味职能资本与金融资本关系发生了重大变化，金融资本独立性和重要性不断提升，在时空上实现对剩余价值的全面、持续且有效控制，成为决定经济危机与经济周期的主导因素。②

二 欧美资本主义国家非金融部门的金融化

在非金融部门的金融化转型进程中，出现了产业资本与金融资本的竞争融合现象。这一现象背后的本质仍是对剩余价值最大化的追逐。但是，在微观的企业层面就表现为固定资本投资率的动态下降。产业资本与金融资本在竞争和融合的过程中，共同促进了企业的金融化转型，以使资本在自由流动中尽可能更多地占有超额剩余价值，同时加快资本周转速度以保证企业总利润的增长。

在 20 世纪 70 年代之前，产业资本主导欧美国家资本主义积累过程，金融资本以利息为回报配合职能资本的周转与增值。20 世纪 70 年代后，随着生产剩余的增加，从产业资本中分离、汇入金融资本的货币资本，不断被新的金融投资项目所吸纳。这产生的后果是：金融资本在

---

① 参见向松祚《金融资本主义和贫富分化》，《博鳌观察》2014 年 10 月。
② 参见马慎萧《资本主义金融化转型机制研究》，经济科学出版社 2018 年版，第 2 页。

非金融部门的总资本构成中占比显著增加，相应地，金融部门从中获取的利息也快速增长；在信用体系作用下，社会经济部门闲置资本被系统地转换为金融资本，其与职能资本的融合加速，对资本主义生产的控制力增强。

具体而言，金融化和一些通常与经济政策向新自由主义转变相关的趋势对功能性收入分配的影响主要表现在以下方面。首先，部门构成从公共部门向企业部门的转移导致了工资份额的下降——私有化进程。其次，作为间接成本一部分的管理层工资的增加，以及更有实力的股东（rentiers）利润要求的提高（即"股东价值"原则——"公司革命"的核心内容），导致了工资份额的下降。由于管理层工资是工资份额的一部分，事实上直接劳动力所占的工资份额下降得更剧烈。最后，与金融化和新自由主义相关的一系列现象削弱了劳动力的议价能力，因此导致工资份额的下降。其中，非金融企业股东价值的上升和利益短期化的加剧，是收入分化的重要驱动因素。然而，政府在公共部门就业和积极需求管理方面的缩减、金融和贸易开放度的增加及劳动力市场管制的放松和自由化也都是进一步加剧工资份额下降的因素。[1]

国内学者在对欧美国家非金融部门的金融化机制研究中，也关注到"股东价值"原则的巨大影响。为追求剩余价值最大化的目标，在相关监管约束条件不变的情况下，非金融部门企业往往会依据金融利润率和负债成本的变化进行金融结构的调整，即通过纯粹借款和金融投资来获得利润；企业会增加金融资产持有，从而减少长期固定资本投资；在"股东价值"原则主导下企业资产结构决策偏好于公司在资本市场中的表现及向股东的分红。与此相应的还有经理人工资原则的改变。代理理论提出了两种协调公司内部经理人和股东之间代理问题的机制：一是市

---

[1] Eckhard Hein and Daniel Detzer, "Finance-Dominated Capitalism and Income Distribution: A Kaleckian Perspectiveon the Case of Germany", *Italian Economic Journal*, 2015, vol.1, No.2, pp. 171-191.

场自身对经理人管理自主权威胁所带来的约束,二是将高管薪酬建立在股票期权基础之上。① 这不仅大大提高了非金融部门有产者的金融资本收益,还导致一个"超级经理人"群体的崛起。

三 欧美资本主义国家金融部门的金融化

事实上,无论是职能资本与金融资本的竞合过程还是非金融企业在资本市场中的沉浮,都离不开金融资本与金融中介机构在其中的推波助澜。资本主义经济金融化的核心是金融资本的主导地位和经济利润越来越多地源于金融部门——这本质上是金融资本通过构建剥夺性积累机制而实现的对(他人已持有的及劳动者现在和未来的)劳动剩余价值的疯狂掠夺。

金融部门金融化的核心表现为银行职能的转变。这主要由于非金融部门大型企业的金融化,导致传统商业银行利润机会缩小。为此,商业银行转向工人及其家庭储蓄寻求利润。商业银行利用工人阶级自进入工业社会以来为应对社会风险而产生的基本需要——医疗健康、教育、住房和养老等,以及为维持生存而提供的银行信用,将之纳入金融系统。与此同时发展投资银行等中介业务。这是在两大因素的作用下发展起来的:非金融企业金融化过程中因注重企业资本市场表现、提高股票市值而进行的资产重组,以及欧美发达国家在削减公共养老基金基础上推动第二支柱和第三支柱养老基金进入金融市场。如类似第二支柱的美国的401K 计划②——企业和个人共同承担的一种自愿性质的补充型养老保障计划,相当于第三支柱的英国的个人储蓄账户(Individual Savings Account,ISA),意大利个人养老金计划(Piano Individuale Pensione)的发展,使得工人阶级将其储蓄投向银行提供的金融投资资产。商业银行

---

① 参见马慎萧《资本主义金融化转型机制研究》,经济科学出版社 2018 年版,第 59—68 页。

② 401K 名称源于美国 1978 年在《国内税收法》里增补的第 401 条第 K 项条款。

向工人家庭的转向，一方面与新自由主义化背景下社会保障责任主体向个人进一步转嫁的政策导向有关；另一方面也是因为银行与金融系统对更多的金融掠夺和金融利润的追逐所驱动。

欧洲大陆国家商业银行的职能转型要晚于英国、美国等英语国家，但趋势和路径相似。自21世纪以来，在宏观经济层面，德国出口强劲，积累了巨额贸易盈余，但是，收入不平等却持续扩大。有不少分析将之归因于1990年的两德统一、1999年欧元的"横空出世"及2002—2004年颇具争议的劳动力市场改革，即"哈茨改革"等。而事实上，德国资本主义经济金融化也在其中起了非常重要的作用。20世纪八九十年代，德国通过修改立法和监管改革——提升传统以银行为基础的金融市场的作用，其中最重大的改革发生在欧元区诞生后，如针对银行业提出的审慎规则及更改相关的会计法和公司法等。[①] 在这些变革之后，20世纪末到21世纪初，德国金融机构大量增加，新的金融行为者不断涌现，金融市场规模持续扩张。

20世纪70年代以来，在信用形式创新下公开金融市场的膨胀，也是金融部门金融化的重要内容。这种创新包括资产证券化、金融衍生物的发展，公共机构投资者地位的上升及投资基金的发展。[②] 资产证券化的创新肇始于美国。资产证券化是一种金融工具，为发行证券给筹资的投资者，发行人将一组资产（如贷款、债务、抵押品或其他现金流），转换为可以在市场上进行交易的证券产品，以规避严格的金融管制，降低筹资成本。于是，各类资产债券——商业资产、房屋抵押贷款、汽车贷款、信用卡贷款等，都成为被证券化处理的对象。这带来了金融市场的结构变化，也导致了传统商业银行的自由化及金融资本进一步强化，并使资本在全球范围内的空间转移更便捷、迅速。

---

① Daniel Detzer, "Financialization Made in Germany-A Review", Institute for International Political Economy Berlin, Working Paper, 2019, No. 122, pp. 1-58.

② 马慎萧：《资本主义金融化转型机制研究》，经济科学出版社2018年版，第94—97页。

在布雷顿森林体系瓦解后，浮动汇率制度下国际贸易和金融业务的汇率风险增大。为规避风险，金融期货交易、"掉期"交易等金融衍生品迅速发展，并从发达资本主义国家金融市场外溢至国际金融市场。金融衍生品也成为非金融部门资产重组的重要工具，并在公共机构投资者的推动下发展出越来越多的新功能。资本持有者为了在不断膨胀的金融市场中占有更多利润并减少投资风险，创造出一种新型投资工具——投资基金。这是一种利益共享、风险共担的投资方式，通过公开发售基金份额募集投资者的资金和资本。按组织形式，可分为公司型基金和契约型基金；按收益凭证的认购和赎回的不同方式，又可分为开放式基金和封闭式基金。投资基金的投资方向往往是股票、债券等金融工具。

可以说，金融业部门在数量[1]的维度扩张的同时，也出现了许多与此相应的结构性变化。如前所述，这包括新金融参与者的加入、资产证券化等新金融工具和技术的传播及传统金融机构，尤其是传统商业银行内部的变化。尽管传统金融部门在大幅扩张，但在欧美国家，金融部门的扩张在多数情况下都是新的金融参与者推动的，如投资基金、货币市场基金、对冲基金或私募股权基金，以及越来越多地使用具有特殊目的的金融工具等。这些通常所受监管较松的机构既是金融化的表现，也是金融化的驱动力。随着新金融参与者的到来，平行银行系统或影子银行系统出现了。前者是指在传统银行体系之外开展银行活动，例如通过不同金融行为主体的链条展开的活动。这种现象主要出现在美国。后者指的是银行开展的银行活动，但这些活动被转移到资产负债表之外，不受监管控制，例如借助特殊目的工具开展的活动。[2] 无论金融部门的金融

---

[1] 例如，从20世纪70年代到90年代初，美国十大银行在银行业总资产中所占的份额为20%—30%，而到了2005—2006年前后，这一份额已增至50%。欧洲的情况也是如此：对于欧盟公开交易银行的上四分位数，有研究发现其平均规模已从2000年的约1000亿美元增加到2010年的2500亿美元，而其他四分位数则没有出现这种增长（参见 George C. Nurisso and Edward S. Prescott, *The 1970s Origins of Too Big to Fail*, *Economic Commentary* 17, Cleveland: Federal Reserve Bank of Cleveland, October 2017）。

[2] Daniel Detzer, "Financialization Made in Germany–A Review", Institute for International Political Economy Berlin, Working Paper, 2019, No. 122, pp. 1–58.

化在规模与结构上发生了哪些复杂的变化,即金融衍生品的发展,以及投资基金等的多样化,本质上都是资本持有者意图以最小风险获得最大收益、更多地对劳动者的剩余价值进行掠夺的手段。

"创造世界市场的趋势已经直接包含在资本的概念本身中"[①],金融资本也不例外。发达资本主义国家自20世纪70年代以来的金融化,实现了超越地域的扩张。金融资本以生产和贸易的全球化为基础,实现了空间转移、跨国流动的加速。尤其是在1989年"华盛顿共识"后,芝加哥学派的新自由主义学说在拉美及中东欧一些转型国家广泛传播。金融资本的自由流动,加剧了对发展中国家劳动者的财富剥夺。正如列宁所说:"金融资本是一种存在于一切经济关系和一切国际关系中的巨大力量,可以说是起决定作用的力量,它甚至能够支配而且实际上已经支配着一些政治上完全独立的国家。""不过,对金融资本'最方便'最有利的当然是使从属的国家和民族丧失政治独立这样的支配。"[②]

总之,欧美资本主义国家金融部门的金融化和全球化,意味着金融资本进行剥夺性积累的工具、手段的多样化,以及金融资本剥夺性积累对象的扩展——从本国工人家庭扩展到世界各国的劳动者。

四 家庭部门与个人的被动金融化

马克思基于资本的货币形态指出:"资本不是物,而是一定的、社会的、属于一定历史社会形态的生产关系,后者体现在一个物上,并赋予这个物以独特的社会性质。资本不是物质的和生产出来的生产资料的总和。"[③] 因此,资本具有物的一般属性,但本质上又是生产关系和生产的社会性质的反映。在资本主义社会,资本就是一种表现为物的、资本家与雇佣工人之间的社会关系。资本作为一种生产要素赋予了资本家

[①]《马克思恩格斯文集》第8卷,人民出版社2009年版,第88页。
[②]《列宁选集》第2卷,人民出版社2012年版,第644—645页。
[③]《马克思恩格斯文集》第7卷,人民出版社2009年版,第922页。

占有雇佣劳动者的剩余价值的权力。马克思早就一针见血地指出:"而资本只有一种生活本能,这就是增殖自身,创造剩余价值,用自己的不变部分即生产资料吮吸尽可能多的剩余劳动。"①

在经济金融化转型中(以美国尤为显著),资本对工人的剥夺程度更深、形式也更多元。这种剥夺可以分为三个阶段。② 第一阶段,资本雇佣劳动并向工人出售商品占有其剩余价值,获取利润。第二阶段,推动工人收入和消费金融化,通过房贷和消费贷等向工人家庭提供贷款,由此导致工人家庭债务增加,同时以其债务为杠杆形成各种金融工具——资产证券化、金融衍生品等构成的金融链条,造成工人家庭陷入债务驱动的消费困境。这本质上是透支其未来的剩余价值。第三阶段,推动工人家庭储蓄的金融化,即向其提供各种投资基金和私人养老基金——社会保障的私有化;还包括一些诱导工人持有公司股份的手段,即所谓工人持股——再分配效应十分有限,以使其卷入金融化进程。如前所述,家庭部门越来越容易受到金融和资产市场波动的影响。不仅美国,而且包括许多传统欧洲福利国家在20世纪八九十年代以来的新自由主义改革中,都减少了公共社会保障的力度,将福利国家承载的社会风险保障责任市场化。公共养老金保障水平被削减,劳动者被鼓励投资私人组织的、基于市场的养老金计划。职业养老金计划也从提供收益确定型转向缴费确定型,私人退休后的财富状况取决于金融市场的未来行情。尤其是在美国,越来越多的人的医疗保健和教育等其他基本社会需求也依赖于金融市场的表现。③ 在信息完全不对称、权力完全不对等的情况下,工人家庭相较于金融机构和资本集团,在金融市场中完全处于劣势。因此,工人的工资收入再次被以利息等形式剥夺了。

---

① 《马克思恩格斯文集》第5卷,人民出版社2009年版,第269页。

② 参见[美]迈克尔·赫德森《从马克思到高盛:虚拟资本的幻想和产业的金融化》(下),《国外理论动态》2010年第10期。

③ Jacob S. Hacker, *The Great Risk Shift: The New Economic Insecurity and the Decline of the American Dream*, Oxford: Oxford University Press, 2008.

事实上，工人家庭被动卷入金融化进程，也源于可支配收入下降的现实困境。在实际工资增长停滞的情况下，工人需要借助金融工具获取使用价值，满足（消费主义价值观渗透下被夸大）的各种生活需要，实现劳动力再生产。同时，工人家庭储蓄的不稳定性与风险——利率的不稳定及其投资股票证券本身的风险，导致其家庭经济状况不稳定。由此产生了一个恶性循环，为维持日常生活，工人家庭参与金融活动以获取使用价值，但金融市场的风险并不能保证其经济状况的稳定，进而使之别无选择地更依赖金融系统提供的信贷。

第二节 金融化对经济不平等加剧的影响

欧美资本主义经济的金融化过程，使得"金融市场、金融机构和金融精英对经济政策和经济成果的影响越来越大"①。金融部门的扩张和金融生态的主导地位为所有者、精英工人和最富裕家庭提供了对国民收入和财富分配的更大讨价还价和要求权。这表现为金融资本对剩余价值的剥夺能力更强，同时，工人阶级在经济治理和社会政策领域的再分配权能遭到削弱。

一 金融资本的剥夺能力进一步强化

在20世纪70年代以来的经济金融化进程中，金融资本与职能资本融合为总资本，凭借不断创新的金融工具，加剧了对本国工人和全世界劳动者的剥夺。资本主义经济金融化，增加了富裕家庭的资产，提高了企业管理层上层人员的薪酬，带来了收入分配的重大变化。这导致国民收入通过金融渠道越来越多地以"利润"形式被分配给了富裕家庭，而普通家庭的劳动收入份额占比却在不断降低。

---

① Thomas I. Palley, "Financialization: What Is It and Why It Matters", Levy Economics Institute Working Paper 525, 2007, https://www.levyinstitute.org/pubs/wp_525.pdf, p.2.

(一)"股东价值"原则与金融资本的膨胀

在非金融企业金融化转型路径中,对经济不平等加剧影响最大的是"股东价值"原则。自20世纪七八十年代以来,股东权益最大化准则逐步被欧美大中企业奉为圭臬。以意大利为例。20世纪80年代中期,意大利对本国企业进行了所谓"必要的金融重构",由此开启了资本积累的战略转型。意大利企业越发倾向追求短期的金融资产收益,而非工业生产利润。早在1988年,就有意大利学者指出:"近年来,意大利工业企业的营收预期呈现出异乎寻常的增长态势……对流动性金融资产的投资与本应致力于生产的工业企业的性质不符。"[1] 除此之外,自20世纪90年代以来,意大利还配合经济金融化进程实施了削减劳动成本,放宽就业保护、大型国有企业私有化等新自由主义改革措施。据意大利金融咨询机构米兰投资银行(Mediobanca)的核算,其所遴选的意大利980家公司的股息、红利和利息等金融收入,按2000年的不变价格计算,从1974年的26亿欧元增至2002年106亿欧元;而几乎与此同时,这980家公司的劳动力成本占营业额的百分比,从1971年的26%降至1985年的15%,并在20世纪90年代的改革后极速降至2001年的11%。[2] 非金融企业部门与股东价值导向增强,是劳动者工资收入份额下降的重要因素。例如,通过股息和股票回购增加的派息及更高的利息支出导致了更高的股东收益收入份额和工资份额的下降。[3] 换言之,意大利企业增加的这部分股东收益,源自对工人创造的剩余价值的进一步

---

[1] Francesco Siracusano e C. Tresoldi, "Evoluzione e Livelli dei Margini di Profitto dell'industria in Italia e nei Principali Paesi Industriali", in *Atti del seminario Ristrutturazione economica e finanziaria delle imprese*, Roma: Banca d'Italia, Contributi all'analisi economica, special issue 1988, p. 299.

[2] Angelo Salento, "The Financialization of Companies in Italy", *Oñati Socio-legal Series*, 2016, Vol. 6, No. 3, pp. 799-800.

[3] Thomas Dallery and Till van Treeck, "Conflicting Claims and Equilibrium Adjustment Processes in a Stockflow Consistent Macroeconomic Model", *Review of Political Economy*, 2011, Vol. 23, No. 2, pp. 189-211.

掠夺。可见，对"股东价值"原则的贯彻，是意大利成为欧洲主要资本主义经济体中不平等程度最高的原因之一。

"超级经理人"崛起，也是"股东价值"原则下催生的一个现象。为使公司管理层遵循"股东价值"战略，公司治理中引入的激励机制使得少数高管的薪酬激增，进而导致顶层1%群体的收入显著增加，加剧收入的两极分化。这意味在资本主义经济金融化背景下，金融资本的扩张及其影响的范畴不仅局限企业治理，还包括企业资产结构决策，甚至具有社会伦理规范层面意义的高管薪酬水平上。

"超级经理人"现象主要出现在盎格鲁—撒克逊自由经济体中。皮凯蒂也指出，经济金融化同时重塑了英语国家非金融企业高管的薪酬规范，"超级经理人是社会分化的强大力量"①。根据美国经济政策研究所的统计数据，1978—2020年美国首席执行官收入增长1322%，而普通员工收入仅增长18%。②另据美国研究机构EPI数据，1979—2020年汽车产业生产力提高了61.8%，然而工人时薪只提高了18%不到，而通用汽车CEO玛丽·博拉年薪为2900万美元，是通用汽车员工中位薪资的362倍。因此，在2023年美国汽车工人联合会（UAW）组织的底特律三大车厂（福特、通用和Stellantis）近5万名工人开展的长达6周的罢工中，工人在T恤上印了"吃掉富人"（Eat The Rich）的标语。这一现实与托马斯·皮凯蒂的观察一致，即金融部门和非金融部门超级经理人的兴起是所有英语国家近几十年来收入不平等扩大的重要原因之一。③

---

① ［法］托马斯·皮凯蒂：《21世纪资本论》，巴曙松等译，中信出版社2014年版，第340页。
② 参见中华人民共和国外交部《美国贫富分化持续恶化的事实真相》，2023年2月，https：//www.mfa.gov.cn/web/wjb_673085/zzjg_673183/bmdyzs_673629/xwlb_673631/202302/t20230224_11030966.shtml。
③ 参见［法］托马斯·皮凯蒂《21世纪资本论》，巴曙松等译，中信出版社2014年版，第323页。

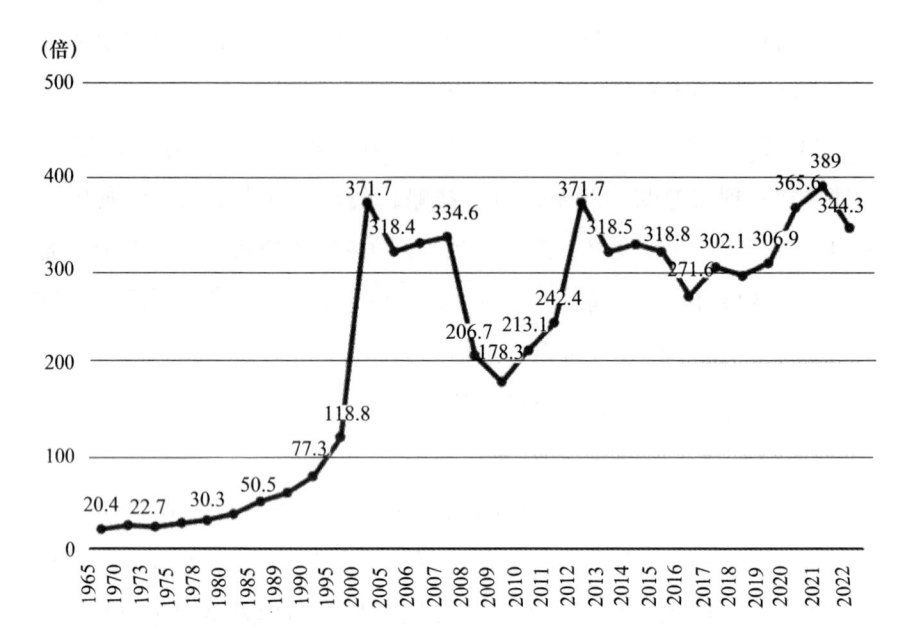

图 4-1　美国 350 家最大的上市公司首席执行官与普通员工收入之比

资料来源：Statista Research Department，https://www.statista.com/statistics/261463/ceo-to-worker-compensation-ratio-of-top-firms-in-the-us/.

（二）"规模效应"与资本收益不平等的加剧

从表面来看，导致 20 世纪 70 年代以来不平等程度加剧的因素之一是工资收入在国民收入中的比重降低，[1] 抑或是如皮凯蒂所发现的财富分化的"根本力量"——r>g（这里的 r 代表资本收益率，包括利润、股利、利息、租金和其他资本收入；g 代表经济增长率，即年收入或产出的增长）[2]。然而，这不过是对经济不平等加剧现象的另一种表达，而非对原因的描述。在这些现象背后，本质上膨胀的金融资本，运用其与工人阶级不对称的经济权力强化了对后者的剥夺。

---

[1]　参见［英］安东尼·阿特金森《不平等，我们能做什么》，王海昉、曾鑫、刀琳琳译，中信出版社 2016 年版，第 85 页。

[2]　［法］托马斯·皮凯蒂：《21 世纪资本论》，巴曙松等译，中信出版社 2014 年版，第 27 页。

"一旦财富形成,那么资本就会按照其自身规律增长,而且只要规模足够大,那么财富可能会连续高速增长数十年。"① 金融资产规模越大,收益越高。鉴于欧美顶级富豪投资策略和回报往往不公开,我们以美国高校基金会资本投资收益情况为例,便可窥见一斑。1980—2010年,美国高校基金会资产管理规模1亿美元以下的500所高校的年均投资收益率是6.1%。而60所资产规模达10亿美元以上的高校,其间的平均收益率达到了8.8%。其中,处于金字塔尖的三所藤校——哈佛大学、耶鲁大学和普林斯顿大学的投资收益率高达10.2%。② 这些高校采用了多元化投资的策略,偏好美国和海外股票及私人债券(美国国债因收益率低而被较少购入)。资产规模最大的高校,哈佛大学(基金会规模300亿美元左右)、耶鲁大学(200亿美元),普林斯顿大学和斯坦福大学(超过150亿美元)等基本不投资美债,而是选择收益率极高的产品——私募股权基金及未上市外国公司股权、对冲基金、衍生品、房地产及能源、自然资源和相关产品等大宗产品。这些产品占资产规模10亿美元以上的高校投资的60%。这些产品的投资都需要极为专业、顶尖的金融投资专才,哈佛大学每年为这些"超级经理人"支付的资产管理费高达1亿美元,但仅相当于其基金规模的0.3%。这些投资专才在全世界——而非局限于美国,搜寻最佳投资机会。③ 这至少说明了两点:一是金融部门从业者的工资远高于生产部门工人的工资;二是美国金融大鳄掠夺的是全世界劳动者的剩余价值。美国金融、保险和房地产(FIRE)行业工人的收入是平均收入的2—4倍,④ 德国金融行业工人的

---

① [英]安东尼·阿特金森:《不平等,我们能做什么》,王海昉、曾鑫、刀琳琳译,中信出版社2016年版,第454页。

② 参见[法]托马斯·皮凯蒂《21世纪资本论》,巴曙松等译,中信出版社2014年版,第463页。

③ 参见[法]托马斯·皮凯蒂《21世纪资本论》,巴曙松等译,中信出版社2014年版,第463—466页。

④ Ken-Hou Lin and Donald Tomaskovic-Devey (2013), "Financialization and U.S. Income Inequality, 1970-2008", *American Journal of Sociology*, 2013, Vol. 118, No. 5, pp. 1284-1329.

收入是全国平均收入的 1.5 倍。①

此外，欧美财阀还通过更新法律结构，使之越来越复杂化的手段，隐藏其财富。信托基金及基金会等形式，都是避税的极佳方式。如前所述，普通美国公民 90% 以上的收入都要明明白白地填表缴税，而且财富居于中位数的美国公民可用来投资的资产只有 10 万美元，并无力支付高昂的投资咨询费，只能依赖周围亲朋的免费投资意见——绝大多数沦为金融市场中被大资本重复剥夺的牺牲品。无疑，欧美资本主义自由市场经济的金融化，必然导致不平等愈演愈烈，出现不平等的极端化。

颇具争议的通货膨胀，也是大金融资本在财富分配中进一步"劫贫济富"的好时机。② 在通货膨胀的影响下，普通大众在基本必需品中的支出也将增长，因此能够用于储蓄或投资的结余进一步减少，甚至陷入负债。反观金融资本，由于其规模效应，尤其是诸如哈佛大学基金会、顶级财阀等的"另类投资"机会，丝毫不受影响。如果消费价格上涨 3%，那么很可能该国资产平均价格也上涨了 3%。因此，金融资本的收益率是不受影响的。尽管中小投资者无法获得好的"投资机会"，但若能投资房地产或股票，亦能侥幸逃过"通胀税"。退一步来讲，即便通胀引发了资本纯收益的轻微下降，也远远不足以抵消通胀对财富再分配不平等加剧的影响。

部分欧美经济学家也承认"通胀不平等"（inflation inequality）现象的客观存在。宾夕法尼亚沃顿商学院预算模型最近的一项分析发现，2021 年，中低收入家庭在 2020 年或 2019 年购买的相同产品上的支出增加了约 7%。这对普通家庭而言，大约是 3500 美元。相比之下，富裕家

---

① Thomas Philippon and Ariell Reshef, "An International Look at the Growth of Modern Finance", *Journal of Economic Perspectives*, 2013, Vol. 27, Issue 2, pp. 73-96.

② 由通胀引发的财富再分配总是极其复杂、牵涉面广，较难预测。本书此处意在说明通胀对穷人不利，而有产者通过对金融资本的运营而基本不受影响。

庭的支出仅增长了 6%。例如，2020 年，食物占前 5% 家庭预算的 12.7%，而最底层 20% 家庭的预算为 16%。① 因此，生活必需品，尤其是食物、房租等价格的大幅上涨，显然会进一步恶化穷人的生计。2021 年以来，随着欧美通货膨胀率的激增，各国贫困人口的增长及基于经济主义诉求的罢工潮迭起就能很好地说明这一点。换言之，大金融资本更有能力利用通货膨胀对财富收益进行有利于其自身的再分配。

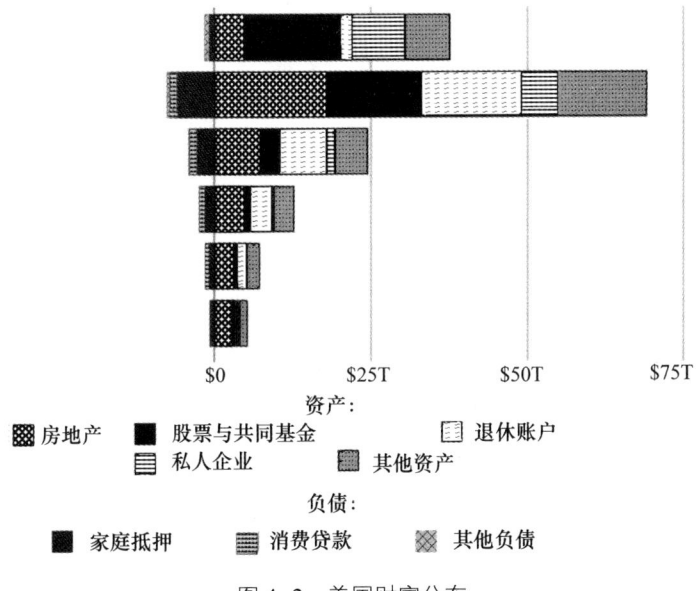

图 4-2　美国财富分布

说明：除第一栏代表顶层 1% 家庭的财富外，下面每一栏代表每个五分位家庭的财富。最下面一栏是美国财富水平最低的 20% 家庭，接下来是次低的 20%、中间的 20%、复次高的 20%，次高的 20%（不含顶层 1%）。最上面的一栏代表美国收入最高的 1% 家庭。资产构成包括房地产、股票与共同基金、退休账户、私人企业及其他资产。负债包括家庭抵押、消费贷款和其他负债。

数据来源：Federal Reserve，转引自 USA Facts Team，"How This Chart Explains Americans' Wealth across Income Levels"，https：//usafacts.org/articles/how-this-chart-explains-americans-wealth-across-income-levels/.

---

① Ylan Mui, "Economists Warn of Inflation Inequality as Poor Get Slammed by Rising Prices", https：//www.cnbc.com/2021/12/29/economists-warn-of-inflation-inequality-in-2022.html.

事实上，有很多研究证明了欧美最富裕家庭的收入和财富绝大多数都来自金融资本市场。在美国，基于投资的收入占最富裕家庭总收入的50%以上，[①] 而在德国，富裕家庭总收入的65%来自投资收入。[②]

以如今两极分化最为突出的美国为例。从图4-2可以看出，尽管顶层1%的家庭数量只占前20%家庭总数的5.3%，但其财富总量比次高层20%家庭财富的一半还多。排名前1%的家庭拥有更多的股票和共同基金，且几乎没有负债。财富水平次高的前20%的人在股票与共同基金中的财富是排名后20%的人的10倍多。复次高20%的家庭在股票与共同基金中的财富是中等收入五分之一人群的三倍。排名第二和次低层20%的人在股票与共同基金方面的财富相似，平均每个家庭的股票财富为16000美元。[③]

意大利的财富两极分化，在欧洲发达资本主义国家中是较为突出的。从20世纪70年代到2010年，意大利公共财富的降幅与国民收入相当；富裕阶层的财富实现了超常增长——从1970年相当于2.5年的国民收入提高到2010年的近7年，增幅约4.5倍。其中四分之一的部分源自一部分意大利人对另一部分意大利人债务的增加。意大利的富人并没有通过多缴税来平衡政府预算，而是通过购买政府债券和公共资产"借钱"给政府。[④] 意大利富人激增的资本收益，更多地源自其对公共资产"投资"的收益。

总而言之，以美国为首的欧美发达资本主义国家富裕家庭通过"以金融资本的剥夺性积累为主导的积累体系"，脱离传统生产过程，通过

[①] Michael Nau, "Economic Elites, Investments, and Income Inequality", *Social Forces*, 2013, Vol. 92, pp. 437–461.

[②] Fabien Dell, "Top Incomes in Germany and Switzerland over the Twentieth Century", *Journal of the European Economic Association*, 2005, Vol. 3, pp. 412–421.

[③] USAFacts Team, "How this Chart Explains Americans' Wealth Across Income Levels", https://usafacts.org/articles/how-this-chart-explains-americans-wealth-across-income-levels/.

[④] 参见[法]托马斯·皮凯蒂《21世纪资本论》，巴曙松等译，中信出版社2014年版，第188页。

金融途径获得巨额利润。① 金融资本的剥夺性积累,主要通过股票、证券投机,掌控专利权②、定价权,操纵危机并将大众纳入信贷体系等方式来实现。这些剥夺性积累手段,是欧美社会经济不平等升级的深层原因之一。换言之,资本主义经济金融化主要通过各种金融工具创新增加资本投资回报等方式,使国民收入向最富裕的家庭重新分配。

二 经济金融化削弱工人阶级的分配话语权

20世纪70年代以来,资本主义经济金融化过程中出现的放松管制、资本空间转移加速,即资本自由化、全球化,都削弱了工人阶级及工会组织在经济政策和分配领域的话语权。具体而言,在微观的企业经营管理层面,雇佣劳动规模和雇佣成本被进一步压缩;在宏观的经济治理和社会政策等领域,工人阶级在劳动力市场的自由化改革及再分配中话语权被弱化。

自20世纪70年代以来,欧美资本主义经济的金融化及名目繁多的金融工具和衍生品对功能性收入分配产生了重大影响。尽管美国与欧洲资本主义经济金融化规模和程度有很大差异,市场经济体制也存在一定的差异,但都同样出现了收入从劳动力向资本转移,从而加剧收入不平等升级和工人的工资停滞的现象。在新自由主义占据主导的自由市场经济体(LME)——以美国和英国为代表,收入分配极化突出;在多年的工人运动和社会主义运动压力下形成的社会市场经济体(SME)——欧洲大陆国家,收入不平等也在升级。众所周知,自由市场经济体和社会市场经济体之间的主要差异在于社会政策是否在一定程度上向劳工倾斜,以及劳工组织,尤其是工会在工人薪酬谈判中能否发挥一定的影响

---

① 崔慧敏、何寅:《金融资本的剥夺性积累与当代资本主义危机——基于大卫·哈维的剥夺性积累理论》,《河北经贸大学学报》2024年第1期。

② 关于专利权,我们已经在前一章里以美国制药行业为例进行过分析。

作用。而现如今社会市场经济体收入不平等的升级，表明欧洲福利国家的社会保护基础也遭遇到经济金融化的严重侵蚀。

在自由市场经济体（LME）中，国家机构主要受市场力量支配，雇佣劳动者及其组织的话语权和影响力弱，与经济金融化相关的分配后果会被放大。在这类经济体中，经济精英在金融化条件下拥有更大的讨价还价能力，这使他们能够以金融租金的形式获得更大比例的经济资源。① 从20世纪90年代到21世纪初，美国对冲基金行业的发展、新产品和交易策略的不断涌现，以及投资银行内部自营交易部门的出现，都在逐渐侵蚀金融行业各公司之间的传统差异，并使得几十年前创立的监管失效。对资本运作而言"放松监管"的第一个重大胜利是1999年11月通过的《格拉姆-利奇-布莱利金融现代化法案》（Gramm Leach Bliley Financial Modernization Act），同时废除了《格拉斯—斯蒂格尔法案》（Glass-Steagall Act）。新的法案创立了一种新的监管地位——金融控股公司银行，允许商业银行、证券公司和保险公司在共同所有权下进行联营。对《格拉斯—斯蒂格尔法案》的废除被美国金融界视为"自由市场意识形态和美国公司竞争力的胜利"。自由市场意识形态的第二个胜利是2000年《商品期货现代化法案》（CFMA），该法案规定场外衍生品（OTC）（在交易所平台之外交易的私人议价工具）基本上将继续不受监管。该法案是应财政部部长罗伯特·E. 鲁宾（Robert E. Rubin）、联邦储备委员会主席艾伦·格林斯潘（Alan Greenspan）和美国证券交易委员会主席阿瑟·莱维特（Arthur Levitt）的要求发起的。② 在金融资本力量支配下放宽的监管制度，使得对冲基金能够参与其他受

---

① 参见 Eoin Flaherty, "Top Incomes Under Finance-driven Capitalism, 1990-2010: Power Resources and Regulatory Orders", *Socio-Economic Review*, 2015, Vol. 13, No. 3, pp. 417-447。

② 参见 Raphaële Chappe, Edward Nell and Willi Semmler, "On the History of the U. S. Financial Culture", *Geschichte und Gesellschaft Sonderheft*, 2012, Vol. 24, Kulturen der Weltwirtschaft, pp. 59-84。

监管市场参与者无法参与的高度复杂的金融交易，并通过杠杆持仓和非常态的投资组合管理（共同基金行业禁止的那种）获得非常高的回报。与此同时，美国证券交易委员会的监管资本要求宽松，允许高达35比1（甚至40比1）的杠杆比率，这加速了大型投资银行自营交易部门的发展；由于部分银行活动（如衍生品交易和其他资产负债表外活动）逃脱了监管机构的监督，一个不受监管的影子银行系统应运而生。[①] 这意味着美国金融部门的很多投资几乎在完全不受监管的情况下疯狂扩张，吹起巨大的金融泡沫，而一旦泡沫破裂——如2007—2008年金融危机，最终仍由劳动大众为其买单。

经济金融化放大再分配不平等并非美国特有的，在其他欧洲发达资本主义国家，也有不同程度的表现。欧洲国家在第二次世界大战后构建的社会保护体系在经济金融化进程中被弱化。在经济金融化和全球化背景下，资本空间转移能力的增强，塑造了三种趋势：一是发达国家的产业结构从制造业转向服务业；二是跨国公司崛起，强大的劳工组织发展受到敌视；三是资本的空间转移，扩大了发达国家的"失业后备军"。金融化及这些与新自由主义相关的趋势共同削弱了劳工阶层的谈判能力，进而导致主流叙事中对政府干预政策的非正当化渲染、政府放弃充分就业和积极的社会需求管理政策、中央银行主要关注通货膨胀水平（欧盟马斯特里赫特标准）、放松管制和劳动力市场

---

① 放松监管的后果也是非常严重的，加剧了金融市场的系统性风险。由约翰·梅里韦瑟（John Meriwether）和诺贝尔奖得主迈伦·斯科尔斯（Myron Scholes）及罗伯特·默顿（Robert C. Merton）于1994年创立的长期资本管理公司（Long Term Capital Management，LTCM）是较早的大型对冲基金之一。其交易策略是通过使用复杂的算法，利用政府债券之间极小的定价差异，赚取可观的利润。LTCM采用了巨额杠杆，是资本的20—30倍或更多。1998年，该基金轰然倒闭，不得不接受债权人联合体的救助。自从美联储出手干预，阻止了这一濒临倒闭的事件后（根本上还是普通大众为其买单），美国对冲基金行业的规模出现了爆炸式增长——从1998年的3870亿美元增长到2008年的1.8万亿美元，十年间增长了约五倍（参见Raphaële Chappe, Edward Nell and Willi Semmler, "On the History of the U. S. Financial Culture", *Geschichte und Gesellschaft. Sonderheft*, 2012, Vol. 24, Kulturen der Weltwirtschaft, pp. 59-84）。

灵活化及贸易自由化。①

在经济金融化驱动下的意大利传统产业生产体系的急剧倒退大大弱化了工人阶级对经济发展成果分配的话语权。在后疫情时代，意大利劳工阶层在通货膨胀影响下生计问题恶化，在2022年掀起一轮又一轮抗议罢工运动，然而并未能阻止经济低迷之下，金融财阀继续攫取高额利润。2021年和2022年，意大利的投资分别增长了20%和10%，而2023年右翼政府主导下的投资则下降到了微不足道的0.6%，经济增长也仅为0.7%，即便在这样的情况下，意大利银行仍获得了惊人的巨额利润。除了能源分销垄断企业从主要由美国、欧盟和北约强加的战争引发的通货膨胀中获利外，欧洲央行加息政策也保护了银行的寄生性收入。其中，意大利联合银行（Banca Intesa）的利润接近80亿欧元，意大利联合信贷银行（Unicredit）的利润超过85亿欧元。意大利联合银行将约三分之二的利润用于分红，其余大部分用于在法律允许的范围内的新金融投机，如抬高其自身股价，而意大利联合信贷银行则将100%的利润用于股东分红——这里的股东就是对冲基金，包括备受诟病的贝莱德基金（Blackrock）。总之，意大利银行2023年的利润总额将近500亿，其中大部分被用于分红、投机和金融泡沫膨胀，而非生产部门的投资。②

在2022—2023年的通货膨胀中，财阀阶层一边运用金融手段实施财富空间转移，一边运用金融工具继续对大众实施剥夺。巴黎经济学院的最新研究表明，最富有的意大利人转移了1965亿欧元，其中1810亿欧元转移到了离岸账户和避税天堂的基金里。除此以外，富人为避税还购入价值不菲的艺术品、游艇和奢侈品，另外还有大约1500亿欧元被

---

① 参见 Eckhard Hein, "Finance-Dominated Capitalism and Re-distribution of Income: A Kaleckian Perspective", *Cambridge Journal of Economics*, 2015, Vol. 39, No. 3, pp. 907 - 934; Lavoie, M.（2012）, "Financialization, Neo-liberalism, and Securitization", *Journal of Post Keynesian Economics*, Vol. 35, No. 2, pp. 215-233。

② Enzo Pellegrin, "Italia ed Europa verso il Suicidio Economico: A Quando la Resistenza?", https://www.marx21.it/internazionale/italia-ed-europa-verso-il-suicidio-economico-a-quando-la-resistenza/.

第四章 欧美资本主义经济金融化致使不平等加剧 ◆ 175

藏匿于保险箱中。于是，一小部分意大利富人从社会上掠夺了四千多亿欧元，而他们享受到的特权则是以收入微薄的工人缺乏公共支持而不得不依赖金融体系为代价的。① 因经济金融化而致公共财政收入萎缩的政府，与此同时却大幅削减了本质上具有救济属性的公民基本收入支出。大众的苦难和街头抗议与金融资本的狂欢，演绎了当下时代资本主义社会一幕幕令人五味杂陈的悲喜剧。

此外，微观层面非经济部门金融化的管理重构，"股东价值"原则下的管理战略向"精简和分配"的转变，推动许多大公司裁员，并减少了"好"工作的数量——当然，这与技术变革也有很大关联，削弱了工人阶级在分配中的话语权，加剧了工人的贫困化问题。德国和意大利正是在"股东价值""公司革命"等因素的影响下，对劳动力市场进行了灵活化改革。颇具争议的德国"哈茨改革"法案，还引入了"一欧元工作"的内容，旨在使长期失业者能够保持工作状态且有机会被雇主看中，并且在除失业金之外可略有额外收入。但如果符合条件的失业者无正当理由拒绝接受此类工作，就要被扣失业金。改革后，德国失业率下降和就业率提升的背后，是低质量就业的增加，这导致德国的工作贫困率在2005—2015年翻倍，增长率为欧盟成员国之最。直到2017年，德国工作贫困率才降至9%，略低于欧盟平均水平9.3%。②

由于更加深入的金融化和更彻底的"股东价值原则"的实施，意大利雇佣劳动者的工作贫困问题③要比德国更为突出。生产部门的金融

---

① Enzo Pellegrin, "Italia ed Europa verso il Suicidio Economico: A Quando la Resistenza?", https://www.marx21.it/internazionale/italia-ed-europa-verso-il-suicidio-economico-a-quando-la-resistenza/.

② Walter Hanesch, "In-work Poverty in Germany", https://ec.europa.eu/social/BlobServlet?docId=21111&langId=en

③ 根据欧盟的统计规则，一方面，如果一个人的家庭可用收入（即扣除税收和收到的任何公共转移）等值（即按家庭成员人数加权）低于全国可用收入中位数的60%，那么他或她就是贫困者。另一方面，就业状况仅指那些工作半年以上的人。因此，那些一年只工作几个月的人不在这一指标的观察范围内，所以最脆弱的工人群体甚至被排除在"工作贫困"的观察范围之外了（参见"In-work Poverty in Italy: What It Is and How to Combat It", *Fondazione Bruno Magazine*, May 22, 2022, https://magazine.fbk.eu/en/news/in-work-poverty-in-italy-what-it-is-and-how-to-combat-it）。

化加速了意大利的灵活就业改革——2012年"技术官僚"政府"不得不"进一步放宽了劳动保护,尤其是取消对无限期就业者的解雇限制后,工作贫困现象也愈发突出。在意大利,25%的工人个人收入较低(即低于中位数的60%),超过十分之一的工人处于贫困状态(即生活在净等效收入低于中位数60%的家庭中)。①

三 金融化塑造"风险文化"与"投资文化"

20世纪70年代以来欧美资本主义经济金融化,除通过提高金融部门工人薪酬、企业高管薪酬对收入与财富分配不平等产生深层影响外,金融化所形塑出的"金融思维""风险文化"和"投资文化"也发挥了重要作用。换言之,"金融思维""风险文化"和"投资文化"作为当代资本主义主流意识形态的一部分,也在财阀对普通大众的金融剥夺中发挥了重要作用。

(一)"风险文化"与放松管制下的危机

据悉,在19世纪和20世纪初,美国银行家或金融家往往被勾勒出一种谨慎、一丝不苟地管理他人资金的"受托人"形象——节俭且具有良好的判断力,对未来谨慎保守。在政治上,"受托人"是传统的保守主义者,持有崇尚社区和等级制度的价值观。到20世纪20年代,美国经济开始呈现出当代资本主义经济特征,成为一个由信贷和消费驱动发展的国家。在这种氛围下,银行家和金融业受到追捧,成为创造利润的核心部门。

从20世纪80年代开始,美国金融界形成了一种放松管制的"风险文化"。这种文化指的是华尔街普遍存在的面对风险时不计后果的态度,"其表现形式包括过度自信、获得过高报酬的权利感、以长期稳定为代

---

① "In-work Poverty in Italy: What It Is and How to Combat It", *Fondazione Bruno Magazine*, May 22, 2022, https://magazine.fbk.eu/en/news/in-work-poverty-in-italy-what-it-is-and-how-to-combat-it.

价而专注于短期盈利的倾向、过度杠杆化、越来越依赖自营交易作为投资银行的收入来源、只要盈利就不愿承认利益冲突,以及依赖有缺陷的模型进行风险管理"①。从 20 世纪 80 年代开始,随着美国资本主义经济金融化的加速,金融业竞争更加激烈,为了增加公司的生存机会和整体盈利能力,金融业并购整合普遍化,这产生了更高程度的集中。与此同时,大多数华尔街公司以信任和忠诚为基础的家族—合伙人模式也随之终结。随着这种组织结构的终结,员工的留任和激励成为公司治理的一个关键问题。因此,即便高薪酬在华尔街是常态,而顶级交易员和银行家的奖金和股票期权规模却达到了前所未有的水平。由于高管薪酬过高及高额奖金与短期利润挂钩的做法助长了金融机构的过度冒险行为,因此美国金融领域的传统保守主义荡然无存,"风险文化"(Culture of Risk)兴起。而这也正是马克思早在一百多年前就一针见血地阐明的"风险文化":"一旦有适当的利润,资本就胆大起来。如果有 10% 的利润,它就保证到处被使用;有 20% 的利润,它就活跃起来;有 50% 的利润,它就铤而走险;为了 100% 的利润,它就敢践踏一切人间法律;有 300% 的利润,它就敢犯任何罪行,甚至冒绞首的危险。"② 事实上,这也体现了资本主义生产方式的绝对规律,即"生产剩余价值或赚钱,是这个生产方式的绝对规律"③。

自 20 世纪 80 年代以来,美国华尔街金融家和金融顾问并不在乎如何让他们自己成为或表现得值得信赖且谨慎,相反,他们更愿意表现得深谙如何外包风险,并利用机会套现。"他们是赌徒而不是管家,是投机者而不是守财奴,是大胆而不是谨慎,是聪明而不是智慧。"④ 在"大而不

---

① Raphaële Chappe, Edward Nell and Willi Semmler, "On the History of the U. S. Financial Culture", *Geschichte und Gesellschaft. Sonderheft*, 2012, Vol. 24, Kulturen der Welt wirtschaft, pp. 59-84.
② 《马克思恩格斯文集》第 5 卷,人民出版社 2009 年版,第 871 页。
③ 《马克思恩格斯文集》第 5 卷,人民出版社 2009 年版,第 714 页。
④ Raphaële Chappe, Edward Nell and Willi Semmler, "On the History of the U. S. Financial Culture", *Geschichte und Gesellschaft. Sonderheft*, 2012, Vol. 24, Kulturen der Weltwirtschaft, pp. 59-84.

能倒"的理念下，股东或纳税人将承担他们激进冒险所造成的损失。

在 2007—2008 年危机爆发后，越来越多的人开始批评美国金融业的监管缺陷。那么放松监管本身既是华尔街"风险文化"的产物，也是其中的一部分。美国金融业游说是放松管制的重要原因。众所周知，华尔街与政府官员之间存在一个"旋转门"。例如，罗伯特·爱德华·鲁宾（Robert Edward Rubin）在任财政部部长前是高盛集团的联席主席，艾伦·格林斯潘（Alan Greenspan）在任美联储主席之前曾为许多投资公司提供咨询服务。大律师事务所往往是美国证券交易委员会许多律师的最终归宿——因为在那里可能会赚到更多的钱。[1] 因此，这些风险偏好者进入监管层对美国金融行业的放松管制进程产生了一些非常直接的影响。美联储和证交会都没有对公司的风险管理政策进行非常积极的监管，证交会允许投资公司过度杠杆化。缺乏监管在很大程度上促进了商业银行自营交易的兴起，以及对冲基金行业的兴起和衍生工具的发展。因此，"风险文化"本质上内嵌着金融资本的贪婪本性，通过推动制度层面的放松监管，进而在金融资本的投机及对普通大众的剥夺中，发挥推波助澜的作用。

（二）"金融思维"与"投资文化"的大众化

在所谓"金融服务大众化"的驱动下，欧美资本主义国家市民社会的"金融思维"通过金融大众化与金融部门的创新而得以确立。如证券化和分销模式从而降低信用标准，同时借助一系列新的金融产品（信用卡、房屋净值提款、发薪日贷款）发放贷款，尤其是向中低收入家庭提供了大量信贷。[2] 随着对证券和信贷可用性的接受度的提高——家庭越来越习惯依赖信贷，而与债务相关的耻辱感也减少了。[3] 正如图

---

[1] 即前文第三章分析过的"监管寻租"。

[2] Daniel Mertens, "Putting 'merchants of debt' in their place: the political economy of retail banking and credit-based financialisation in Germany", *New Political Economy*, 2016, Vol. 22, No. 1, pp. 12–30.

[3] Barry Z. Cynamon and Steven M. Fazzari, "Inequality and Household Finance during the Consumer Age", Levy Economics Institute Working Paper Collection 752, Annandale-on-Hudson: Levy Economics Institute, 2013, pp. 1–27.

4-2所示，美国各层级房产抵押和消费贷款规模庞大，尤其次高层20%（除去最高层1%），中间层20%的家庭和次低层的20%家庭的信贷规模十分庞大。在美国金融大众化背后，其本身就是一种金融思维普及化的体现。

随着无处不在的金融资本对经济社会生活方方面面的渗透，一种以"投资"为内核的金融理念从企业和市场领域走向政府、家庭和个人，以英、美为代表的西方资本主义市民社会形成了一种当代"金融思维"和"投资文化"，即马克思在《犹太人问题》中曾揭示和批判的"犹太精神"。美国金融社会学家杰拉德·F.戴维斯（Gerald F. Davis）也不无深刻地指出，"金融已经成为美国社会的一种新宗教"[①]。以美国为代表的发达资本主义国家的市民社会，已不同程度地演化成"投资组合社会"（portfolio society）。在其中，金融思维和投资理念成为理解个人社会处境的主流方法。个性和人才成为"人力资本"，家庭、社区成为"社会资本"，金融投资的指导原则通过类比传播，远远超出其最初的应用范围。[②] 于是，教育不再是传统意义上的教育，而被称为人力资本投资；家庭住所已不仅仅是传统意义上的"家园"和"归宿"，而被称为房地产投资；朋友也不再仅仅是"相交知己"，而是被当成未来发展的社会资本。人才、教育、家庭居所、朋友都被"证券化"了。金融市场中的"投资组合"等金融思维和投资方法走进社会科学理论和人们的日常社会生活中。

金融已经成为盎格鲁—撒克逊文化中的一种世界观。如果说在大工业生产时代，工人是有组织的人，是大工业生产链条中的齿轮；现在的工人阶级还具有了虚拟交易所的"投资者"的身份——被金融新闻和交易机会包围。将股票、债券、教育、工作、朋友和社区视为"投资组

[①] Gerald F. Davis, *Managed by the Markets: How Finance Re-Shaped America*, Oxford: Oxford University Press, 2009, p. vii.

[②] Gerald F. Davis, *Managed by the Markets: How Finance Re-Shaped America*, Oxford: Oxford University Press, 2009, p. 6.

合"中的投资,在某种意义上意味着它们是一种"头寸",而不是一种承诺。因为投资往往是短暂的,老练的投资者擅于分散投资,而不是将投资集中在特定的头寸上。这也再次印证了马克思和恩格斯在《共产党宣言》中对资本主义的揭示,而今资本主义经济金融化更是"使人和人之间除了赤裸裸的利害关系,除了冷酷无情的'现金交易',就再也没有任何别的联系了"①。

"金融思维"与"投资文化"的风靡,推动着普罗大众或主动或被动地卷入了资本主义经济金融化的"修罗场"。尽管权利对等而由于力量对比的悬殊,他们着实难以避免"人为刀俎我为鱼肉"的命运。然而,总有一部分人会逐步开始走向觉醒,于是就有了"我们是99%"的振聋发聩的呐喊。

小 结

欧美资本主义经济不平等升级背后的深层原因是复杂的,经济金融化无疑就是其中之一。在20世纪七八十年代以来的资本主义经济金融化中,就规模、速度和程度而言,都应以盎格鲁—撒克逊自由市场经济体,尤其是以美国和英国为代表,欧陆国家则在欧盟法律规制的"引导"下加速跟进。

剩余价值最大化、实现资本的增殖,始终是资本主义社会的根本目的。资本主义经济金融化的动力也源于此。在当代资本主义经济剩余增加但平均利润率下降的背景下,职能资本与金融资本融合为总资本,通过金融信用体系对生产过程、经济运行进行全方位控制,以实现剩余价值的最大化追求。于是,职能资本与金融资本的关系发生了重大变化,金融资本独立性和重要性不断提升,在时空上实现对剩余价值的全面、持续且有效控制。金融资本的剥夺性积累——不是生产财富和收入,而

---

① 《马克思恩格斯文集》第2卷,人民出版社2009年版,第34页。

是对财富和收入通过股票、证券投机，借助信贷的资产剥夺等进行的再分配，逐渐成为当今国际金融资本在国内和国际市场上获得巨额财富的重要方式。

资本主义经济金融化，一方面通过"制度创新"——改变非金融部门企业的治理原则、治理结构，以及股票、证券投机，掌控专利权、定价权，操纵危机并将大众纳入信贷体系等方式实现其对大众所创造的剩余价值的跨时空剥夺；另一方面通过塑造"风险文化""投资文化"，使得大众发自内心地"认可"金融价值观，在不知不觉间步入金融市场的"修罗场"，自愿"献祭"。因此，资本主义经济金融化，通过工具创新、"制度创新"和塑造金融文化等方式，助推经济不平等的加剧。

第五章　技术进步与经济不平等的加剧

自19世纪以来，科技革命便以一种不可逆转的汹涌之势推动着人类社会向前发展。科学技术是生产力，新的科技发现与技术发明创造总能引起生产力的变革，进而推动生产关系的变化。

纵观历史，发达资本主义社会的历次科技革命都给人类社会带来了生产力和生产率的巨大飞跃，推动人类社会步入"丰裕社会"。但与此同时，与资本紧密结合的技术，也造就了工人阶级的"过剩"与"无用"——所谓"技术性"失业的增加，贫富分化与经济不平等的加剧。在资本主义社会中，技术的资本化往往使其成为剥削劳动者、加剧劳动者"异化"的重要因素。

面对21世纪日新月异的数字技术的影响，对人类社会的未来发展乐观者有之，悲观者亦有之——以信息技术为核心的科技革命带来的冲击要远比过去历次科技革命更为激烈，对劳动方式和工业格局的重构更具颠覆性。正如习近平总书记所指出的："很多技术都是'双刃剑'，一方面可以造福社会、造福人民，另一方面也可以被一些人用来损害社会公共利益和民众利益。"[①] 可见，技术进步之于经济、社会和谐发展的作用与影响如何，关键在于数字技术掌握在谁手中，以及数字技术为谁服务。

[①] 中共中央党史和文献研究院编：《习近平关于网络强国论述摘编》，中央文献出版社2021年版，第91页。

第一节 技术进步影响经济不平等的一般探讨

关于技术进步对不平等是产生了抑制作用还是助推作用，国内外经济学界有不同的基于理论的或实证的分析，得出了不同的结论。这些分析对于我们在马克思主义指导下辩证地看待技术进步的作用，具有启发意义。

一 技术进步缓解不平等加剧及其前提

意大利学者克里斯提亚诺·安东内利（Cristinao Antonelli）等通过对发达国家技术变革与不平等关系的实证研究，对熊彼特的创造性破坏理论作出的验证更为清晰：技术变革的速度及方向，对收入不平等程度的加大的影响很大。引进熟练的劳动密集型和节省固定资本的新技术，有助于增加劳动收入份额，减少支付给资本的租金，减少发达国家内部的收入不平等现象。但资本集约型技术变化，或技术变革的减缓会巩固市场进入壁垒，使得资产所有者可以从高水平的永久垄断租金中取得收益。[1] 而事实上，正如马克思所指出的，资本集约型技术变化，往往是技术变革的历史趋势。

国内有学者基于我国情况的研究明确指出，新技术的使用能够在一定程度上减缓经济不平等。如申广军和刘超认为，信息技术显著地提高了企业的平均劳动报酬，相较于未采用信息技术的企业，运用信息技术的企业在劳动收入方面占比高出 0.5—0.9 个百分点，从而使得初次分配更加倾向于劳动要素。[2] 金陈飞等的研究发现，新一代信息技术通过劳动增进效应和全要素生产率的提升，能够显著增强企业的劳动收入份

---

[1] Cristiano Antonelli, "The Rate and Direction of Technological Change and Income Inequality in Advanced Countries", *SSRN Electronic Journal*, January 2021.

[2] 参见申广军、刘超《信息技术的分配效应——论"互联网+"对劳动收入份额的影响》，《经济理论与经济管理》2018 年第 1 期。

额，平均可促使劳动收入占比提高 1.4—1.7 个百分点。① 刘魏等肯定了普惠金融的积极意义。数字普惠金融指数每增加 1%，客观相对贫困的发生概率下降 2.12%，主观相对贫困的发生概率下降 0.96%，有效缓解了相对贫困状况。②

尽管信息技术的确提供了减轻不平等的机会，但要实现是有前提条件的。研究表明，低收入群体和其他弱势群体要想从信息技术中受益，至少需要具备三个条件③：一是信息和通信技术基础设施的可及性。信息和通信技术基础设施是增强知识和丰富内容应用（包括在线支付）的先决条件。更高级的应用则需要固定宽带互联网。随着欧美发达资本主义国家的快速发展，这些基础设施可及性方面的不平等也在扩大。然而，光纤基础设施等数字技术及使用这些技术所需的技能和资源，并没有像几十年前一些人所预测的那样均匀分布。光纤连接和计算能力在国际上分布不均，甚至比用基尼系数衡量的收入或财富分布更不均。④ 二是识别和使用技术的技能。技能培养是解决日益加剧的不平等问题的第二条途径，特别是在高等院校。在高等教育机构获得的技能和知识应能帮助人们应对与可持续发展相关的挑战，提供侧重于帮助偏远农村地区贫困人口的应用和解决方案，并提供缩小各种形式不平等的服务和信息。三是满足低收入群体需求的技术的机会。当今的技术并不一定能满足低收入和弱势群体的需求。这些技术往往是由追求利润的公司开发的，自然是为了满足更富裕的市场的需求，即前文安东内利所说的资本

---

① 参见金陈飞、吴杨、池仁勇、吴宝《人工智能提升企业劳动收入份额了吗？》，《科学学研究》2020 年第 38 卷第 1 期。

② 参见刘魏、张应良、王燕《数字普惠金融发展缓解了相对贫困吗？》，《经济管理》2021 年第 7 期。

③ United Nations ESCAP, "Inequality in Asia and the Pacific in the Era of the 2030 Agenda for Sustainable Development", 2018. https：//www.unescap.org/sites/default/d8files/06Chapter4.pdf.

④ Martin Hilbert, "Technological information inequality as an incessantly moving target: The redistribution of information and communication capacities between 1986 and 2010", *Journal of the Association for Information Science and Technology*, 2014, Vol. 65, No. 4, pp. 821–835.

集约型技术变化，其目的在于巩固垄断租金收益。

二 技术非中性、替代效应和再雇效应

安东内利有关技术进步对就业影响的解释，还有欧美学者运用所谓技术非中性概念进行的分析，简单来说，就是假定高技能劳动力的生产效率是 A，低技能劳动力的生产效率是 B，如果技术进步导致 A/B（相对生产效率）变化，那么就是说，这个技术进步是有偏的，或者说技术进步是非中性的。这种影响的非中性一般包括两种情形。

第一种情形，有些技术有利于高技能劳动力，不利于低技能劳动力。随着科技的飞速进步，人类社会逐渐形成了以知识、技能和创新为核心的新经济形态。高技能劳动力与现代信息技术是"互补"的，而低技能劳动力则容易被信息技术和自动化技术所替代。[1] 因此，有偏的技术进步有利于提高高技能劳动力的收入，但降低了低技能劳动力的收入，造成技能溢价提高，收入差距扩大。[2] 在这种情况下，技术进步在一定程度上加剧了新的不平等现象。克劳迪娅·戈尔丁（Claudia Goldin）等学者的研究表明，高等教育仍然与高收入相关，而近几十年来，受教育程度较高和较低的人群之间的收入差距持续扩大。技术学派将高等教育带来的收入溢价归因于数字技术的兴起。[3] 计算机、编程语言和电子表格计算软件等技术的增加提高了高技能工人的生产率。根据在生产过程中用低技能工人替代高技能工人的难度，高技能工人生产率的提高有可能使他们的工资比低技能工人的工资提高更多。在这种情况下，

---

[1] Klaus Prettner and Holger Strulik, "The Lost Race Against the Machine: Automation, Education and Inequality in an R&D-Based Growth Model", CEGE Discussion Papers, 2017.

[2] David H. Autor, "Why Are There still so Many Jobs? The History and Future of Workplace Automation", *Journal of Economic Perspectives*, 2015, Vol. 29, No. 3, pp. 3-30; D. Acemoglu and P. Restrepo, "The Race between Man and Machine: Implications of Technology for Growth, Factor Shares, and Employment", *American Economic Review*, 2018, Vol. 108, No. 6, pp. 1488-1542. 转引自陈斌开《跨越不平等陷阱》，《国际经济评论》2021年第3期。

[3] Claudia Goldin and Lawrence F. Katz, *The Race between Education and Technology*, Cambridge: Harvard University Press, 2009, Jul. 1.

有偏的技术变革就会扩大工资差距。①

第二种情形,有些技术更多地取代了中等技能劳动力,而较少对高技能和低技能劳动力进行取代。以数字科技等为代表的技术革新在执行常规任务方面具备显著优势,能够通过编程语言加以实现,因此数字技术变革更多地替代了具备中等技能的劳动力,从而导致就业市场的两极分化。美国经济学家达龙·阿西莫格鲁(Daron Acemoglu)等通过分析美国数据发现,在高技能高收入领域及低技能低收入领域的就业份额均呈现上升趋势,与此同时,中等技能常规工作的就业份额却呈现下降态势。② 阿瑟·阿尔德森(Arthur S. Alderson)等研究显示,家庭财富正在向收入分配的两极移动,而且这种职业分化现象在不同国家和地区之间呈现显著的差异性。在美国、英国、捷克、波兰和俄罗斯等国家,更倾向于向高技能侧移动,而在斯洛伐克、瑞典和德国等国,低技能侧移动则占主导地位。③

事实上,技术进步的确会对就业产生截然相反的两种影响,这也是马克思在资本积累一般规律中曾揭示的。阿西莫格鲁等④将之分别命名为替代效应(displacement effect)和再雇效应(reinstatement effect)。替代效应指引入新技术使得自动化程度得以提升,从而导致部分产业部门的就业岗位减少,在短期内对就业市场产生较大冲击;再雇效应则指新技术也催生了新型产品和市场,长期来看,为劳动力市场创造新的就业

---

① Clemens Lankisch, Klaus Prettner, and Alexia Prskawetz, "How Can Robots Affect Wage Inequality?", *Economic Modelling*, 2019, Vol. 81, pp. 161-169.

② Daron Acemoglu and David H. Autor, "Skills, Tasks and Technologies: Implications for Employment and Earnings", in O. Ashenfelter and D. E. Card (eds.), *Handbook of Labor Economics*, 2001, Vol. 4B, pp. 1043-1171.

③ Arthur S. Alderson, Kevin Doran, "How Has Income Inequality Grown? The Reshaping of the Income Distribution in LIS Countries", Paper prepared for presentation at the conference on "Inequality and The Status of The Middle Class: Lessons from the Luxembourg Income Study" Luxembourg, July 28-30 2010.

④ Daron Acemoglu and Pascual Restrepo, "Automation and New Tasks: How Technology Displaces and Reinstates Labor", *Journal of Economic Perspectives*, 2019, Vol. 33, No. 2, pp. 3-30.

岗位，进而扩大了总体需求。自动化技术使资本能够在一系列任务中替代劳动力，替代效应意味着自动化降低了劳动在附加值中所占的份额，并倾向于降低劳动在经济中所占的总体比重，进而使得自动化带来的工资增长慢于生产率增长。再雇效应意味着，技术进步使得经济体能够创造新的工作职位，从而使劳动力能够被再雇佣。第二次世界大战以来，在美国经济中，工人替代和再雇趋势发生了惊人变化。在第二次世界大战后的40年里，替代效应和再雇效应曾经是平衡的。从20世纪80年代开始，出现了一种截然不同的模式：快速的替代和极少的再雇佣。正是这种不平衡造成了劳动力在经济总量和制造业中所占份额的下降，从而恶化了美国的不平等状况。[1] 很多研究表明，自动化、机器人和算法取代人类工人完成的任务在美国工资增长放缓和不平等加剧方面发挥了重要作用。阿西莫格鲁等发现机器人应用显著降低了工人的就业水平，机器人与工人数量之比每上升1%，就业率下降0.2%。[2] 阿西莫格鲁还发现，1980—2016年美国工资不平等的加剧有50%—70%是由自动化造成的。自1980年以来，经通货膨胀调整后，自动化使没有高中学历的男性工资减少8.8%，使没有高中学历的女性工资减少了2.3%。[3]

当然，也有一些实证研究的结果更加乐观。比如有学者发现，在过去的144年里，技术变革创造的就业机会多于它摧毁的就业机会；[4] 也有学者发现，在经过技术的就业破坏效应占主导地位的阶段之后，总是会出现大规模创造就业机会的时期，因此不必对因技术创新而导致的大

---

[1] Daron Acemoglu and Pascual Restrepo, "A Task-based Approach to Inequality", IFS Deaton Review of Inequalities, 2022.

[2] Daron Acemoglu and Pascual Restrepo, "Robots and Jobs: Evidence from US Labor Markets", *Journal of Political Economy*, 2020, Vol. 128, No. 6, pp. 2188-2244.

[3] Daron Acemoglu and Pascual Restrepo, "Tasks, Automation, and the Rise in U.S. Wage Inequality", *Econometrica*, 2022, Vol. 90, No. 5, pp. 1973-2016.

[4] Ian Stewart, Debapratim De, and Alex Cole, "Technology and People: The Great Job-Creating Machine", 2015, https://www2.deloitte.com/content/dam/Deloitte/uk/Documents/finance/deloitte-uk-technology-and-people.pdf.

规模失业过度焦虑。① 从国家层面来看，技术与不平等之间的关系也是多方面的。一方面，技术带来了平等红利，使一些发展中国家实现了生产转型和快速经济增长。特别是信息技术和通信技术，改善了人们获得金融、教育等基本服务的机会，并预防和减轻了环境危害，而环境危害往往对富人和穷人造成不成比例的影响。另一方面，技术也加剧了国家间的不平等，或者因为各国在投资、政策支持或技术能力方面存在差异，或者因为技术以技能和资本为导向，使寻租成为可能，或者因为弱势群体需要具备某些条件才能从技术中受益——这些条件包括信息和通信技术基础设施、技能和获得适当技术解决方案的机会。②

第二节　马克思主义经典作家对技术进步双重作用的分析

马克思主义经典作家关于资本主义制度下技术进步与不平等升级、机器对人的排斥、劳动力"剩余"等的分析，具有跨越时空的穿透力，在很大程度上仍适用于数字资本主义时代的信息技术变革与不平等升级的辩证关系。

一　科技对人类社会进步的双重作用

马克思主义经典作家对科技的双重作用有深刻的认识。科学技术是生产力，科技的进步引发生产力的变革。马克思通过对资本主义社会条件下的总生产过程的分析，揭示了资本主义利用科学技术发展机器大生产体系以攫取更多剩余价值的真相。通过科学在工艺中的应用，资本达

---

① Matthias Bruckner, Marcelo LaFleur, and Ingo Pitterle, "The Impact of the Technological Revolution on Labour Markets and Income Distribution", *Department of Economic & Social Affairs*, July 2017, pp. 1–49.

② United Nations ESCAP, *Inequality in Asia and the Pacific in the Era of the 2030 Agenda for Sustainable Development*. 2018. https：//www.unescap.org/sites/default/d8files/06Chapter4.pdf.

到了充分发展的程度，从而造就了资本主义性质的生产方式。马克思进一步指出："固定资本的发展表明，一般社会知识，已经在多么大的程度上变成了直接的生产力。"①

科学技术对历史进步具有积极意义是马克思主义经典作家的普遍共识。马克思和恩格斯指出：

> 资产阶级在它的不到一百年的阶级统治中所创造的生产力，比过去一切世代创造的全部生产力还要多，还要大。自然力的征服，机器的采用，化学在工业和农业中的应用，轮船的行驶，铁路的通行，电报的使用，整个整个大陆的开垦，河川的通航，仿佛用法术从地下呼唤出来的大量人口——过去哪一个世纪料想到在社会劳动里蕴藏有这样的生产力呢?②

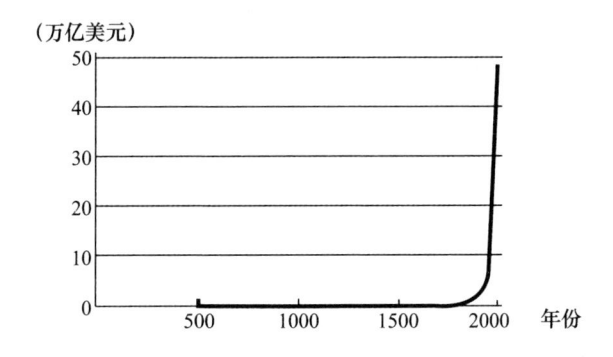

图5-1　自公元1年以来的全球总产出

资料来源：[英]丹尼尔·苏斯金德《没有工作的世界：如何应对科技性失业与财富不平等》，张文婷、舒蕾译，中信出版社2022年版，第3页。

科学技术的进步最终会导致生产力的变革乃至飞跃，而"一旦生产力发生了革命……生产关系也就会发生革命"③。正如列宁所指出的那

---

① 《马克思恩格斯文集》第8卷，人民出版社2009年版，第198页。
② 《马克思恩格斯文集》第2卷，人民出版社2009年版，第36页。
③ 《马克思恩格斯文集》第8卷，人民出版社2009年版，第341页。

样:"没有建筑在现代科学最新成就基础上的大资本主义技术……社会主义就无从设想。"① 但他们对科学技术发展可能带来的负面效应,也有深刻认识。在资本主义生产模式下,科技异化本身及其对人类社会发展带来的危害,都值得警惕。恩格斯告诫道:"我们不要过分陶醉于我们人类对自然界的胜利。对于每一次这样的胜利,自然界都对我们进行报复。"② 马克思指出,"技术的胜利,似乎是以道德的败坏为代价换来的"③,机器对人的排斥加剧,人被进一步异化——"工人利用工具"颠倒成"工人服侍机器"④。

马克思主义创始人在对资本主义积累的一般规律的发现中,也揭示了技术进步及其对工人排斥的必然性。在资本积累过程中,必然会存在可变资本与不变资本相比的相对减少。追求剩余价值的内在动力与竞争的外在压力,使得资本家必然不断改进生产技术装备,提高资本技术构成,导致资本的价值构成和有机构成提高。工业改良的加速、旧资本的更新,会越来越多地排斥工人。"一方面,在积累进程中形成的追加资本,同它自己的量比较起来,会越来越少地吸引工人。另一方面,周期地按新的构成再生产出来的旧资本,会越来越多地排斥它以前所雇用的工人。"⑤

同时,马克思也明确指出,资本主义的剥削制度是工人与机器对抗的根源。作为"资本的物质存在方式"⑥ 的机器,必然"作为支配和吮吸活劳动力的死劳动而同工人相对立"。被马克思形象地比喻为"铁人"的机器支配活劳动,"反对有血有肉的人""活劳动只不过是死劳动的一个有意识的器官";于是,"科学对于劳动来说,表现为异己的、

---

① 《列宁选集》第 4 卷,人民出版社 2012 年版,第 493 页。
② 《马克思恩格斯文集》第 9 卷,人民出版社 2009 年版,第 559—560 页。
③ 《马克思恩格斯文集》第 2 卷,人民出版社 2009 年版,第 580 页。
④ 《马克思恩格斯文集》第 5 卷,人民出版社 2009 年版,第 486 页。
⑤ 《马克思恩格斯文集》第 5 卷,人民出版社 2009 年版,第 724 页。
⑥ 《马克思恩格斯文集》第 5 卷,人民出版社 2009 年版,第 492 页。

敌对的和统治的权力"。①

正如习近平总书记所指出的："很多技术都是'双刃剑'，一方面可以造福社会、造福人民，另一方面也可以被一些人用来损害社会公共利益和民众利益。"② 因此，只有工人大众掌握科技，推动人类社会向更高级的文明形态发展，才能彻底改变其自身被异化的状态。

二 机器大生产与工人的相对贫困

在资本主义制度体系下，与资本结合的现代科技成为不平等加剧的推手。美国经济学家约翰·肯尼思·加尔布雷思（John Kenneth Galbraith）在1958年出版了《丰裕社会》（又译作《富裕社会》）。在这部著作中，他并不是赞美美国迈入物质极大丰裕社会的富庶与美好，而是表达了一些自由主义作家的"忧虑"，如生产者对消费者的主宰，消费主义的膨胀；过分强调物质至上，把物质产品增加等于幸福；收入分配不平等、贫困和极端贫困依然存在。③ 事实上，加尔布雷思撰写《丰裕社会》的时代，尚是美国社会经济不平等相对缓和的时期——至少比当下温和得多。现如今，欧美国家物质层面的丰裕程度远远超过20世纪50年代，但不平等程度却加大了。这背后的深层原因之一，就是马克思在《资本论》中所揭示的资本主义剥削制度下机器对工人的排挤。

机器是技术的具体载体。在工业社会，机器是劳动工具，也是资本主义大生产的物质技术基础。在马克思对资本主义机器大生产的分析中，机器通过改变工人与工具的关系而实现了生产方式的进步，也正是在此进程中，工人沦为机器的附属物——"在工场手工业和手工业中，

---

① 《马克思恩格斯文集》第8卷，人民出版社2009年版，第200、358页。
② 中共中央党史和文献研究院编：《习近平关于网络强国论述摘编》，中央文献出版社2021年版，第91页。
③ 参见［美］约翰·肯尼思·加尔布雷思《丰裕社会》，徐世平译，上海人民出版社1965年版，第1—79页；［美］约翰·肯尼思·加尔布雷思《富裕社会》，赵勇、周定瑛、舒小昀译，江苏人民出版社2009年版，40周年版导言第1—4页、正文第1—79页。

是工人利用工具,在工厂中,是工人服侍机器"①。在第一次工业革命后,资本主义生产就表现出了自动化和联合化的特征,每个工业生产流程之间的配合与协同由机器来实现——工人只是在一旁"服侍机器"。机器作为技术手段的资本主义应用导致了劳动的异化:"不是工人使用劳动条件,相反地,而是劳动条件使用工人,不过这种颠倒只是随着机器的采用才取得了在技术上很明显的现实性。"② 机器和机器大生产只是剥夺工人剩余价值的工具,而非创造剩余价值,只有雇佣劳动者的劳动才是剩余价值的源泉。因此,引入自动化和联合化的机器大生产的目的在于"缩短工人为生产其工资所必需的劳动时间",以"延长他无偿地为资本劳动的工作日部分"。③ 机器大生产是资本主义剩余价值生产扩张的助推器。

机器大生产的唯一动机和直接目的,就是占有更多的剩余价值。机器大生产创造的巨额财富的绝大部分流向了资产阶级,劳动者收入微薄且长期停滞不前。在马克思所生活的工业革命时代,产能的增速几乎是工人工资收入增速的4倍。④ "机器本身增加生产者的财富,而它的资本主义应用使生产者变成需要救济的贫民。"⑤ 在完全实现工业化的英国,1868年全国人口大约有4500万人,其中产业工人数量超过1600万人,中间阶层和上层阶级人数加在一起不到500万人。尽管产业工人阶级规模庞大,但其收入很低,英国社会贫富收入差距悬殊。据1867年对英国1000万有独立收入的人的调查,大约有5万人,即"上层阶级"每年收入超过1000英镑,15万中间阶层每年收入在300—1000英镑,185.4万人中下阶级每年收入不足300英镑,778.5万人每年收入低于

---

① 《马克思恩格斯文集》第5卷,人民出版社2009年版,第486页。
② 《马克思恩格斯文集》第5卷,人民出版社2009年版,第487页。
③ 《马克思恩格斯文集》第8卷,人民出版社2009年版,第277页。
④ 参见[瑞典]卡尔·贝内迪克特·弗雷《技术陷阱:从工业革命到AI时代,技术创新下的资本、劳动与权力》,贺笑译,民主与建设出版社2021年版,第135页。
⑤ 《马克思恩格斯文集》第5卷,人民出版社2009年版,第508页。

100英镑，其中近225万人是农工，其余的500多万人则是城镇里的技术和非技术工人。① 1780—1840年，英国工人的人均产出累计增长了46%，但财富的快速增长并没有惠及大部分人口，这一时期雇佣工人的周工资收入累计上涨仅为12%，人均产出增长是其工资收入增长的3.8倍。② 机器生产本身创造的财富增长与工人无关，他们日复一日的劳作所换来的不过是勉强糊口。

在19世纪的欧洲，出现了许多描写"社会问题"的小说。这些小说源自现实，却往往比冰冷的统计数据更能触动人心。当奥尔良—巴黎线火车于1843年通车时，诗人海因里希·海涅（Heinrich Heine）无比乐观地说："世界史上的新时代开始了。我们这一代人可以自豪地说，我们见证了这个时代。"而想必同时代生活在英国的查尔斯·狄更斯（Charles J. H. Dickens）会说："这是最好的时代，也是最坏的时代。"这与其他同时代小说家对这个时代进行素描时所发出的悲叹如出一辙。除狄更斯的《雾都孤儿》，还有欧仁·苏（Eugène Sue）的《马蒂尔德》《巴黎的秘密》等，都鞭挞了上层社会对工人困苦生活的麻木不仁。早在1835年，德国法学家罗伯特·冯·莫尔（Robert von Mohl）就提醒人们警惕工业化对社会造成的危害。他认为，与学徒工不同，工厂工人永远没有晋级的希望，他们命中注定是"被一条锁链拴在齿轮上的奴隶，如同他们操作的属于他人的机器；他们绝望的境况将导致形形色色的邪恶现象"③。莫尔对工人被奴役的恶劣处境及其相对于机器的附属地位，不可谓洞察不深。

然而，即便到了20世纪，欧美真正步入"丰裕社会"，工人收入

---

① 参见［英］理查德·埃文斯《竞逐权力：1815—1914》，胡利平译，中信出版社2018年版，第422页。

② Robert C. Allen, "Engels' Pause: Technical Change, Capital Accumulation, and Inequality in the British Industrial Revolution", *Explorations in Economic History*, Vol. 46, No. 4, 2009, pp. 418-435.

③ ［英］理查德·埃文斯：《竞逐权力：1815—1914》，胡利平译，中信出版社2018年版，第211页。

增长的停滞及相对贫困状态并没有得到太大改善。1979—2013 年，美国的生产率累计增长 64.9%，雇佣工人的小时工资收入累计增长 8.2%，①生产率的增长速度几乎是工人小时工资收入增速的 8 倍。②而美国收入最高的 1% 群体，在 1979—2012 年的年收入累计增长为 153.6%③，是工人收入增速的 18.73 倍。引领世界科技发展的美国，成为发达资本主义国家中工人工资停滞、收入两极分化最严重的国家。

三 "机器对人的排斥"与工人对机器的忧虑

在资本主义积累一般规律作用下，持续的技术变革、旧资本的更新，会越来越排斥工人。在机器大生产时代，标准化生产流程使得大工业生产的雇佣劳动变为简单的重复性、流水化作业。于是，"工人受到四面八方的竞争者的排挤"④。这导致工人劳动时间不断延长，"机器消灭了工作日的一切道德界限和自然界限"⑤。而机器对人最显著的排斥在于工人不断被机器所替代，"技术性"失业问题不断恶化。马克思指出："机器用不熟练的工人代替熟练工人，用女工代替男工，用童工代替成年工；因为在最先使用机器的地方，机器就把大批手工工人抛向街头，而在机器日益完善、改进或为生产效率更高的机器所替换的地方，机器又把一批一批的工人排挤出去。"⑥在这样的背景下，工人不过是机器大生产体系中的"一部分"，其作用是服从机器的运转，在生产流程的各工序与环节之间起到连接与协调的作用。因此，资本主义生产越

---

① Josh Bivens, Elise Gould, Lawrence Mishel, and Heidi Shierholz, "Raising America's Pay Why It's Our Central Economic Policy Challenge", *Economic Policy Institute Briefing Paper*, No. 378, June 4, 2014, pp. 1-77.

② 参见 [瑞典] 卡尔·贝内迪克特·弗雷《技术陷阱：从工业革命到 AI 时代，技术创新下的资本、劳动与权力》，贺笑译，民主与建设出版社 2021 年版，第 246 页。

③ Josh Bivens, Elise Gould, Lawrence Mishel, and Heidi Shierholz, "Raising America's Pay Why It's Our Central Economic Policy Challenge", *Economic Policy Institute Briefing Paper*, No. 378, June 4, 2014, pp. 1-77.

④ 《马克思恩格斯文集》第 1 卷，人民出版社 2009 年版，第 739 页。

⑤ 《马克思恩格斯文集》第 5 卷，人民出版社 2009 年版，第 469 页。

⑥ 《马克思恩格斯文集》第 1 卷，人民出版社 2009 年版，第 740 页。

来越对工人的技能"脱敏",而工人反而会因为机械化、重复性、标准化、程序性的操作更依赖机器大生产,也更憎恨机器的改进升级。

工人对机器的憎恨、对自动化的排斥,逐渐演变成一种"卢德主义"风潮。这实际上是工人对资本主义剥削制度导致的机器与工人对立的控诉。在资本主义社会,机器、技术始终与资本之间存在密切的关系。资本借助机器占有工人的剩余价值,控制了工人阶级的劳动过程。在此意义上,机器是资本统治的共谋者。

欧美的非马克思主义者也意识到了资本主义社会中机器与技术升级给工人带来的损害。1821 年,大卫·李嘉图(David Ricardo)在其对《政治经济学及赋税原理》的更新版中,增加了一章"关于机械"。在这一章中,他认为经常使用机器会损害工人的利益,这并非基于偏见和错误,而是符合政治经济学的正确原则。[①] 进入 20 世纪以来,欧美社会依然弥漫着对机器进步、自动化升级的焦虑。爱因斯坦在 1931 年发出警告,"人造机器"本来要把人从繁重的劳动中解放出来,但却准备"压垮"它们的创造者。[②] 2016 年,时任美国总统奥巴马在其告别演讲中称自动化会导致下一波经济浪潮的混乱。[③] 斯蒂芬·霍金也指出,自动化不仅导致蓝领工作锐减,还会扩展并深入影响中间阶层。[④]

可以说,机器与技术的升级使得资本家更全面地控制了工人的生产资料,乃至基本技能或谋生手段。马克思对此也有深刻揭露:"企业主

[①] 参见[英]大卫·李嘉图《政治经济学及赋税原理》,郭大力、王亚南译,译林出版社 2011 年版,第 230 页。

[②] See "World Ills Laid to Machine by Einstein in Berlin Speech", *New York Times*, 22 October 1931, in David Reichinstein, *Albert Einstein: A Picture of His Life and His Conception of the World*, Prague: Stella Publishing house, 1934, p. 96. 转引自[英]丹尼尔·苏斯金德《没有工作的世界:如何应对科技性失业与财富不平等》,张文婷、舒蕾译,中信出版社 2022 年版,第 140 页。

[③] See Claire Cain Miller, "A Darker Theme in Obama's Farewell: Automation Can Divide Us", *New York Times*, 12 January 2017.

[④] Stephen Hawking, "This Is the Most Dangerous Time for Our Planet", *Guardian*, 1 December 2016.

掌握着就业手段，也就是掌握着工人的生活资料，就是说，工人的生活依赖于他；好像工人甚至把自己的生命活动也降低为单纯的谋生手段了。"[1] 机器和技术的不断进步和升级，强化了工人对资本家的依赖，但削弱了资本家对普通工人的依赖。毫无疑问，在资本主义生产体系中，"机器是资本家阶级手中用以实行专制和勒索的最有力的工具"[2]。因此，与资本结合的机器与技术的升级，导致工人阶级境遇不断恶化。在福特主义时代，工人对极端不平等的反抗是振聋发聩的。20世纪二三十年代的经济大萧条引起了欧洲社会的剧烈动荡，乃至于法西斯主义的弥漫。而在马克思主义和科学社会主义指引下的国际共产主义运动，以及其他各种流派的社会主义运动，共同将欧美国家诸众的反抗汇聚为一股迫使资产阶级改良的磅礴力量。在第二次世界大战后的"黄金时代"，资本主义国家为缓和劳资矛盾、改良分配关系，提高了劳动收入在初次分配中的比重并加快推进福利国家制度建设等。

第三节 21世纪的"新瓶旧酒"：数字技术兴起与人的"新异化"

20世纪90年代，美国学者丹·席勒（Dan Schiller）明确提出数字资本主义这一概念。它指互联网在资本主义进行全球市场扩张中所发挥的越来越重要的地位，巩固并扩大了发达资本主义国家在全球的经济、社会与文化霸权。在这个世界中，资本仍然是政治经济演化的核心力量。席勒在其2014年出版的《数字萧条：信息技术与经济危机》中，明确地提出数字并非原动力，只是工业资本主义社会的大资本所有者用以塑造新资本主义形态的工具。在新的历史时期，以互联网和信息通信为标志的数字技术在全球经济政治演变中居核心地位，全球资本主义进入信息

---

[1] 《马克思恩格斯全集》第6卷，人民出版社1961年版，第643页。
[2] 《马克思恩格斯全集》第21卷，人民出版社2003年版，第457页。

时代。换言之，数字技术在当下和可见的未来资本主义发展中发挥着核心作用。智能化数字技术对人类社会生产、生活的全面冲击，力度、深度和广度丝毫不亚于第一次和第二次科技革命所带来的历史性巨变。

但是，数字资本主义仍未超越马克思对机器大生产、劳动异化的理论分析范畴。如果说机器大生产时代，资本通过对人肢体器官的模拟而将劳动者嵌入大生产流程中，那么在人工智能时代，数字资本则是通过对人的智识及思维活动的模拟和替代，强行征用人的智力和创造力，而非仅仅是体力劳动。由于受到垄断资本的青睐，数字技术愈益丧失其价值中立的立场，成为垄断资本剥削劳动者的共谋者——使劳动者沦为可量化的数字化商品。

一 数字技术资本化与技术垄断

回顾历史发现，几个世纪以来，每一次科技革命都把资本主义带入一个新的时代。技术的变革影响了资本积累的路径与方式，且始终是资本家形成垄断、占有更多剩余价值的核心工具之一。资产阶级借助专利权等手段，垄断一切市场——国内的、国外的竞争者都被排除出去。"随着国际垄断资本的发展，处于强势的发达资本主义国家依靠其在资本和科学技术上的优势，不仅在全球享有了更多的发展机会，而且使其在资源和各种利益的分配中享受更大的利益。"[1]

在数字资本主义时代，技术与资本的融合主要表现为跨国垄断资本与数字技术的融合，实现对数字技术资本化及数字资本的增殖。垄断资本主要通过内部研发占有、外部并购获取和知识产权锁定等路径，获取数据技术。[2] 而技术研发与创新的高成本、高风险特点，也决定了资本主义国家规模大、实力雄厚的垄断资本在其中更具优势，如对高薪技术

---

[1] 贾利军：《国际垄断资本主义下的技术创新》，社会科学文献出版社2015年版，第1页。
[2] 参见罗慧敏《数字技术垄断是平台垄断的重要特征——以亚马逊公司为例》，《马克思主义研究》2023年第4期。

精英团队的组建、研发经费的持续投入和技术并购的支出等。国际垄断资本也正通过不断推高研发成本、申请知识产权的方式，将数字技术牢牢地与垄断资本捆绑在一起。

追求剩余价值的内在动力与竞争的外在压力，使得资本家必然不断改进生产技术装备。技术创新没有止境，研发投入也因此必须持续不断且逐年加码。如表5-1所示，从纵向上看，亚马逊2009年研发投入为12.4亿美元，2015年即突破百亿大关，达到125.4亿美元——正是在这一年亚马逊依次取代Alphabet（谷歌母公司）和微软，成为全球研发支出最多的公司，2023年其研发支出则已飙升至856.22亿美元。Alphabet（谷歌母公司）2023年的年度研发费用为454.27亿美元，比2022年增长15.01%；2022年的年度研发费用为395亿美元，比2021年增长25.15%；2021年的年度研发费用为315.62亿美元，比2020年增长14.47%。微软的年度研发费用也是每年大幅增长。其中，2021年的年度研发费用为207.16亿美元，比2020年增长了7.51%；2022年的年度研发费用为245.12亿美元，比2021年增长18.32%；2023年的年度研发费用为271.95亿美元，比2022年增长10.95%。

表5-1　　美国前五大科技巨头研发经费（2009—2023）　　（亿美元）

年度	亚马逊	Alphabet（谷歌母公司）	Meta（脸书母公司）	苹果	微软
2023	856.22	454.27	384.83	299.15	271.95
2022	732.13	395.00	353.38	262.51	245.12
2021	560.52	315.62	246.55	219.14	207.16
2020	427.40	275.73	184.47	187.52	192.69
2019	359.31	260.18	136.00	162.17	168.76
2018	288.37	214.19	102.73	142.36	147.26
2017	226.20	166.25	77.54	115.81	130.37
2016	160.85	139.48	59.19	100.45	119.88
2015	125.40	122.82	48.16	80.67	120.46

续表

年度	亚马逊	Alphabet（谷歌母公司）	Meta（脸书母公司）	苹果	微软
2014	92.75	98.32	26.66	60.41	113.81
2013	65.65	71.37	14.15	44.75	104.11
2012	45.64	60.83	13.99	33.81	98.11
2011	29.09	51.62	3.88	24.29	90.43
2010	17.34	3,762	1,44	17.82	87.14
2009	12.40	2,843	0.87	13.33	90.10

资料来源：https：//www.macrotrends.net/stocks/charts.

资本及其不断增殖的目标，也是资本主义社会技术创新的根本动力和支撑。资本的逐利本能决定其对技术创新的巨额投入。2023年，美国前五大科技巨头研发投入为2538.37亿美元，2022年为2233.26亿美元，增幅达13.66%。其中，亚马逊和Alphabet（谷歌母公司）研发支出占经营总支出比重为14%；Meta（脸书母公司）的研发支出占经营总支出的比重最高——达到了30%，是苹果7%的四倍之多，只有英伟达的27%与之接近。

2019年，美国研发支出为6683.5亿美元——高居世界榜首，占国内GDP的3.13%。七国集团中其他国家的研发支出也遥遥领先于世界多数国家和地区。其中，德国研发支出为1481.4亿美元，占GDP的3.19%；加拿大研发支出为303.12亿美元，占GDP的1.59%；法国研发支出为732.8亿美元，占GDP的2.2%；日本研发支出为1732.67亿美元，占GDP的3.2%；英国研发支出为569.3亿美元，占GDP的1.76%；意大利研发支出为392.7亿美元，占GDP的1.47%。[1] 即便如

---

[1] National Center for Science and Engineering Statistics, "Research and Development: U.S. Trends and International Comparisons", NSB 2022-5, NSF-National Science Foundation, https://ncses.nsf.gov/pubs/nsb20225/assets/cross-national-comparisons-of-r-d-performance/tables/nsb20225-tabrd-005.pdf, pp. 22-36.

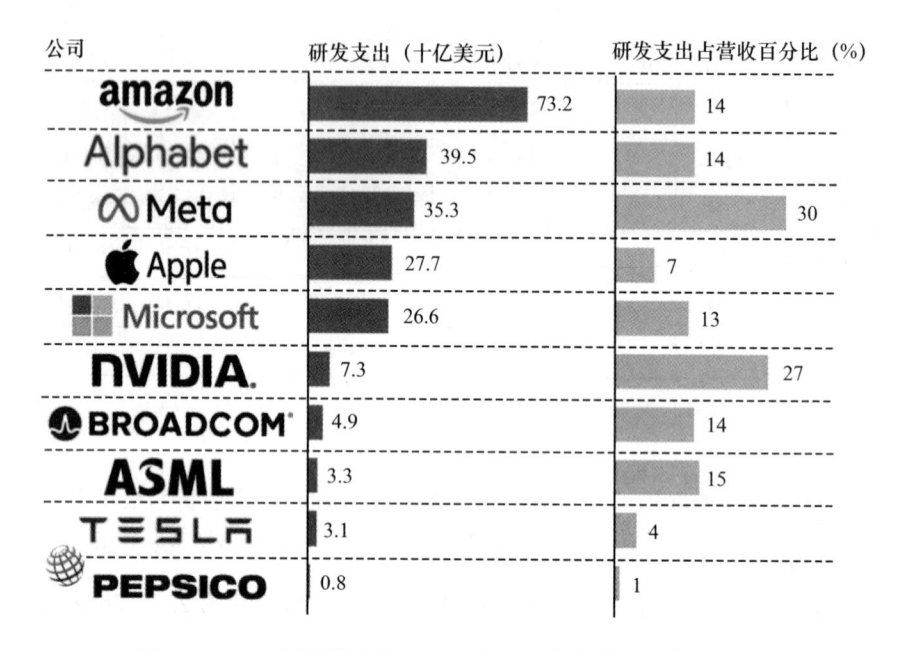

公司	研发支出（十亿美元）	研发支出占营收百分比（%）
amazon	73.2	14
Alphabet	39.5	14
Meta	35.3	30
Apple	27.7	7
Microsoft	26.6	13
NVIDIA	7.3	27
BROADCOM	4.9	14
ASML	3.3	15
TESLA	3.1	4
PEPSICO	0.8	1

图 5-2　2022 年纳斯达克 Top 10 企业研发费用及占营收百分比
资料来源：转引自 https://mp.weixin.qq.com/s/0_CFaf3QiQu-WmquK_CjMA。

此，美国五大科技巨头同期的创新总投入远超法国，仅亚马逊一家就超过了加拿大。到 2021 年，亚马逊的研发支出就远远超过了意大利。

无论时代如何变迁，劳动者始终是技术创新的源头活水。美国科技巨头在全球笼络人才，打造了世界顶尖的数字技术研发团队。尤其是在人工智能领域，他们掌握了大批主要从事深度学习、机器学习、自然语言等领域创新的世界顶尖人才。2007 年至 2021 年，亚马逊的员工数从 1.7 万人激增至 160.8 万人，成为仅次于沃尔玛的全球第二大雇主。据美国劳工局调查，2019 年至 2021 年亚马逊在美国的专家和技师的数量从 8 万余人增加到 13 万人。[①]

除了内部研发外，科技巨头往往还通过并购互补技术企业、并购新

[①] 参见 2019 年、2020 年和 2021 年亚马逊平等就业机会报告，转引自罗慧敏《数字技术垄断是平台垄断的重要特征——以亚马逊公司为例》，《马克思主义研究》2023 年第 4 期。

兴技术企业和关键技术企业，保持其自身相对于竞争者的技术优势。2017年，全球围绕数字化进行的企业并购市值达6580亿美元，其中三分之二为数字技术并购，并购价不足1亿美元的企业超过八成，平均并购价为1.5亿美元。①

脸书（Facebook）被曝光的内部文件显示，对于可以收购的竞争威胁，它就直接收购（比如Instagram）；对于无法收购的对手（比如Snapchat），则直接抄袭它们的核心功能，推出模仿产品，然后通过流量导入和压倒性的资本进行扶持，打垮弱小的竞争对手。垄断性科技企业不仅能够收购新出现的竞争对手，将竞争对手消灭于萌芽，还能对客户和合作伙伴做试验，独享有关客户行为的强大数据库，将业务扩展到全球，进而独占财富。②

通过内部研发和外部并购等各种手段获得的技术，最终将以知识产权形式参与资本运作。据悉，到2023年，亚马逊在全球共有2.4万项专利，覆盖网络服务、云计算、人工智能、算法、电子商务和流媒体六个领域。美国高通（Qualcomm）是世界上最大的移动芯片供应商，截至2018年，高通全球申请和拥有的专利超过13万项。其中，手机与蜂窝网络连接必不可少的技术专利，让高通从数以百计的设备制造商那里获得了巨额利润。通过覆盖范围广泛、数量庞大的专利，科技巨头纷纷实现了对技术知识的持续占有及将之向私有财产的转化。

二 科技巨头攫取巨额技术垄断租

"劳动产品的数字化、劳动主体的产消化、经济行为的平台化导致资本主义社会发生阶段性新变化。"③ 人工智能技术试图通过数字化、

---

① Jeremy Boote, et al., "Cracking the Code of Digital M&A", https://www.bcg.com/publications/2019/cracking-code-digital-m-and-a.
② Jonathan P. Allen, *Technology and Inequality: Concentrated Wealth in a Digital World*, Berlin: Springer, 2017.
③ 张灿：《人工智能资本主义应用的人机悖论及其应对》，《当代世界与社会主义》2023年第5期。

自动化、智能化对劳动过程和生活世界进行全面侵入，旧有的工业格局正在被解构，新的格局正在形成。这一系列变化清晰地表明人工智能技术在当代资本主义社会的核心作用——既是垄断资本形成和积累的新主导力量，也是对传统工业生产过程和组织结构进行重构的重要力量。随着信息成为新的生产要素，数字技术资本化，垄断数字技术的平台不断膨胀，成为"资本新贵"。

如今，领先的信息技术公司（均涉及人工智能）已经成为美国上市公司中绝对的领头羊。如表5-2所示，1910年，美国的前六大上市公司主要集中在钢铁、石油、电话电报等领域；2024年2月，美国前六大上市公司已经全部变成信息技术类公司，分别是微软、苹果、英伟达、亚马逊、Alphabet（谷歌母公司）、Meta（脸书母公司），这六家上市公司总市值高达12.685万亿美元。①

表5-2　　1910年和2024年美国前六大上市公司对比

名次	1910年		2024年	
	公司	市值（亿美元）	公司	市值（亿美元）
1	美国钢铁公司	464	微软	30510
2	美国电话电报公司	141	苹果	28070
3	标准石油	107	英伟达	19980
4	伯利恒钢铁公司	71	亚马逊	18200
5	米德维尔钢铁公司	48	Alphabet（谷歌母公司）	17610
6	美国钢铁公司	46	Meta（脸书母公司）	12340

资料来源：https://companiesmarketcap.com/.

---

① "Largest American Companies by Market Capitalization", https://companiesmarketcap.com/usa/largest-companies-in-the-usa-by-market-cap/.

2022年，在通货膨胀的助力下，美国四大科技巨头——微软、苹果、Alphabet（谷歌母公司）和 Meta（脸书母公司）的利润总和（如图5-3所示），占到世界500强企业利润总和的16%。科技巨头凭借其对数字技术的垄断，攫取巨额利润、占有剩余价值的能力远远超过传统企业。

从美国排名前五的科技垄断企业的营业收入构成中，也可以看到其通过对数据要素垄断和技术垄断而得到的利润规模之庞大。2020年美国五大科技巨头总营业收入规模，超过了沙特阿拉伯的国内生产总值，且接近荷兰的国内生产总值规模。其中，亚马逊总营业收入达2810亿美元——50.4%来自线上商店，19.2%来自第三方卖家服务，12.5%来自亚马逊网络服务，6.9%来自定制服务，仅6.1%来自线下实体店。苹果公司营业收入为2600亿美元，其中54.7%为出售iphone手机的收入，19.8%来自数字服务，8.2%和9.9%的收入分别来自销售Ipad和苹果电脑的收入。Alphabet（谷歌母公司）总营收为1620亿美元，其中70%来自广告收入，5.5%来自谷歌云。微软总营收为1260亿美元，其中16.2%源自Windows操作系统，25.2%来自Office办公软件，25.9%来自Microsoft Azure微软云计算服务。脸书（Face Book）总营收为710亿美元，其中98.5%来自广告收入。① 除广告收入外，各大巨头的收入来源基本都有网络服务、云计算、电子商务、人工智能和流媒体等方面。可见，垄断技术是美国科技企业攫取巨额利润的最主要来源和保障。

这些跨国科技巨头的利润来自全世界。其中，亚马逊69%的营收，苹果公司45%的营收，Alphabet（谷歌母公司）46%的营收，微软51%的营收，脸书45%的营收来自美国本土；欧洲和亚太地区成为它们余下营收部分的主要来源地。

然而，随着人工智能技术近年来的里程碑式突破——特别是在图像

---

① Omiri Wallach, "How Big Tech Makes Their Billions", https://www.visualcapitalist.com/how-big-tech-makes-their-billions-2020/.

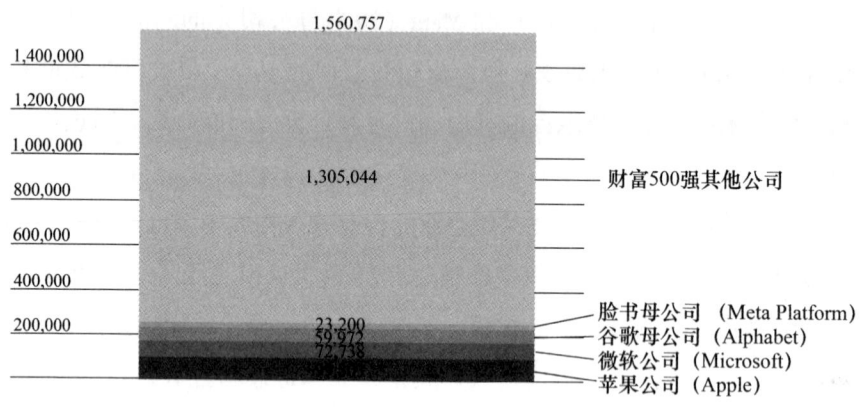

大型科技公司2022年收益与财富500强其余496家公司的比较（单位：百万美元）

1,560,757	财富500强其他公司
1,305,044	
23,200	脸书母公司（Meta Platform）
59,972	谷歌母公司（Alphabet）
72,738	微软公司（Microsoft）
	苹果公司（Apple）

图 5-3　2022 年世界 500 强中科技巨头的利润

资料来源：https://fortune.com/2023/06/06/big-tech-companies-dominate-fortune-500-earnings-2022/.

识别、语音识别、自然语言处理、文本图像视频生成等领域，使得涉足该业务的科技公司——英伟达在资本市场上表现"一骑绝尘"，改变了美国科技巨头的市值排名。英伟达的股价从 2022 年 10 月的 108 美元持续上扬至 2024 年 2 月下旬一度突破 800 美元，在一年多时间里其市值翻了三番，超过 2 万亿美元，成为美国第三高市值公司，仅次于微软和苹果。英伟达控制着人工智能芯片市场约 80% 的份额，攫取利润能力可见一斑。事实上，微软、谷歌、Meta（脸书母公司）等领先科技企业均在大力投资人工智能领域，积极争夺未来控制权。人工智能与垄断资本的结合，正在制造一场大规模的财富转移，普通大众遭遇更隐蔽但更严重的剥夺，财富分配不平等更加极端化。

三　数字技术对人的排斥与人的"新异化"

（一）智能机器人对人的排斥

在数字资本主义社会，智能机器人并没有改变机器的资本属性——

对剩余价值的追求和资本扩张的助力。我们不能否认智能机器人对人类文明进步的积极意义，但是由于智能机器人的资本主义使用，以及智能机器人对人体力和脑力的替代，使其对人的"排斥"表现得更为激烈，并导致收入与财富分配不平等进一步加剧。在一个工作岗位稀缺的世界上，许多人从工作中获得的收入可能会慢慢枯竭，但流向最新系统和机器的拥有者的回报则可能相当可观。①

西方发达国家均不同程度地出现了中等技能工人群体萎缩，甚至逐渐消失的现象。即新技术的进步，使得工人阶级被分为高技能工人和低技能工人的"两极分化"或"空心化"（如图5-4所示）。

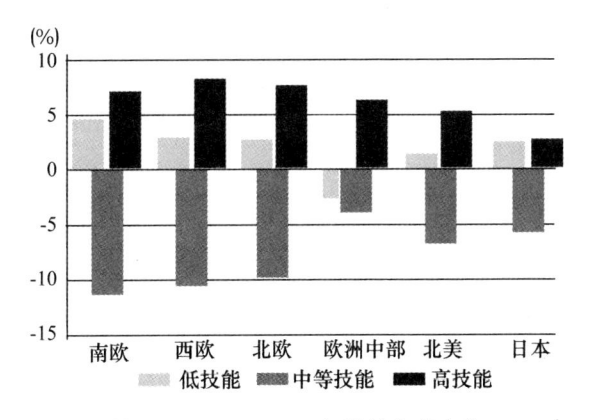

图 5-4 1995—2015 年总就业率变化

资料来源：[英] 丹尼尔·苏斯金德：《没有工作的世界：如何应对科技性失业与财富不平等》，张文婷、舒蕾译，中信出版社 2022 年版，第 28 页。

在人工智能时代，"机器排斥人"表现得更为激烈。恰如工业革命后，机器大生产将人嵌入机器体系并"又把一批一批的工人排挤出去"②一样，在 21 世纪许多依赖显性知识、容易被解构成多个步骤的常规化"例行工作"被自动化。程序员完全理解执行该任务所需的步

---

① 参见 [英] 丹尼尔·苏斯金德《没有工作的世界：如何应对科技性失业与财富不平等》，张文婷、舒蕾译，中信出版社 2022 年版，第 140 页。
② 《马克思恩格斯文集》第 1 卷，人民出版社 2009 年版，第 740 页。

骤，然后根据步骤编写程序，让机器精确地模拟这些步骤，从而形成对人的替代。而中等技能群体所处理的往往是这种常规的、"例行程序"的任务。所以，当前通用人工智能技术变革所侵蚀的是中等技能群体的常规任务，但对两端的"非常规"任务则难以消化。高技能、高收入的工作往往是"非常规"的。因为这些工作涉及的内容需要人类的创造力和判断力，很难甚至不可能通过一套指令来实现。于是，那些被困在大量"常规"任务中的人，沦为被智能机器人所排斥的人。

资本对高技能劳动力的筛选和对中低技能劳动力的遗弃，使得前者被纳入资本的增殖体系，后者则陷入失业和贫困，即"最富有的人会变得更加富有、更有影响力，而缺乏技能的人则会变得更穷、更加边缘化"[①]。被纳入资本增殖体系中的高技能技术工人，将获得所谓的"技能溢价"。2019财年，美国高科技公司的员工年薪中位数远远高于传统行业，比如微软、Intuit软件公司、英伟达三家公司的员工年薪中位数分别高达17.3万美元、15.7万美元和15.5万美元，而星巴克和TJX百货公司仅有1.15万美元和1.18万美元，科技公司的员工薪酬是传统行业的十多倍。不过，美国科技公司CEO的薪酬却和传统企业差距不大，前述三家科技公司CEO薪酬分别是4291万美元、1793万美元、1364万美元，两家传统公司的CEO薪酬则分别为1924万美元、1882万美元，总体来看并没有显著的区别。

表5-3　　　　2019财年美国19家公司员工年薪中位数　　　　（美元）

公司	首席执行官	员工	倍数	行业
微软	42910215	172512	249	信息技术
Intuit	17933345	157232	114	信息技术
英伟达	13642838	155035	88	信息技术

① ［美］约翰·乔丹：《机器人与人》，刘宇驰译，中国人民大学出版社2018年版，第157页。

续表

公司	首席执行官	员工	倍数	行业
Salesforce	28391846	151955	187	信息技术
思科	25829833	142593	181	信息技术
维萨	24265771	142494	170	金融
高通	23065052	90259	256	信息技术
甲骨文	965981	83813	12	信息技术
美敦力	17796325	74206	240	医疗
ADP	19000187	63225	301	信息技术
苹果	11555466	57596	201	信息技术
迪斯尼	47517762	52184	911	娱乐消费
好市多	8016200	47312	169	零售
雅诗兰黛	21435428	30733	697	化妆品
耐克	13968022	25386	550	体育用品
沃尔玛	23618233	21952	1076	零售
埃森哲	15031875	18392	817	咨询
TJX	18822770	11791	1596	零售
星巴克	19241950	11489	1675	餐饮连锁

资料来源：Business Insider, https://www.businessinsider.com/how-long-ceos-make-what-employees-do-in-a-year.

在高技能工人获得"技能溢价"的同时，越来越多的中等技能劳动者被通用人工智能技术所取代。2017年发布的一项研究预测，随着数字技术的发展，在接下来的数十年间，美国工作总数的47%极有可能被自动化，[1] 而麦肯锡全球研究院甚至预言，当今全球工作的50%可能

---

[1] Carl B. Freya and Michael A. Osborneb, "The Future of Employment: How Susceptible Are Jobs to Computerisation?", *Technological Forecasting and Social Change*, 2017, Vol. 114, pp. 254-280.

被自动化。① 人工智能通过深度学习，积累数据，不间断训练，能够持续迭代进化升级，将导致数量越来越多、比例越来越高的劳动者陷入社会排斥困境。

财阀控制下的政府出台的一些经济或税收政策，也加剧了智能机器对人的排斥。美国联邦政府对人类劳动力征收重税，但却没有对机器人或自动化征收工资税。因此，垄断资本通过控制技术团队，"毫不犹豫地研究出了以大量人员失业为代价实现工作自动化的技术"，却忽视了人工智能技术在扩大工人能力、提供更好服务方面的潜力，比如数字技术可以让医护人员更准确地诊断疾病，或帮助教师为学生提供更个性化的课程。② 显然，人工智能技术资本化的目的更多地在于推动资本扩张，而非服务大众。

（二）数字资本主义对劳动者的"新异化"

与垄断资本结合的数字技术在对当代资本主义社会的塑造中发挥了核心作用，它们既是垄断资本扩张的新主导力量，也是对现有劳动方式重构、加剧人的"新异化""贫乏化"的主要力量。

劳动者的一切都被异化为数字化商品。数字化导致了人的深层裂变，即"人类个体也变成了'物'，他们的状态和活动在其不知情的情况下持续不断被记录和传播：他们的身体行动、金融交易、健康状况、饮食习惯，他们买卖什么，读什么，听什么，看什么，所有这些都被收集在数字网络中，数字网络比他们自己更了解他们"③。同时，劳动者

---

① James Manyika, Michael Chui, Mehdi Miremadi, Jacques Bughin, Katy George, Paul Willmott, and Martin Dewhurst, *A Future That Works*: *Automation, Employment, and Productivity*, McKinsey Global Institute, 2017, p. 70.

② Daron Acemoglu and Pascual Restrepo, "The Wrong Kind of AI? Artificial Intelligence andthe Future of Labour Demand", *Cambridge Journal of Regions, Economy and Society*, 2020, Vol. 13, No. 1, pp. 25-35.

③ Slavoj Žižek, *The Relevance of the Communist Manifesto*, Cambridge, UK: Polity Press, 2019, p. 11.

被构建为可量化和可出售的数字化商品。这些数据被互联网平台所有者当作数字商品出售给了广告商,并将数据信息有针对性地生产出不同的商品,以精准营销策略出售给需求不同的用户。因此,如果说,"在工业资本主义的机器生产体系中,人是机器的'附件',是一种'工具人',那么,在数字资本主义构筑的数字化生产体系中,人则是算法监控的'猎物',是一种'数据人'"①。

在数字资本的"筛选"下,人正变得更加"剩余"且"无用"。由于数字技术对人类知识、技能和社会智力的深度学习,那些不具备数字技能的人正沦为数据网络中的"另类他者""边缘人""剩余之人"。②在资本利用"机器排斥人"的客观形式筛选和"利用劳动力排挤劳动力"的主观形式筛选下,多数劳动者被数字资本遗弃,最终沦为"无用阶级"③。意大利著名哲学家吉奥乔·阿甘本(Giorgio Agamben)认为,在数字资本主义霸权的逻辑中,人的"身份人格"进一步物化(数字化),物(资本)的人格进一步虚拟化,人从"有身份的人格"进一步物化为"无人格的身份",成为资本主义现代景观中处于边缘的他者。④

事实上,马克思在《资本论》中对工业资本主义时代资本如何对工人进行客观筛选,如何将其变得"过剩""无用"的精辟分析,穿越时空直指今日人工智能对人的异化。

> 劳动资料一作为机器出现,就立刻成了工人本身的竞争者。资

---

① 巩永丹:《西方左翼对数字资本主义人的"新异化"的批判及其启示》,《马克思主义研究》2023年第1期。
② 巩永丹:《西方左翼对数字资本主义人的"新异化"的批判及其启示》,《马克思主义研究》2023年第1期。
③ [以]尤瓦尔·赫拉利:《人类简史:从动物到上帝》,林俊宏译,中信出版社2017年版,第286页。
④ [意]吉奥乔·阿甘本:《裸体》,黄晓武译,北京大学出版社2017年版,第94页。

本借助机器进行的自行增殖,同生存条件被机器破坏的工人的人数成正比。资本主义生产的整个体系,是建立在工人把自己的劳动力当作商品出卖的基础上的……一旦工具由机器来操纵,劳动力的交换价值就随同它的使用价值一起消失。工人就像停止流通的纸币一样卖不出去。工人阶级的一部分就这样被机器转化为过剩的人口。

机器"**随时可以使雇佣工人'过剩'**""**这些因为分工而变得畸形的可怜的人,离开他们原来的劳动范围就不值钱了**"。

大工业在它的资本主义形式上再生产出旧的分工及其固定化的专业。我们已经看到,这个绝对的矛盾怎样破坏着工人生活的一切安宁、稳定和保障,使工人面临这样的威胁:在劳动资料被夺走的同时,生活资料也不断被夺走,在他的局部职能变成过剩的同时,他本身也变成过剩的东西。[①]

在数字资本主义时代,人还面临智力物化与精神异化。与工业资本主义时代的异化劳动不同,数字资本主义对人的体力劳动、智力和创造力活动进行双重剥削。扬·穆里耶·博当(Yann Moulier Boutang)指出,当代资本主义存在两级剥削——对体能劳动的剥削和对智力与创造力的剥削,"这两种剥削形式可以在同一活动中共存"[②]。在数字资本主义模式中,人的智力活动都会以数字化形式成为独立于人的物化的存在。同时,情感和精神层面的人的本能性存在,也成为数字时代的"情感劳动"。但更为值得警惕的是,人在数字界面中的"虚拟交往",正塑造其对"数字关系""数字身体"的依赖。"数字关系"的丰富性与其"现实关系"的窄化、"贫乏化"形成鲜明对比。

[①] 《马克思恩格斯文集》第 5 卷,人民出版社 2009 年版,第 560 页。
[②] Yann Moulier-Boutang, *Cognitive Capitalism*, Cambridge, UK: Polity Press, 2011, p. 92.

小　结

本章着重探讨了技术进步在资本主义社会经济不平等升级中的作用。科学技术作为生产力，在推动人类社会进步、向更高级文明形态发展的过程中，一直发挥着巨大的作用。

在一般的学术讨论中，不少学者对技术进步如何弱化不平等升级及其前提进行了讨论——新技术基础设施的可及性、技能的培养及技术变革之于改善底层民众境遇的直接作用等。欧美学界也指出了技术具有非中性、替代效应和再雇效应的特点。对于技术进步是创造了更多就业机会、缓和了不平等的加剧，还是减少了就业、恶化了不平等的加剧，则取决于技术本身是劳动密集型还是资本集约型。

此外，在特定的历史条件下，技术本身中性与否，对经济社会不平等的影响，往往还取决于其掌握在谁手中、为谁服务。与资本结合的技术，在资本主义社会几百年的历史演进中既爆发出了惊人的"创造性"，也表现出了对工人交换价值与使用价值的巨大"破坏性"。

马克思主义经典作家的机器大生产理论及对资本主义社会的人的异化分析，仍然适用于数字资本主义时代。国际垄断资本通过各种手段对数字技术的资本化、占有，使其在不知不觉间悄然重塑着资本主义生产的过程和组织结构。随着劳动者的常规体力劳动和脑力劳动越来越多地被分解，被数据化、程序化，垄断资本加速了对劳动者的筛选。在数字资本主义时代遭遇"新异化"的边缘化劳动者，不仅因人工智能通用技术的普及而面临失业和"无用"的困境，还因沦为"数据人"而陷入现实精神层面的"贫乏化"危机。

第三部分

什么是平等，如何改善不平等

平等观念本身是一种历史的产物，这个观念的形成，需要全部以往的历史，因此它不是自古以来就作为真理而存在的。

——恩格斯《反杜林论》

第六章　马克思主义创始人的平等观与分配正义思想

马克思和恩格斯正是在对资本主义社会不平等和资产阶级平等观的批判中形成了无产阶级的平等观。与马克思和恩格斯所生活的自由资本主义时代相比，当代资本主义发生了很多复杂而深刻的变化。但是，资本主义社会的基本矛盾运动规律没有变，以资本主义私有制为基础的雇佣劳动和异化劳动依然存在，资本主义追求剩余价值的生产目的更是没有改变。

尽管经历了20世纪中后期"黄金三十年"的自我调节式发展，当代资本主义并没有从根本上逆转其两极分化的趋势，更没有触及造成不平等的根本原因——私有制。"尽管我们所处的时代同马克思所处的时代相比发生了巨大而深刻的变化，但从世界社会主义500年的大视野来看，我们依然处在马克思主义所指明的历史时代。"[①] 因此，研究和把握当代资本主义的两极分化和自我调节机制，必须回到马克思主义创始人对资本主义不平等问题的洞见，以及在此基础上阐发的平等观和分配正义思想。

第一节　马克思、恩格斯对资产阶级平等观的批判

到19世纪上半叶，欧洲主要国家基本进入自由资本主义经济蓬勃

---

① 《习近平谈治国理政》第2卷，外文出版社2017年版，第66页。

发展的阶段，资产阶级统治得到进一步巩固，这为马克思主义平等观的诞生提供了现实基础。随着生产力的发展，资本主义社会基本矛盾——生产社会化与生产资料私有制之间的矛盾激化，经济危机频发、生产过剩和工人贫困问题严峻。工人阶级在创造大量社会财富的同时，其自身却愈发贫困。随着工人阶级反抗资本主义斗争的兴起，工人运动对科学的理论指导也产生了强烈的需求。资产阶级宣扬的自由平等与现实中工人阶级遭遇的不平等境遇形成鲜明对比——这正是马克思对资产阶级平等观发起批判的动因。

马克思主义创始人运用唯物辩证法，通过对资本主义社会生产力与生产关系及经济基础与上层建筑关系的分析，揭示了资产阶级"人人平等"的实质是资本面前的平等，指出资本主义社会的私有制是社会不平等的根源。

一　资产阶级平等观具有历史进步性

从推翻封建专制，以人权取代神权和王权的角度，不应否认资产阶级社会契约论的历史功绩和进步性。但是，社会契约论终究是根植于资本主义生产方式，其目的在于满足资产阶级对保护私有权的渴望，必然有其历史局限性和阶级局限性。

通过资本主义雇佣劳动，人转化为资本，作为物存在；通过商品交换，人与人之间的关系，完成了向物与物之间关系的转化。所以，资产阶级所提倡的人的平等也在资本主义生产和产品交换中转化为资本与资本之间物与物的平等。简言之，资产阶级的人人平等，是资本面前的商品权利平等。

马克思、恩格斯基于唯物史观立场，对资产阶级平等观的进步性和局限性作出了深刻的剖析。首先，资产阶级平等观蕴含对封建王权和宗教神权的反抗，是对始于文艺复兴时期回归人本身的人文主义思潮的进一步发展。恩格斯在《社会主义从空想到科学的发展》一文中，对人文主义兴起给予高度评价:"宗教、自然观、社会、国家制度,一切都受到了最无情的批判;一切都必须在理性的法庭面前为自己的存在作辩护或者放弃存在的权利。思维着的知性成了衡量一切的唯一尺度。"[1]其次,资产阶级的平等观也促进了资本主义生产方式和商品经济的发展,促进了人类社会的进步。资产阶级"无情地斩断了把人们束缚于天然尊长的形形色色的封建羁绊,它使人和人之间除了赤裸裸的利害关系,除了冷酷无情的'现金交易',就再也没有任何别的联系了"[2]。也就是说,封建社会中的特权、贵贱、等级等附于人身上的属性被消灭,人成为抽象的平等的人。在封建桎梏被打破及对人主观能动性的解放所产生的发展动力作用下,商品经济加速发展,"资产阶级在它的不到一百年的阶级统治中所创造的生产力,比过去一切世代创造的全部生产力还要多,还要大"[3]。因此,从整个人类社会发展的角度而言,资产阶级平等观在促进人的解放、推动资本主义社会确立的历史进程中,的确起到了积极作用。

二 资产阶级的平等是抽象的、虚伪的

资产阶级的平等观是先验的、抽象的。恩格斯的《反杜林论》,体现了马克思主义创始人对德国小资产者代表的平等思想的批判。杜林关于平等问题的理论论述路径是这样的:首先确立平等的主体是人,然后构造了一个平等的社会模型,并虚构了"两个完全平等的人"。基于这种先验的假设,杜林提出:"历史的发展过程是由正义、平等和自由这些人的本性中固有的、具有永恒真理性质的观念和道德原则决定的。"[4]杜林的"两个完全平等的人""摆脱了一切现实,摆脱了地球上发生的一切民族的、经济的、政治的和宗教的关系,摆脱了一切性别的和个人

---

[1] 《马克思恩格斯文集》第3卷,人民出版社2009年版,第523页。
[2] 《马克思恩格斯文集》第2卷,人民出版社2009年版,第34页。
[3] 《马克思恩格斯文集》第2卷,人民出版社2009年版,第36页。
[4] 转引自刘元琪《马克思主义研究资料》第13卷,人民出版社2014年版,第163页。

的特性"。① 这两个人完全不能拥有作为人的实质性内容,以此构想出来的公理模式,对人类社会克服不平等问题没有任何的实际借鉴意义。在恩格斯看来,平等观是经济关系的反映,是身处一定的社会经济历史现实中的人对其自身社会地位及社会权利的期望和认识。而杜林基于唯心主义构想出来的自我意识平等,脱离了社会实践的现实活动,对德国工人运动和社会主义运动的发展都是有害的。

资产阶级的权利平等是虚伪的、片面的。这种平等是作为物的人的平等,不是真正的平等。在《哥达纲领批判》中,马克思对资产阶级的权利作出这样的阐释:

> 这种平等的权利,对不同等的劳动来说是不平等的权利。它不承认任何阶级差别,因为每个人都像其他人一样只是劳动者;但是它默认,劳动者的不同等的个人天赋,从而不同等的工作能力,是天然特权。所以就它的内容来讲,它像一切权利一样是一种不平等的权利。②

资本主义社会的权利平等扎根于商品流通和交换领域。"在资产阶级社会的表面上,工人的工资表现为劳动的价格,表现为对一定量劳动支付的一定量货币。"③ 从表面看来,等量价值的劳动获得了等量价值的货币。劳资等价交换的表象下掩藏着工资低于劳动力价值的"过度剥削"。马克思通过对剩余价值的分析,揭示了资产阶级平等权利的基础是资本对他人劳动的无偿占有。这种占有是资本主义商品经济的基础,也构成了资本主义社会不平等的基础。对于这种不平等,马克思如此生动地描绘:

---

① 《马克思恩格斯文集》第9卷,人民出版社2009年版,第104页。
② 《马克思恩格斯文集》第3卷,人民出版社2009年版,第435页。
③ 《马克思恩格斯文集》第5卷,人民出版社2009年版,第613页。

一离开这个简单流通领域或商品交换领域……就会看到，我们的剧中人的面貌已经起了某些变化。原来的货币占有者作为资本家，昂首前行；劳动力占有者作为他的工人，尾随于后。一个笑容满面，雄心勃勃；一个战战兢兢，畏缩不前，像在市场上出卖了自己的皮一样，只有一个前途——让人家来鞣。①

资本主义商品经济的平等原则下掩藏着反平等的生产领域的剥削与奴役。因此，通过马克思的分析，我们可以认识到，仅仅是策略性地纠缠于劳资之间的商品交换是否等价的问题，且谋求实现所谓的等价交换，都未能触及资本主义社会不平等的本质。

因此，马克思一针见血地从历史唯物主义的角度指出："权利决不能超出社会的经济结构以及由经济结构制约的社会的文化发展。"② 在个人实现全面发展，或"各尽所能，按需分配"的共产主义之前，"平等的权利"和"公平的分配"都只能停留于纸面上。

三　资本主义社会不平等根源在于私有制

面对资产阶级平等观的抽象性与资本主义社会不平等的现实性之间的反差，与马克思同时代的一些国民经济学家与卢梭一样，都将私有制视为不平等的根源。如蒲鲁东从所有权出发得出私有财产是绝大多数人贫困的根本原因的结论。这一点与其同时代的其他国民经济学家认为私有制能够带来国富民强的结论截然不同。这使得蒲鲁东的思想对欧洲工人运动产生了很大影响。蒲鲁东效仿黑格尔辩证法，对所有权问题进行分析，指责其坏的方面就是造成贫富分化和贫困。要消除其坏的方面，只要以小资产阶级个人所有权取代大资产阶级所有权

---

① 《马克思恩格斯文集》第5卷，人民出版社2009年版，第205页。
② 《马克思恩格斯文集》第3卷，人民出版社2009年版，第435页。

即可。也正因如此，马克思对蒲鲁东的《什么是所有权》给予了积极评价，但是马克思对蒲鲁东唯心主义政治经济学基本立场也进行了深刻揭露和批判。

马克思对私有财产造成不平等的观点也是认同的，但他走得更远——致力于探索私有财产的来源。马克思在《1844年经济学哲学手稿》笔记本Ⅰ中明确指出："异化劳动是私有财产的直接原因"[①]；"尽管私有财产表现为外化劳动的根据和原因，但确切地说，它是外化劳动的后果，正像神原先不是人类理智迷误的原因，而是人类理智迷误的结果一样。后来，这种关系就变成相互作用的关系"[②]。即是说，私有财产是人对象化活动（直接被活动主体占有）和异化劳动（被独立于劳动之外的人所占有）的产物，但随着私有制的巩固，私有财产日益加剧了劳动异化。随着人类社会历史的发展，劳动异化的原始形式和后来在私有财产的基础上发展起来的形式区分开来，在资本主义社会达到极致。

劳动产品与劳动者相异化，只是资本主义社会异化劳动的其中一个方面。其他还表现为劳动行为本身与劳动者相异化、人的类本质与人相异化及人与人之间的关系相异化。由此，人的本质力量的劳动不属于人自身，却是把人的本质从其自身中异化出去的力量。因此，马克思用异化劳动来表示私有财产和资本主义制度的非人化本质。

私有制在资本主义社会条件下发展到了顶峰，并成为异化劳动的基础。所有制关系，不是人与物的关系，不仅仅体现为人对物的占有，其本质乃是人与人的关系。因此，马克思主义创始人正是基于此对蒲鲁东的主张进行了深刻批判。社会主义社会不能建筑在基于个体劳动的小生产者所有制的基础上，生产资料归社会所有是消除社会成员之间不平等的唯一可行的办法。而生产力的发展水平，往往决定了生产关系、财富

---

① 《马克思恩格斯文集》第1卷，人民出版社2009年版，第167页。
② 《马克思恩格斯文集》第1卷，人民出版社2009年版，第166页。

占有的性质,并最终决定了人与人之间的关系。在资本主义私有制条件下,人与人的交往不是相互补充完善,而是异化为一种营利活动。物对人的奴役,造成了人同其自己的本质分离和对立。因此,消除私有制、扬弃异化、消灭阶级才能实现真正的平等,才能实现人的解放和全面自由发展。

第二节 马克思、恩格斯的平等观

在马克思主义创始人的平等观中,平等不是源于抽象的理论思维,而是与人类经济社会发展的社会现象结合的价值。只要是作为意识形态存在的平等观,就有其阶级属性,都是历史的产物。平等观念的形成受限于社会经济现实并随着社会历史的变迁而演化。马克思主义孕育了消除不平等的原则——扬弃异化、消除私有制、消灭阶级,使得人重新回归自己的本质。在共产主义社会的高级阶段,人的最终价值需求得到极大满足,人得以实现全面自由的发展——这才是实质的平等。换言之,在实现了实质平等的社会里,人们的观念中不再有平等和不平等,因为这些都是过时的概念。

一 平等具有历史性和阶级性

平等观念的形成受限于一定的社会经济现实,也会随着社会历史的变迁而演化。即便是在相同的社会历史条件下,人也会因为国家、地域等生活环境和文化习俗及伦理道德等各方面的差异,形成不同的平等认知。在以私有制为基础的资产阶级社会里,平等是权利的平等,是政治国家层面的抽象概念。这种权利的平等是居主导地位的资产阶级所需要的平等,与市民社会现实的商品运行规则相悖,却是无产阶级享受不到的平等。

在《反杜林论》中,恩格斯这样定义平等:"平等观念本身是一种历史的产物,这个观念的形成,需要全部以往的历史,因此它不是自古以来就作为真理而存在的。"① 因此,与西方近代资产阶级政治哲学家所构建的抽象、空洞的平等概念不同,马克思主义唯物史观视野下的平等是在社会历史发展过程中形成的,也不是亘古不变的。人类社会的历史进程分为五个阶段,即从生产力低下的原始社会不断演进、经由奴隶社会、封建社会和资本主义社会,最终到达生产力极大发展的共产主义社会。平等的内容随着社会生产关系的变化而变化,随着社会形态的演进而演化。

> 可见,平等的观念,无论以资产阶级的形式出现,还是以无产阶级的形式出现,本身都是一种历史的产物,这一观念的形成,需要一定的历史条件,而这种历史条件本身又以长期的以往的历史为前提。所以,这样的平等观念说它是什么都行,就不能说它是永恒的真理。②

正如马克思在《哥达纲领批判》中所指出的:"权利决不能超出社会的经济结构以及由经济结构制约的社会的文化发展。"③ 这句话鲜明地表达了贯穿马克思主义平等观始终的唯物史观基本原则,即便在共产主义初级阶段,资本主义社会的旧痕迹——经济、道德和精神方面都还会深刻地影响着人们,届时平等的权利"像一切权利一样是一种不平等的权利"④。此时,衡量平等的标准依然是一种外在于人的本质的尺度。只有随着生产力获得极大的发展,分工消亡,进入人类实现了全面自由发展、劳动成为生活第一需要的共产主义社会高级阶段,权利平等才会被丢进历史的故纸堆,成为彻底的过时概念。人与人之间才能实现超越

---

① 《马克思恩格斯文集》第9卷,人民出版社2009年版,第355页。
② 《马克思恩格斯文集》第9卷,人民出版社2009年版,第113页。
③ 《马克思恩格斯文集》第3卷,人民出版社2009年版,第435页。
④ 《马克思恩格斯文集》第3卷,人民出版社2009年版,第435页。

权利平等的真正平等。

恩格斯认为，平等是有阶级性的。"无产阶级平等要求的实际内容都是消灭阶级的要求。任何超出这个范围的平等要求，都必然要流于荒谬。"[①] 这句话最直接地体现了恩格斯的平等思想。在资本主义社会，占据主流的平等观必然体现了居统治地位的资产阶级的意识形态。资产阶级的平等观必然包含最有利于本阶级利益的内容。无产阶级只有摆脱被剥削处境、打破阶级压迫，才能获得政治平等和社会平等。而那些在不消灭私有制、阶级和阶级对立的前提下，所有意图通过劳资共享权力以达到社会平等的构想都是不现实的。资产阶级政治哲学家和国民经济学家虽然也倡导平等、自由、人道，其本质是在资本主义生产关系框架下的资产阶级意识形态。换言之，工人阶级要想获得真正的平等，就必须消灭阶级，消灭私有制，推翻资本主义制度。

在马克思主义创始人看来，无产阶级的平等观具有广泛性和真实性的意义。从分配方式来说，要实现平等，必须消灭资本主义私有制。恩格斯对杜林的观点——"资本主义的生产方式很好，可以继续存在，但是资本主义的分配方式很坏，一定得消失"[②]，进行了批驳。杜林不理解生产决定着分配，他幻想在维持资本主义生产方式的同时实现分配平等，无疑是错误的。要实现分配平等，就必须将资本主义私有制转变为共产主义公有制。届时，"生产劳动给每一个人提供全面发展和表现自己的全部能力即体能和智能的机会，这样，生产劳动就不再是奴役人的手段，而成了解放人的手段，因此，生产劳动就从一种负担变成一种快乐"[③]。

二 平等是具体的不是抽象的

马克思、恩格斯更注重在一定的社会历史条件中去把握平等，去批

---

① 《马克思恩格斯文集》第9卷，人民出版社2009年版，第113页。
② 《马克思恩格斯文集》第9卷，人民出版社2009年版，第315页。
③ 《马克思恩格斯文集》第9卷，人民出版社2009年版，第311页。

判社会不平等。① 资本主义社会的自由平等是建立在资产阶级所有权之上的。资产阶级的所有权是商品经济中进行等价交换的基础，等价交换的原则在政治上就表现为市民社会中践行等价交换原则的商品所有者的自由和平等的权利。正如马克思所说，资本主义社会的等价交换，"不但尊重自由和平等，而且自由和平等是它的产物；它是自由和平等的现实基础"②。但问题在于，这样的自由平等不具有普遍性。政治国家层面的自由平等与市民社会中现实的自由平等相分离，而这恰恰就是资产阶级思想家、政治哲学家平等思想的虚弱之处。

及至共产主义社会的第一阶段，由于经济、社会和精神的旧痕迹的影响，这里的平等权利依然是资产阶级权利。而且尽管私有制被消灭、劳动剥削被消灭，劳动者劳动权利实现了平等，但由于生产力水平的限制，在劳动者个人消费领域还是存在交换，其基本原则也是不同形式的同量劳动间的交换。这种权利的平等，相较于资产阶级社会的权利平等，取得了很大进步，但是依然有其局限性。如劳动者依然被当作抽象的概念来看待。

只有在共产主义高级阶段人的异化被扬弃，在"各尽所能，按需分配"实现后，人类社会才实现真正的平等。各尽所能，意味着劳动成为生活第一需要，是人的本质活动。劳动不再是手段，而是一种自由开展的活动。人也不再被视为满足他人需要的工具。自由平等是一种与人自然融为一体的权利，成为一种存在特定历史阶段的过时概念。同时，在生产力高度发达的前提下，"按需分配"意味着对人的物质和精神多重

---

① 有人提出马克思、恩格斯两人在 1844 年合著的《神圣家族》中曾对平等作出规定："平等是人在实践领域中对他自身的意识，也就是说，人意识到别人是同自己平等的人，人把别人当做同自己平等的人来对待。平等是法国的用语，它表示人的本质的统一，表示人的类意识和类行为，表示人和人的实际的同一性，也就是说，它表示人同人的社会关系或人的关系。"(参见《马克思恩格斯文集》第 1 卷，人民出版社 2009 年版，第 264 页) 此处结合上下文进行文本分析可以发现，马克思这里对平等的探讨只是对德国人和法国人平等的批判，指出无论是自我意识的平等还是同一性的平等，表达的都是资产阶级要求的平等。

② 《马克思恩格斯全集》第 31 卷，人民出版社 1998 年版，第 362 页。

需要的满足。这不仅仅是物质层面的分配,还有人回归本质,劳动成为人的本质活动后,对人的最终价值需求的极大满足。因此,在马克思、恩格斯的平等观中,平等不是一种抽象的理论思维产物,而是与人类经济社会发展现象结合的价值。在马克思、恩格斯的考察中,由于与社会生产的结合,人成为社会生产中具体的人而非抽象的存在,因而其所探求人的平等也是一种具体的、事实的平等。

但是,马克思、恩格斯的平等不是平均主义。"在国和国、省和省、甚至地方和地方之间总会有生活条件方面的某种不平等存在,这种不平等可以减少到最低限度,但是永远不可能完全消除。"[1] 这意味着马克思主义创始人的平等是包含差别的平等,而非绝对平等。

马克思主义创始人的平等是社会平等和政治平等,是"一切人,或至少是一个国家的一切公民,或一个社会的一切成员,都应当有平等的政治地位和社会地位"[2]。政治平等,意味着每个人都有选举权和被选举权,有监督权和言论权等;同时,阶级对立和阶级压迫都被消灭。社会的平等,首先是对社会财富的高级的共同占有,不再有资产阶级对雇佣劳动者的剥削及对其剩余劳动价值的无偿占有。恩格斯的这种平等不仅触及了资产阶级社会的劳资不平等的社会根源,还致力于打破那种只存在统治阶级内部的平等。"无产阶级抓住了资产阶级所说的话,指出:平等应当不仅仅是表面的,不仅仅在国家的领域中实行,它还应当是实际的,还应当在社会的、经济的领域中实行。"[3] 因此,在马克思主义创始人看来,真正的平等是具有实践性的,也是应在经济、政治和社会领域普遍存在的。

三 全面自由发展的思想

马克思、恩格斯将关于平等或不平等的思考置于社会历史进程中的

---

[1] 《马克思恩格斯文集》第3卷,人民出版社2009年版,第415页。
[2] 《马克思恩格斯文集》第9卷,人民出版社2009年版,第109页。
[3] 《马克思恩格斯文集》第9卷,人民出版社2009年版,第112页。

辩证唯物分析，揭示了资产阶级自由平等的历史局限性，以及人类实现全面自由发展的必然趋势。

马克思主义创始人并不像西方近代政治哲学家那样抽象地谈论自由，而是从历史发展的角度阐明自由与资本的关系，以及自由作为一种权利在资产阶级社会中演化的趋势。马克思基于历史唯物主义视野，阐发了自由的内涵，即人对发展条件的支配及其自身潜能的全面发展。资产阶级社会的自由权利演变——自我逆转与自我否定，植根于资本主义生产方式的矛盾和趋势中。在资本主义商品交换原则下的劳资交换，表明劳动者是自由且自足的，然而，实际上，"在现存的资产阶级社会的总体上，商品表现为价格以及商品的流通等等，只是表面的过程，而在这一过程的背后，在深处，进行的完全是不同的另一些过程，在这些过程中个人之间这种表面上的平等和自由就消失了"[1]。通过对市民社会内在的剖解，马克思深刻洞悉了资本主义交换关系中自由和平等的形式性和虚假性。

基于从商品经济角度对资产阶级社会的自由平等权利的解构及对资本主义规律的发现，马克思阐述了实现人的自由全面发展的经济前提与可能性。马克思看到了资本主义内在矛盾中孕育着扬弃资产阶级自由平等权的历史趋势。这种扬弃植根于生产力的极大发展，"迫使人类去为生产而生产，从而去发展社会生产力，去创造生产的物质条件；而只有这样的条件，才能为一个更高级的、以每一个个人的全面而自由的发展为基本原则的社会形式建立现实基础"[2]。与社会生产力极大发展相伴的是私有制和旧式分工的强制性与固定性的消灭。社会生产力的极大发展和私有制的消灭，旧式分工的消灭，异化劳动消除，使得剩余劳动时间向自由时间转换。自由时间是产生自由的根本条件。作为生命体的人本身的时间而非物化的货币，才是人类社会超越资本主义商品经济及其

---

[1] 《马克思恩格斯全集》第30卷，人民出版社1995年版，第202页。
[2] 《马克思恩格斯文集》第5卷，人民出版社2009年版，第683页。

法权界限的真正财富。在个体自由时间充裕的共产主义新社会中,自由不再是商品交换形式下的物化自由,而是实现个人全面发展的自由。

基于对大工业生产的考察,马克思主义创始人断言教育与生产劳动相结合是实现人的全面发展的有效途径。资产阶级旧式"学校中的这种技术教育就脱离了以后的任何实际运用,失去了对生产本身的任何意义……"[1]并不能带来任何的全面自由发展。就教育的内容而言,恩格斯主张,平等教育应根据每个人的个性因材施教。对于未来的共产主义社会的教育平等,应实行对所有儿童的免费教育,将德育、智育与体育相结合,以此提高个体的劳动能力,在促进社会生产力极大发展的同时实现人的自由全面发展。[2] 在共产主义高级阶段,人的全面自由发展也将成为生产力发展的客观要求。

在共产主义高级阶段,人类社会扬弃异化,使得人重新回归其自己的本质。就此而言,依然需要社会生产力的发展及与此相适应的生产关系的进步,以及在此进程中所实现的人的全面发展。"随着个人的全面发展,他们的生产力也增长起来,而集体财富的一切源泉都充分涌流之后,——只有在那个时候,才能完全超出资产阶级权利的狭隘眼界,社会才能在自己的旗帜上写上:各尽所能,按需分配!"[3]

第三节 马克思、恩格斯的分配正义思想

从政治经济学角度理解经济不平等,主要涉及分配正义的问题。马克思主义创始人对其所生活时代的资本主义分配问题的研究,从经济事实层面和道德伦理层面的价值批判两条路径展开。马克思、恩格斯从历史唯物主义角度,基于政治经济学的研究承认了资本主义分配之于资产

---

[1] 《马克思恩格斯文集》第9卷,人民出版社2009年版,第339页。
[2] 《马克思恩格斯文集》第9卷,人民出版社2009年版,第339—340页。
[3] 《马克思恩格斯文集》第3卷,人民出版社2009年版,第436页。

阶级的"历史正当性",也从伦理道德层面指出资本主义分配对无产阶级而言是非正义的。

一 资本主义分配的"历史正当性"与非正义性

在马克思、恩格斯那里,分配是"(1)生产工具的分配,(2)社会成员在各类生产之间的分配(个人从属于一定的生产关系)"[①];以及生产收入的分配,即"对产品中归个人消费的部分的各种索取权"[②]。其中,此处与正义相关的分配,主要是对劳动产品的分配。马克思运用历史唯物主义,论述了资本主义初次分配的"历史正当性"。在《资本论》第3卷中有这样一段话:

> 在这里,同吉尔巴特一起(见注)说什么天然正义,这是毫无意义的。生产当事人之间进行的交易的正义性在于:这种交易是从生产关系中作为自然结果产生出来的。这种经济交易作为当事人的意志行为,作为他们的共同意志的表示,作为可以由国家强加给立约双方的契约,表现在法律形式上,这些法律形式作为单纯的形式,是不能决定这个内容本身的。这些形式只是表示这个内容。这个内容,只要与生产方式相适应,相一致,就是正义的;只要与生产方式相矛盾,就是非正义的。在资本主义生产方式的基础上,奴隶制是非正义的;在商品质量上弄虚作假也是非正义的。[③]

从这段文字可以看出,马克思对资本主义分配的正义的判断,是基于政治经济学的研究而对事实作出的实然判断,而非价值判断。意即一定的生产力水平、生产方式和生活方式决定了分配方式。资本主义的分

---

① 《马克思恩格斯文集》第8卷,人民出版社2009年版,第20页。
② 《马克思恩格斯文集》第7卷,人民出版社2009年版,第995页。
③ 《马克思恩格斯文集》第7卷,人民出版社2009年版,第379页。(注释:一个用借款来牟取利润的人,应该把一部分利润付给贷放人,这是不言而喻的天然正义的原则。)

配是合乎历史规律的，或者说具有"历史正当性"。

在资本主义社会，初次分配的主体就是资产阶级（企业主、雇主），再次分配的主体则是国家。分配的对象既有生产要素——劳动、资本、土地、技术等，也有市场主体之间的经济机会、经济权利和义务等。资本家根据市场逻辑占有了工人阶级的剩余劳动——对资本家而言是"正当的"。在资本主义的游戏规则下，市场竞争所导致的两极分化及结果的不平等，也是具有必然性的。正如恩格斯在谈到马克思对剥削的看法时这样说道，"马克思了解古代奴隶主，中世纪封建主等等的历史必然性，因而了解他们的历史正当性，承认他们在一定限度的历史时期内是人类发展的杠杆；因而马克思也承认剥削，即占有他人劳动产品的暂时的历史正当性"①。必须指出的是，这种"历史正当性"是基于政治经济学的研究而作出的事实判断，而非伦理道德层面的价值判断。

尽管马克思主义创始人对分配正义没有给出明确的答案，但他们从伦理层面表达了资本家对剩余价值的无偿占有就是非正义的立场和主张。马克思用"抢劫""盗窃""剥夺""榨取""剥削"等词汇来描述这种无偿占有的非正义性——"现今财富的基础是盗窃他人的劳动时间"②，资本家无偿占有的工人劳动产品就是"从工人那里掠夺来的赃物"③。在马克思、恩格斯生活的资本主义社会中，工人阶级"必须承担社会的一切重负，而不能享受社会的福利"④。显然，工人阶级没能得到与其义务相称的社会权利，而且资本主义社会的生产目的——纯粹以利润和创造财富为目的，在伦理层面具有非正义性。"资产者把无产者不是看作人，而是看作创造财富的力量。资产者还可以把这种力量同其他的生产力——牲畜、机器——进行比较。"⑤

---

① 《马克思恩格斯全集》第21卷，人民出版社1965年版，第557—558页。
② 《马克思恩格斯全集》第31卷，人民出版社1998年第2版，第101页。
③ 《马克思恩格斯全集》第43卷，人民出版社2016年版，第633页。
④ 《马克思恩格斯文集》第1卷，人民出版社2009年版，第542页。
⑤ 《马克思恩格斯全集》第42卷，人民出版社1979年版，第262页。

然而，对资本主义分配的非正义性，就不能停留于道德层面的谴责上。

> 认为全部社会产品，即工人的产品，属于唯一的、真正的生产者工人……这种应用从经济学来看形式上是错误的，因为它只不过是把道德运用于经济学而已。按照资产阶级经济学的规律，产品的绝大部分并不属于生产这些产品的工人。如果我们说，这是不公平的，不应该这样，那么这首先同经济学没有什么关系。我们不过是说，这个经济事实同我们的道德情感相矛盾。①

马克思、恩格斯并不反对道德本身——因为"产品应当属于全体劳动者"②，他们也认为资本主义分配是不公平、非正义的，但反对将伦理道德运用于经济学的分析，这会使当时的共产主义者和社会主义者被遮蔽掉发现历史客观规律的眼睛。

二 如何实现公平分配

显然，马克思主义创始人所作的一切理论探索，都致力于超越资本主义的不平等及其分配的非正义性。这种超越是基于政治经济学的科学研究，而非一般社会主义者在道德层面的谴责或者未脱离资本主义生产关系束缚的"幻想"。正如马克思在《哥达纲领批判》中所做的那样——他在揭示拉萨尔等颇具蛊惑性的"公平分配"的真相时，作出了构建公平分配模式的尝试。马克思对拉萨尔主张的"公平分配"进行了分析，同时指出"'社会一切成员'和'平等的权利'显然只是些空话"③。在马克思看来，劳动所得首先要满足的是维护社会秩序的社

---

① 《马克思恩格斯全集》第28卷，人民出版社2018年版，第215页。
② 《马克思恩格斯全集》第28卷，人民出版社2018年版，第617页。
③ 《马克思恩格斯文集》第3卷，人民出版社2009年版，第432页。

会机关——政府的各方面要求,其次满足各种私有者的要求,"因为各种私有财产是社会的基础"。而直到目前全部历史的规律表现为,随着劳动的社会性的发展,劳动是财富和文化的源泉,"劳动者方面的贫穷和愚昧、非劳动者方面的财富和文化也发展起来"①。因此,所谓"平等的权利总还是被限制在一个资产阶级的框框里""权利决不能超出社会的经济结构以及由经济结构制约的社会的文化发展"。②

在经过长久阵痛刚刚从资本主义社会中产生出来的共产主义社会第一阶段,其经济、道德和精神方面都还带着它脱胎出来的那个旧社会的痕迹。"所以,每一个生产者,在作了各项扣除以后,从社会领回的,正好是他给予社会的。他给予社会的,就是他个人的劳动量。"因此,在共产主义初级阶段,"在这里平等的权利按照原则仍然是资产阶级权利"③。也就是说,即便在社会主义社会,由于生产力水平和社会经济结构及其制约下的社会文化发展,人们还只能通过劳动和等价交换来满足其自身需要。但是,这样的分配忽视了劳动者体力或智力上自然禀赋的差异,也就造成了在现实当中事实存在的不平等。到共产主义高级阶段,"迫使个人奴隶般地服从分工的情况已经消失",脑力劳动和体力劳动的对立也随之消失,"劳动已经不仅仅是谋生的手段,而且本身成了生活的第一需要"。④ 随着个人得到全面的发展,生产力极大地增长,集体财富充沛,人类社会将实现"各尽所能,按需分配"⑤。

由此,马克思对空想社会主义者提出的"各尽所能,按需分配"给予了更为科学且逻辑上环环相扣的理论阐释。在生产力水平不够高的社会中,人的劳动和交换都是谋生手段,也是异化的劳动和交往。在特定的生产力水平下,人的多重需要产生了交换,商品交换关系推动自发

---

① 《马克思恩格斯文集》第 3 卷,人民出版社 2009 年版,第 430 页。
② 《马克思恩格斯文集》第 3 卷,人民出版社 2009 年版,第 435 页。
③ 《马克思恩格斯文集》第 3 卷,人民出版社 2009 年版,第 434 页。
④ 《马克思恩格斯文集》第 3 卷,人民出版社 2009 年版,第 435 页。
⑤ 《马克思恩格斯文集》第 3 卷,人民出版社 2009 年版,第 436 页。

分工的形成，进而推动异化劳动的形成。唯有当生产力高度发达、生产关系与之相匹配，社会分工发展为自觉分工时，劳动本身才会成为目的，不再是谋生手段，而是生活的第一需要。于是，人们可以自由选择想要从事的劳动，从而进入可以全面自由发展的历史阶段。当人回归其自身的本质，劳动与交往都是人的自由意志的活动时，共产主义社会高级阶段的公平分配、"各尽所能、按需分配"才能成为现实。这一切都取决于私有制的消除、异化的扬弃，最终归根于社会生产力水平的不断进步发展。

小　结

平等的概念或平等之物，是任何一种平等思想的核心内容。尽管马克思恩格斯没有对此作出明确界定，但基于历史唯物主义的方法给出了马克思主义平等观的基本原则，即任何观念都是基于一定社会历史条件的产物，是不同社会历史条件下形成的不同的理念认知。基于此，我们应从以下三个方面把握马克思、恩格斯平等观中的平等：一是运用唯物史观去把握马克思、恩格斯平等观——任何平等观都不是永恒不变的真理；二是资本主义社会不平等的根源——私有制，消除不平等的途径——发展生产力，消灭私有制、消灭阶级；三是权利平等与实质平等的关系。

马克思主义创始人运用唯物辩证法，揭示劳动异化是人类社会最初不平等产生的根源，而异化则源于社会生产力与人类多样化的需求之间的矛盾。一定的生产力水平催生了分工和交换。继而异化劳动与私有制出现，人与人之间的不平等形成。在人类历史的漫长演进中，异化劳动与私有制相互作用、相互强化的关系在资本主义社会达到顶峰。马克思、恩格斯虽然承认了资本主义社会不平等的历史必然性，但同时也从伦理道德层面对资本主义分配的非正义性进行了深刻有力的批判，并鼓舞无产阶级发起超越资本主义分配制度和不平等的斗争。在探求如何实现真正平等的人类社会时，马克思、恩格斯也阐明了社会生产力的极大发展只是达到目的的手段和前提，或者说是一种必要条件而非充分条件。对劳动异化的扬弃，使得人重新占有其自己的本质，使得劳动与交往回归人的本质，才是超越了权利平等的实质平等。消除了阶级差异的平等，还需要将智育、德育、美育等融入人的发展，重视人的多层次发展需求。换言之，在共产主义高级阶段到来后，"各尽所能，按需分配"的实现，人的全面自由发展的实现，就是马克思、恩格斯平等观和分配正义思想中的最高价值追求。

第七章　西方理论界对平等的探讨

尽管西方政治哲学家很少直接参与公共政策的制定，但是他们的思想和价值观往往能够对政策制定者形成深刻的影响。或者他们的思想本身就是欧美资本主义社会中居于主导地位的意识形态，承载着资产阶级的文化霸权。自启蒙运动以来，随着资产阶级的契约思想及权利平等理念深入人心，西方思想界对平等的讨论转向在权利平等基础上如何实现最大限度的事实平等。关于"平等"或"不平等"问题，聚焦在资本主义社会应关注的"平等之物"是什么和责任的思辨。这构成了西方思想界平等观念演进的主线。近现代以来对"权利""效用""正义""能力"等方面平等的理论激辩，在无形中塑造了欧美发达资本主义国家对社会分配制度、民主制度和社会福利制度的发展轨迹。不同流派思想家的理论不仅蕴含不同时期资产阶级的价值诉求，同时也构成了资本主义社会对内自我调节的理论基础。

第一节　近代之前西方思想界平等观的演进脉络

西方思想家对平等问题的研究，最早可追溯至古希腊时期。柏拉图在《理想国》中就主张正义是"给人恰如其分的所得"，主张"合乎比例的不平等"。亚里士多德在《政治学》中也有过相似的表达，如正义就是"比值相等""以公共利益为依归"等。但是，亚里士多德并不认为人天生就是平等的——"有些人生来就是做奴隶的,而另一些人天生就是来统治的",正如卢梭在《社会契约论》中的批判,亚里士多德是对的,但是"他把因果关系弄颠倒了"①。因此,古希腊的哲学家受其所生活时代的局限和影响,均把不平等视为社会政治生活的基础。

不过,在此后的希腊化时期,斯多葛派提出了人类在独立于现实世界之外的精神领域生而自由平等的主张,并为西塞罗等人所继承。只是在后来漫长的中世纪,精神世界的平等亦被蒙尘,基督教所承认的"原罪的平等"成为禁锢西欧市民社会平等观的主流思想。到文艺复兴时期,古希腊德尔菲神庙碑铭上的箴言"认识你自己!"再度振聋发聩,呼吁关注"人"本身的人文主义思潮破茧而出,宣扬人的卓越和天生平等,为市民阶层以及新生的资产阶级的地位进行辩护。

近代西方尝试打破森严的等级制度的平等理论发轫于启蒙运动时期形成的契约论。平等与自由共同赢得了政治哲学的关注。洛克在《政府论》中断言:"人类确实有一种'天赋的自由'。这是由于一切具有同样的共同天性、能力和力量的人从本性上说都是生而平等的,都应当享受共同的权利和特权。"② 霍布斯在《利维坦》中指出,在单纯的自然状态下,"所有的人都是平等的,根本没有谁比较好的问题存在"③。但是在现实自然状态中,人们往往处于"每个人对每个人的战争"中,既缺乏安全,也无自由保障。为了获得安全,人们必须让渡出部分权利来订立契约,从而形成国家。因此,国家是一个超越个体的存在,负有维护社会秩序和保护人民福祉的使命;由此,人在自然状态下的自由和平等,因契约的订立而得到保障。

卢梭是契约论的集大成者。他在《论人类不平等的起源和基础》

---

① 《卢梭全集》第4卷,李平沤译,商务印书馆2012年版,第19页。
② [英]洛克:《政府论》(上篇),瞿菊农、叶启芳译,商务印书馆1982年版,第57页。
③ [英]托马斯·霍布斯:《利维坦》,黎思复、黎廷弼译,商务印书馆2017年版,第117页。

中，提出人类社会经历了平等—不平等—平等三个辩证的发展阶段；并将人类的不平等分为两类：

> 其中一种，我称之为自然的或生理上的不平等，因为它是由自然确定的，是由于年龄、健康状况、体力、智力或心灵的素质的差异而产生的。另外一种，可以称为精神上的或政治上的不平等，因为它的产生有赖于某种习俗，是经过人们的同意或至少是经过人们的认可而产生的。这种不平等，表现在某些人必须损害他人才能享受到的种种特权，例如比他人更富有、更尊荣、更有权势，或者至少能让他人服从自己。[1]

卢梭注重的主要是只在人类社会状态中存在的第二种不平等。这是随着生产力发展和劳动分工出现，以及私有制形成而产生的社会不平等。换言之，私有制就是不平等产生并得以合法化的根源。卢梭认为，如果要消除随着生产力与文明不断发展而形成的不平等，就要通过社会契约构建更为基础的、更高级的平等，即政治与法律的平等。总之，契约论的提出打破了封建等级制度的壁垒，契合了资产阶级革命时代对"平等与自由"的诉求，也构建了西方资本主义社会以此为基础的权利平等理论体系。

第二节　自由主义内部平等观的"对峙"与融合

在西方古典自由主义内部，除上述以洛克、卢梭等为代表人物的契约主义传统，还有以杰里米·边沁（Jeremy Bentham）、约翰·斯图亚

---

[1] 《卢梭全集》第4卷，李平沤译，商务印书馆2012年版，第229页。

特·密尔（John Stuart Mill）和约翰·S. 穆勒（John Stuart Mule）等为代表的功利主义传统。相较契约主义，由于功利主义与资本主义长期以来的政治和经济管理实践的更紧密性，以及其理论的简明性——以"最大多数人的最大利益"的最大程度增长为善，而成为几个世纪以来西方自由主义哲学中居主导地位的学说。

20 世纪 70 年代以来，罗尔斯在《正义论》《正义新论》中对这两种传统发起进攻，进行修正。由此，以效用作为正义标准的功利主义在自由主义哲学中的主导地位才遭遇极大挑战乃至弱化。与此同时，自由至上主义者罗伯特·诺齐克（Robert Nozick）也在《无政府、国家和乌托邦》中对罗尔斯进行回应，明确了双方之间的理论分歧。如果说对罗尔斯而言，正义意味着平等的自由，任何不平等都是应该而且能够加以纠正的；那么诺齐克则认为，正义意味着极致的权利，且权利是神圣不可侵犯的。由此，罗尔斯"平等主义的自由主义"维度下的"基本善"的资源平等、功利主义的福利平等及自由至上主义的机会平等，在"对峙"与融合中共同构成当代西方自由主义内部斑斓的平等观。

一 功利主义与福利平等

功利主义是称霸西方思想界几百年的一种政治哲学。根据这种主张，政府应该选择使社会总效用最大化的政策。功利主义形成于 18 世纪末 19 世纪初的英国。在那个时代，由于工业革命带来的生产力大发展，资产阶级需要一种能够更有力地涤荡阻碍资本主义发展旧理念的价值观。在此背景下，功利主义应运而生。

密尔首次提出了"utilitarianism"（功利主义）这个名词。该词源于 utility，在学术中的含义是指人的主观效用。所以功利主义在哲学和经济学中乃"效用主义"之意。最早的功利主义，又被称为"最大幸福原理"，即"功利"（效用）和"幸福"是检验行为对错的标准。行为的对错，"与它们增进幸福或造成不幸的倾向成正比"。幸福，就是指快乐和免除痛苦；不幸是指痛苦和丧失快乐。[①] 边沁主张为实现大多数人的最大幸福，"整体必须保护他所有的各个部分，而各个部分又要服从整体的意志"[②]。他同时也提出国家、政府尤其是立法的必要性，但这种干预必须在最低限度，不能妨碍个人最大限度地追求自己幸福的自由。他对英国当时强调个人责任和义务的新济贫法表示支持，反对限制个人行动自由的工厂法。作为自由主义经济学家，穆勒也在其《论自由》《政治经济学原理》等著作中表达了个体享有不妨碍他人、不损害集体利益的有限自由、政府在公益服务和社会事务领域应实施有限干预，以及实施使得人们既能获得帮助而其目标在于使人摆脱帮助的有限救济等主张。边沁和穆勒的思想直接将追求幸福和民众福利作为指导人们的伦理价值观，十分契合当时以资本和财富积累为目标的工业资产阶级的价值观，也为其进一步夺取政权提供了理论依据。

到19世纪末20世纪初，功利主义思想成为福利经济学的重要思想来源。由于英国经济学家威廉·S.杰文斯（William Stanley Jevons）、阿尔弗雷德·马歇尔（Alfred Marshall）和阿瑟·塞西尔·庇古（Arthur Cecil Pigou）等的影响，效用被等同于福利。因此，追求效用最大化就是追求福利最大化。"第一，福利的性质是一种意识状态，或许是意识之间的关系；第二，福利可以在或大或小的范畴内产生。"[③] 自此，在西方理论界，福利被更加明确地视为一种主观感受，且福利可以是狭义的经济福利，也可以是广义的社会福利。同时，庇古也注意到经济福利受到"（1）国民所得的数量和（2）国民所得在社会成员之间分配方式的影响"[④]。在此基础上，意大利经济学家维尔弗雷多·帕累托提出了著名的"帕累托最优"状态，即"当不存在能够使某人的处境变好同

[①] [英] 约翰·穆勒：《功利主义》，徐大建译，商务印书馆2014年版，第7页。
[②] [英] 边沁：《政府片论》，沈叔平译，商务印书馆1995年版，第128页。
[③] [英] A.C.庇古：《福利经济学》（上卷），朱泱、张胜纪、吴良建译，商务印书馆2006年版，第16页。
[④] [英] A.C.庇古：《福利经济学》（上卷），朱泱、张胜纪、吴良建译，商务印书馆2006年版，第135页。

时不使任何人处境变坏的任意变化时",就是资源配置最优的福利最大化状态。①

那么,福利最大化原则如何与福利平等相连接呢?这取决于两个因素:一是边际功利递减福利平等作为功利主义的一种理论形态,关注的是利益分配所产生的福利总和而不是消费福利;二是个人的偏好。边际功利递减意味着,1000元带给亿万富翁的福利常远远小于对普通工人产生的福利。换言之,功利主义的福利平等,意味着在利益分配中所有个体(无论客观上的贫富差距多大)偏好得到满足的效用,被赋予平等权重。如果边际递减是规律和事实的话,资源分配达到效用最大化就是"平等"的分配方式。同时,西方思想界还提出了帕累托改进的假设。根据这一假设,在任一给定收入水平下,由于自然禀赋差异,甲从收入的平均分配中获得的效用大于乙,那么即便甲的状况已经比乙好,也应在保持乙处境不变的前提下,基于追求福利最大化原则给予甲更多的收入。这也是功利主义主张的"福利平等"。很明显,这种分配理念非常契合资产阶级不断扩大资本积累的欲望诉求。从历史唯物主义角度来看,功利主义原则下的福利平等非但没有降低不平等,反而加剧了社会不平等。

在福利分配中,功利主义原理的内核始终是以总福利最大化为其追求目标,且更强调个人的偏好与责任。功利主义作为评价平等的标准,强调个人偏好在得到满足后所获得的一种幸福生活。尽管这种观念高度肯定了福利具有内在价值,关心作为个体的实际生活水平,同时根据福利对个体的最终影响评价其价值。但其中存在的最大的问题是,忽视了个体偏好的主观性、合理性问题。由于个体在价值取向、性情等方面的巨大差异,不仅偏好存在巨大差异,且有些偏好的正当性也是值得商榷的。满足具有歧视性的政治偏好,对社会整体进步的

---

① [美]斯坦利·L. 布鲁:《经济思想史(原书第6版)》,焦国华等译,机械工业出版社2003年版,第292页。

贡献微小却占用大量资源的非个体偏好与一掷千金型的昂贵型个体偏好等，都是不合理的。总之，功利主义政治哲学下的福利平等，并不主张收入分配的平等化。为实现社会总效用的最大化，政府要在实现更大的福利平等与所谓扭曲激励（转移支付下人勤奋工作的动力弱化）的损失之间进行平衡。

面对福利平等的缺陷，理查德·阿内逊（Richard Arneson）试图从偏好与责任两个方面对福利平等进行修正，提出了福利机会平等。他提出的福利机会平等假设意味着，每个人都应该为其自身的选择负责，但如果不平等超出个人可掌控的范围，就应该得到补偿。阿内逊的理论修补依然没能跳出功利主义的窠臼。首先，他基于英美政治哲学的传统理论假设，将那些难以满足的非自利性偏好如崇高的政治理想、环保理念等排除在外，着重强调自利性偏好。其次，基于个体信息是否充分、对外在环境与条件的考虑是否全面，判定偏好的合理性。那么，这意味着既要求以外部条件来判断个体偏好的合理性，又承认应对现实条件必须有所限制而去满足人的偏好，即并非现实条件都具有合理性。阿内逊"没有认真考虑超越个人控制但是影响个体人生的社会因素，这些都应该被纳入考虑，以矫正自由放任主义的优势分配"，对他而言"自我所有权的重要性战胜了由出于责任考虑的任意分配需求"。①

二 "正义论"与"基本善"的资源平等

如前所述，以权利为基础的契约主义是当代西方自由主义政治哲学中一个非常重要的派别。它被视为功利主义政治哲学的最强劲对手。它们共同深刻影响、塑造了当代资本主义社会主流平等观的伦理内核。但至少在 20 世纪 70 年代之前，西方政治哲学领域绝大多数哲学家都将功利主义奉为圭臬。罗尔斯也正是将强调总效用最大化的功利主义为其理

---

① ［美］约翰·E. 罗默：《分配正义论》，张晋华、吴萍译，社会科学文献出版社 2017 年版，第 327 页。

论假想对手，进而创立了深刻影响西方资本主义平等观的正义理论。罗尔斯在《正义论》前言部分开宗明义地表达了自身的理论抱负——简化以洛克等为代表的社会契约理论使之上升到更高的抽象水平，凸显其正义观的主要结构性特点，从而取代功利主义在自由主义政治哲学中系统解释正义的主导地位。①

罗尔斯基于三大理论根据对功利主义作出了批评：一是功利主义者将社会选择作为个人选择的简单扩大，而社会的选择并不是个人的选择；二是功利主义者将"福利"独立于正当或权利，将权利或正当视作使"福利"最大程度增加的手段；三是功利主义关注福利总额最大程度的增加而不怎么关注其分配。功利主义者对这些批评也作出了回应与调整。可以说，功利主义者对功利主义的修正与新的福利平等观的形成，也正是得益于他们与罗尔斯的思想交锋与激辩。罗尔斯的分配正义，是一种自由主义政治哲学，主张政府应该选择公正的政策。这种公正要由一位处于"原始处境"在"无知之幕"背后的不偏不倚的无偏见的观察者来确定。

第二次世界大战后，西方发达资本主义国家进入了一个长达30年的黄金发展期。在这个"黄金时代"，凯恩斯主义盛行大西洋两岸，多国宣称建成福利国家。这为美国政治哲学家罗尔斯思考分配的正义，撰写《正义论》提供了现实的社会背景。不同于自由主义保守派——只接受形式上的平等，即法律面前人人平等，自由平等主义者罗尔斯表现出了对实质平等的强烈关注。社会正义的问题正是针对不平等而提出的。罗尔斯利用契约论原则，设置了一种原始状态：假想理性的人们被"无知之幕"遮蔽并不知道其自身的天赋、家庭环境和人生观，但了解政治经济的规律、社会稳定的重要性等，从而避免凭借其自身的先天或

---

① John Rawls, *A Theory of Justice*, Cambridge, Massachusetts: The Belknap Press of Harvard University Press, 1971, p.4.

后天环境优势来提出只对他们自己有利的方案。如此，在罗尔斯的理论中，一个公平的"原始处境"就被构建了出来。在此基础上，他宣称："社会正义的原则首先应该应用于这样的不平等，即那种在任何社会的基本结构中都难以避免的不平等。"[1]

由此，罗尔斯提出的正义原则按优先顺序如下，即平等的自由原则、差别原则和公平的机会平等原则。平等的自由原则意味着，每个人都应该在社会中享有平等的自由权利。差别原则强调任何社会和经济的不平等分配必须考虑到所有人的利益，特别是最不利者状况的改善。公平的机会平等原则，应用于社会经济的不平等，使具有同等能力、技术与动机的人们享有平等的获得职位的机会。在罗尔斯看来，应该平均分配的是基本善，包括自由、权利、机会、权力、收入和财富等。

20世纪七八十年代新自由主义在西方兴起，并在此后主导了西方国家一系列经济社会政策的调整，尤其是凯恩斯主义福利国家不断收缩，经济不平等问题再度凸显。在此背景下，罗尔斯在2001年发表《作为公平的正义——正义新论》。在其中，他认为欧洲资本主义福利国家的最低社会保障本质上是有限功利原则的一种变体。福利国家的这种最低保障也否认政治自由的公平价值，这与自由放任的资本主义一样允许经济结构不平等存在。它们都使政治和经济议程控制在少数人手中。换言之，福利国家的消极福利也会引发政治社会的两极分化，这损害了公民能够终身自由和平等地参与社会生活的原则。因此，罗尔斯在财产的民主制取代资本主义和自由社会主义的理想中，包含了关于其正义原则的安排。这种安排保障基本自由，政治自由的公平价值和公平的

---

[1] John Rawls, *A Theory of Justice*, Cambridge, Massachusetts: The Belknap Press of Harvard University Press, 1971, p. 7.

机会平等，以差别原则中的相互性观念①来规范经济不平等和社会不平等，从而实现其所主张的"公平的正义"②。

罗纳德·M. 德沃金（Ronald M. Dworkin）尝试对罗尔斯的正义理论进行了批判和再构建。他以"资源"代替"基本善"。德沃金提出平等权利是指所有人都有平等的机会去追求他们的目标，无论他们来自哪个社会阶层或有没有特定的资源，即所谓在资源分配上实现"敏于抱负"（ambition-sensitive）和"钝于天赋"（endowment-insensitive）的目标。个人要为"选择运气"（option luck），即承载了个人主观意志和个体抱负的选择承担责任，不必为外在资源、天然禀赋差异的"纯粹运气"（brute luck）所造成的不平等担责。③ 事实上，在现实政治社会经济生活中，由于有限理性、认知能力和信息差，这两种运气是难以截然区分的。毫无疑问，德沃金的资源平等理论并未实现其理论抱负，依然存在这样或那样的局限性。不过，罗尔斯对他自身理论的修正和德沃金的尝试，都推动了运气平等主义（luck egalitarianism）的兴起。这在一定程度上促使人们关注西方政治哲学界在讨论平等问题时所惯常忽视的由于自然禀赋差异而导致的不公。这是马克思早就给予关注的问题，而且作出的分析也更深入。

三　自由至上主义与机会平等

罗尔斯对古典自由主义中极端自由主义主张的修正，即努力减少社会的偶然因素（出身与机会）对人的生活起点的影响，遭到了罗伯特·诺奇克（Robert Nozick）等自由至上主义者的强烈反对。尽管功利

---

① 在作为公平的正义中，相互性介于不偏不倚（impartiality）与互利（mutual advantage）之间，它是由规范社会的正义原则表达出来的一种公民之间的关系。
② ［美］约翰·罗尔斯：《作为公平的正义：正义新论》，姚大志译，中国社会科学出版社 2011 年版，第 164—170 页。
③ Ronald Dworkin, "What Is Equality? Part 2: Equality of Resources", *Philosophy and Public Affairs*, 1981, Vol. 10, No. 4, pp. 283-345.

主义和自由主义之间存在某种对峙，但它们都把社会总收入作为一种能够自由再分配的共享资源以实现某种社会目标。而在自由至上主义者眼中，则只有个人，只有单个的社会成员的收益。罗伯特·诺奇克就是将自由主义推向极致的西方政治哲学家的代表。他在《无政府、国家和乌托邦》中表达了这样的观点和主张：没有任何集中的分配，没有任何个人或群体有权控制所有的资源，来共同决定怎样发放这些资源。每个人得到的东西都是其他人通过交换或赠送方式给他的。在一个自由社会里，不同的人们控制着不同的资源，新的持有来自自愿的交换和人们的行动。①

诺奇克在《无政府、国家和乌托邦》中的"最小国家观"，即国家的职责限于维护社会秩序和人们达成的协议，以及防止外敌入侵，对个人所征收的赋税不能超过以上职责所需要的限度。作为彻头彻尾的自由主义者，诺奇克认为，政府如果通过社会政策和税收政策进行第二次分配就侵犯了个人权利，且再次分配，应该由不受干涉的市场、馈赠和自愿捐赠来实现。②

自由至上主义者评价社会公正的标准，是结果产生的过程是否正义，政府的权利和义务也仅仅在于保障过程的正义，确保每个人都有同样的发挥他自己才能并获得成功的机会，而即便人们持有的收入和财富分配差距很大也是公平的。美国经济学家 N. 格里高利·曼昆（N. Gregory Mankiw）认为，自由至上主义者的结论就是机会平等相对于收入平等或结果平等而言更重要。③

尽管诺奇克此后意识到其自由至上主义理论的极大局限性，在严肃地审视和自我批评基础上，又对于自由至上主义补充了矫正原则、限制

---

① ［美］罗伯特·诺奇克：《无政府、国家和乌托邦》，姚大志译，中国社会科学出版社 2008 年版，第 25—30 页。
② ［美］罗伯特·诺奇克：《无政府、国家和乌托邦》，姚大志译，中国社会科学出版社 2008 年版，第 201—208 页。
③ ［美］曼昆：《经济学原理（第 5 版）：微观经济学分册》，梁小民、梁砾译，北京大学出版社 2009 年版，第 449 页。

条款和灾难性道德恐慌例外原则，但是，这并不能改变自由至上主义者骨子里所坚持的只要"过程正义""机会平等"，"结果的不平等"也是平等。自由至上主义的理念因此受到众多批评。如罗尔斯就认为平等主义的自由主义必须在富人和不幸的人之间进行再分配，财产权并不能完全属于个人受保护的权利领域。尽管如此，自由至上主义对盎格鲁—撒克逊国家分配制度演变的影响，始终是非常深刻的。

第三节 新自由主义与"可行能力平等"

新自由主义是在 20 世纪 30 年代反凯恩斯主义过程中形成的当代政治哲学，一种经济学说。新自由主义内部流派繁杂，包括伦敦学派、现代货币学派、公共选择学派等。各派在一些基本主张上有一些共同点，都持有鲜明的个人自由主义主张，认为这是自由市场制度存在的基础，也是经济自由的基本出发点；都推崇市场原教旨主义，反对国家干预，主张私有化、主张全球自由化，尤其强调社会保障的责任由国家向个人和市场转移，反对福利国家。因此，在"解构"福利国家，"拆散"福利国家的新自由主义政治哲学中，在一定程度上助推了注重个人责任和个人能力发展平等观的形成。

因在福利经济学中的贡献而获诺贝尔经济学奖的阿马蒂亚·森（Amartya Sen）提出了适应新自由主义政治哲学的"可行能力平等"。森在 1979 年的一次以"什么东西的平等"为题的讲座中，对可行能力（capability）平等进行了探讨。自此引发了西方政治哲学和规范经济学界对所谓可行能力的关注。随着对这种理论探讨的升温，以可行能力和功能评判一个人过得好不好的能力理论，被视为罗尔斯正义论中的资源主义和功利伦理原则下的福利主义之间的第三条路向。

森在考察贫困时所形成的认识——人的发展应该体现在持久的生活和过一个好的生活的能力中，构成其可行能力理论的基础。他认为，贫困不仅是传统观念中的物资极度匮乏状态，而且是一种对基本能力的剥夺。森在《以自由看待发展》中对收入与贫困的联系进行了阐述。其一，收入和能力的关系会受到年龄、性别、生存环境和社会角色等一系列因素的影响；其二，在对收入的掠夺和把收入顺利转化为功能的条件之间，存在某种劣势耦合（coupling）效应；其三，按照收入来探讨贫困的做法，由于家庭内部分配的存在而形成了进一步的复杂性；其四，收入上的相对剥夺可以产生对可行能力的绝对剥夺。[1] 对此，森继续举例进行解释。在发达国家参与社群生活（有些发展中国家则没有这些需求）所需要的现代装备，如电视、汽车等，对其基本生存物品，如食物等的竞争性需求，甚至还会带来饥饿这个令人不可理解的现象。再比如，一个拥有失业保险的失业者，依然会陷入因失业而丧失一些能力的困境，如"心理伤害、工作动力和自信心的丧失、发病概率的提升，家庭与社会关系的解体，社会排斥的恶化，高度紧张及性别歧视等"[2]。

在森看来，要实现让每个人过上基本体面生活的某种平等主义目标，取决于这个人是否具备包括机会在内的实现这种生活的资源和利用这些资源实现体面生活的能力。因此，在资源得到同等保障的情况下，可行能力就应该成为平等主义所关注的要点。之所以如此，是因为每个人的自然禀赋和所生存的外部环境存在差异。换言之，人们所生活的共同体、社会氛围和自然环境为个体提供了差别极大的机会，即便在拥有相同的物质资源时也是如此。[3]

因此，森对广义的资源平等（包括罗尔斯的基本善平等和德沃金的资源平等）和福利平等的批判，成为可行能力平等理论的前提。不同于

---

[1] [印度] 阿马蒂亚·森：《以自由看待发展》，任赜、于真译，中国人民大学出版社2013年版，第86—87页。

[2] [印度] 阿马蒂亚·森：《以自由看待发展》，任赜、于真译，中国人民大学出版社2013年版，第91页。

[3] [印度] 阿马蒂亚·森：《以自由看待发展》，任赜、于真译，中国人民大学出版社2013年版，第59—60页。

罗尔斯①在《正义论》中关注制度的先验方法，森关注人的行为模式，反对在社会正义与制度正义之间画等号。制度只是实现平等的手段，却不是目的本身。社会正义"既依赖于有效的制度，同时也依赖于人们实际的行为模式"②。即是说，应该关注的是人与制度、人与资源之间的关系。由于人自然禀赋差异，人利用资源的能力不同也导致了福利水平的不平等。关注个体主观偏好的福利主义理论探讨虽然在某些方面优于资源主义，但森指出以偏好满足程度衡量效用的方式，也不能完全测度出人的福利水平。而且，在福利之外，人还有多种多样的追求。人们从资源和福利中获得的可行能力，才是平等主义应该关注的重心。

　　森把可行能力等同于自由，"一个人选择有理由珍视的生活的实质自由——即可行能力"③。而发展是扩大人们享受真实自由的过程，扩展自由是发展的首要目的和主要手段。实质自由"包括免受困苦——诸如饥饿、营养不良、可避免的疾病、过早死亡之类——基本的可行能力，以及能够识字算数、享受政治参与等等的自由"④。森和罗尔斯一样，也认为将平等主义的目标或平等之物解释为福利是错误的。但森认为，罗尔斯的基本善——自由与权利、收入与财富、机会与权力等，也是实现目的的工具，或衡量自由的指标。基本可行能力可以被视为对基本善的理论的自然延伸，只是所关注的对象转向了善与人类的实践联系。

　　森可行能力平等理论的局限，首先在于没有有效解决能力发展的责任问题。人与人能力的差异在很多情况下往往是由多种因素造成的，有客观环境的因素，但也有个人选择的结果。在这一点上，如何界定个人

---

① 罗尔斯在1999年出版的《万民法》中也诉诸政治现实主义，主张从已知的世界和所了解的人来构建理论。
② Amartya Sen, *The Idea of Justice*, London: Allen Lane, 2009, p. 82.
③ [印度]阿马蒂亚·森:《以自由看待发展》，任赜、于真译，中国人民大学出版社2013年版，第62页。
④ [印度]阿马蒂亚·森:《以自由看待发展》，任赜、于真译，中国人民大学出版社2013年版，第30页。

选择和个人责任与客观环境的关系等，可行能力理论与福利平等理论一样面临着缺乏说服力的困难。其次，森很重视价值理念、社会规范和伦理对市场机制的影响和作用，并期待通过这些措施减弱并缓和贫困的程度和负面影响，而非追求根本意义上的人的自由全面发展。这使得可行能力平等理论消解平等悖论仍存在很大的历史局限性。森乐观地认为，价值概念、社会规范对发达国家的市场机制同样能够产生积极作用。

在当代世界，资本主义所面临的那些重大挑战，包括不平等问题（特别是在前所未有的丰裕世界中都存在着那种摧残人的贫困），以及"公共物品"问题（即人们共同享受的物品，例如环境）。对这些问题的解决办法几乎肯定需要超越资本主义市场经济的机构和制度。但是，在许多方面，资本主义市场经济的作用范围本身，也可以通过适当地培育起对上述问题敏感的伦理观念来加以扩展。市场机制与多种多样价值观的相容性，是一个很重要的问题，我们必须正视它，并同时探求拓展体制性安排以超越纯粹的市场机制的局限性。[1]

可行能力平等理论，最终要解决的还是不平等问题，森把可行能力看作人所有功能的集合，并将这个集合等同实质性自由。但构成可行能力的功能太多，而森并不能提出科学的权重标准，因而难以量化地加以衡量。对此，英格丽德·罗比恩斯（Ingrid Robeyns）认为，制定可行能力清单应遵循以下四项准则：明确性、可论证性、普遍性和穷尽性。[2] 对此，森的拥趸玛莎·努斯鲍姆（Martha Nussbaum）提出了多维能力正义理论，列举了包括长寿、健康、情绪丰富、实践理性、博

---

[1] ［印度］阿马蒂亚·森：《以自由看待发展》，任赜、于真译，中国人民大学出版社2013年版，第265页。

[2] Ingrid Robeyns, "Selecting Capabilities for Quality of Life Measurement", *Social Indicators Research*, 2005, No. 1, pp. 191-215.

爱、物质充裕等"核心能力"清单。① 即便延长了清单的内容，也没能完全回应对可行能力理论的质疑。西方学界对贫困的成因、测量标准及相关理论虽然持续发展，但总体上陷入了越发工具化、技术化的境地，其思想性却愈发贫乏，未能超越森的理论。简言之，西方学界以"工具之新掩盖思想之乏"的做法，没有为西方平等主义理论找到新的方向。②

尽管如此，自1993年始，联合国开发计划署在其人类发展报告中即运用森的可行能力方法来评估和比较各国的发展状况，人类发展指数涵盖了基本的几种可行能力，如人的寿命、婴儿死亡率、文盲率、享受体面的生活水平等。2000年，联合国开发计划署发表了题为"人权与人类发展"的报告，该报告开宗明义地指出："人类发展是个提高人的能力的过程——扩大选择与机会，使每个人都能过着受人尊重和体现自身价值的生活。当人类发展与人权共同前进时，他们相互加强，即扩大人们的能力，保护人们的权利与基本自由。"③

此外，森的可行能力平等理论为新自由主义兴起背景下欧洲福利国家向社会投资国家转型的叙事提供了理论动力。在新的叙事中，福利被理解为对人力资本的投资和赋能，以推动个体拥有实现各种有价值功能的实际能力组合。那么，平等获得福利的社会权利，从"自由获取"转向了"自由行动"，其道德根基被构建于生产性义务（productive obligation）基础之上。④

---

① Martha Nussbaum, "Capabilities as Fundamental Entitlements: Sen and Social Justice", *Feminist Economics*, 2003, No. 3, pp. 33-59.

② 杨立雄、魏珍：《理论式微与治理转向：论新世纪以来西方贫困研究的"贫困"》，《社会保障研究》2023年第5期。

③ 联合国开发计划署编著：《2000年人类发展报告》，中国财政经济出版社2001年版，前言。转引自夏清瑕《联合国"立足人权的发展方针"的形成过程》，《人权》2016年第4期。

④ Giuliano Bonoli, "The Political Economy of Active Labor-market Policy", *Politics & Society*, 2010, Vol. 38, No. 4, pp. 435-457.

小　结

本章对西方思想界"平等观"的演进及其内容变化进行了扼要呈现和分析。其中，19世纪后全面兴起的功利主义原理下的平等观，契合了资产阶级资本和财富积累的物质价值追求，同时在很大程度上构成了盎格鲁—撒克逊自由主义福利国家构建的指导原则，即为实现总福利最大化的结果更强调个体责任和有限的国家干预。第二次世界大战后，随着福利国家的建成，社会权利观念的深入人心，所谓分配正义理论兴起，该理论契合了当代资本主义自我调节中对"基本善"进行平等分配的策略性需求。

随着新自由主义兴起、新技术变革加速和福利国家危机的深化，在功利主义和正义论之间开辟出的"第三条道路"的可行能力平等理论赢得了广泛关注。可行能力平等理论本质上仍是一种自由主义政治哲学。但其赋能于人、"授人以渔"的主张，似乎更有利于普通大众适应知识经济时代社会的巨大变迁，而这并没有减弱异化劳动的危害性。从表面来看，个体间的差异性及据以评价平等的评估变量的多样性，注定任何一种平等观在改善不平等中都会面临重重挑战。究其根本则在于，这些平等观在很大程度上所起到的作用乃是强化特定生产力水平下资本主义社会的基本矛盾和劳动异化的存在及其对人的全面发展所形成的巨大限制，而这是马克思主义创始人在一个多世纪之前就深刻阐明的道理。

第八章　如何改善不平等

习近平总书记指出：

> 20世纪以来，社会矛盾不断激化，为缓和社会矛盾、修补制度弊端，西方各种各样的学说都在开药方，包括凯恩斯主义、新自由主义、新保守主义、民主社会主义、实用主义、存在主义、结构主义、后现代主义等，这些既是西方社会发展到一定阶段的产物，也深刻影响着西方社会。[①]

这些药方都是在资本主义基本矛盾推动下，资本主义社会进行自我调节和自我改良的指导思想和工具手段，并在一定时期内推动了生产力的发展，缓和了两极分化趋势。因此，习近平总书记强调："我们要深刻认识资本主义社会的自我调节能力。"[②]

资本主义自我调节能力的关键内容之一，就是对其内在痼疾——不平等的调控。出于维护社会秩序稳定、巩固经济和政治优势地位的考虑，欧美经济精英和政治精英也会作出将不平等控制在一定范围内的考虑，并不同程度地将之付诸实践。正如我们在回顾历史时所看到的第二次世界大战后至20世纪六七十年代，由于欧洲福利国家和美国社会福利制度建设，经济不平等趋于缓和。但此后，缓和的趋势被

[①] 习近平：《在哲学社会科学工作座谈会上的讲话》，人民出版社2016年版，第4页。
[②] 习近平：《关于坚持和发展中国特色社会主义的几个问题》，《求是》2019年第7期。

逆转，经济不平等加剧，社会矛盾激化。而今，欧美国家不少经济学家、政治学家也意识到不平等加剧的巨大代价，并为此提出了相应的对策。同时，欧美国家应对经济不平等加剧的措施及其效果，亦值得关注和思考。

第一节　不平等的加剧，欧美学者怎么说

当下欧美社会经济不平等的加剧是公认的、不可辩驳的事实。社会矛盾激化、政治格局剧烈变化表明，改善不平等不仅必要而且紧迫。为此，欧美学界的经济学家、政治学家纷纷开出"药方"。但由于他们各执一端，对策内容差异较大，有时甚至相左。更重要的是，这些对策的目的并不在于消除不平等，而在于改善不平等状况以巩固资本的统治地位。但即便是出于改善不平等状况、维护社会秩序的目的，在当下缺乏有组织的强大劳工运动和社会主义运动压力的情况下，其中一些税制改革、收入分配改革等主张也不过是镜花水月，难以落地实施。

一　经济与社会维度：创造更公平的竞争环境

在部分对中下层民众的境遇怀有恻隐之心的欧美自由派经济学家看来，只要加强对金融业监管，通过立法等手段创造更公平的竞争环境，破除垄断，推进累进税制，以增加社会保障、教育和职业培训等领域的支出，就可以改善不平等状况。而这些在一定意义上承袭于20世纪以来资本主义自我调节内容的主张，即便能发挥极为有限的作用，当下落地实施的希望也是渺茫的。

（一）引入经济改革议程，提高效率和公平

加强对金融业的约束，限制企业高层的权力，成为不少经济学家遏制不平等加剧的主张之一。基于经济金融化在近年来欧美资本主义社会两极分化中的作用，斯蒂格利茨犀利地指出，美国的"经济体系中普遍

存在扭曲和颠倒的现象",然而"大量增加的不平等都与金融业的过度行为有关",因此,首先要"约束金融业"①。要遏制过度冒险,限制银行举债经营的行为。加强监管,使银行在处理场外金融衍生品时的行为更加透明,而不是对普通大众进行无底线的盘剥。不仅要修订助推金融业膨胀的破产法——它加剧了不平等且纵容金融业对穷人和缺乏金融知识的人的剥夺,还应更严厉、更有效地执行竞争法规,以促进效率和公平,破除垄断和不完全竞争,创造更平等的竞争环境;改善公司治理,尤其是限制公司高管将企业资源据为己有的权力;终止政府对大公司的慷慨财富转移。这些建议的目的在于限制上层群体的权力,限制他们利用金融化的资本主义经济体系对普罗大众进行盘剥的权力。然而,在当下美国政治非对称极化的情况下,让财阀统治者接受对其自身权力的限制,多少有些天方夜谭。这需要在工人运动与进步主义运动的推动下,如帕特南那部令其声名大噪的著作题名所言那般——"使民主运转起来"②。

税制改革也是进行收入分配调节的关键。累进税制成为西方左派经济学家遏制收入不平等分化的一剂"良药"。欧美国家的税制名义上是累进制,但其中不乏漏洞。在这种税制下,金融投机者缴纳的税率低于靠劳动赚取收入的人,上层群体所纳的税占其收入比例要少于低收入者。在第二次世界大战结束初期,美国最富有的400个家庭所缴纳的地方税、州税和联邦税加起来超过了家庭收入的70%;1970年,这些家庭税收与收入比仍在50%以上;但到1995年,税收与收入比降到40%;2005年,税收与收入比继续下降,跌至30%;而到2018年,最富裕的400个家庭实际税率约为23%。③ 因此,斯蒂格利茨主张上层群体的税

---

① [美]约瑟夫·E.斯蒂格利茨:《不平等的代价》,张子源译,机械工业出版社2020年版,第289页。
② 参见[美]罗伯特·D.帕特南《使民主运转起来:现代意大利的公民传统》,王列、赖海榕译,中国人民大学出版社2017年版。
③ [美]雅各布·哈克、保罗·皮尔森:《推特治国:美国的财阀统治与极端不平等》,法意译,当代世界出版社2020年版,第4、71页。

率应恢复到50%以上。

当代资本主义社会有四大主要税种——收入税、资本税、消费税和社保税。其中，资本税实行累进制，对财富分配影响最大。皮凯蒂也认为累进资本税是防止贫富差距无限扩大及对财富积累控制的理想政策。资本税有助于公共利益超越个体私人利益。因此，皮凯蒂提出了具有乌托邦色彩的建议，即建立一种全球资本税。但在当前资本自由流动的世界中，国家间的税收政策形成了无休止的"逐底竞争"（Race to the bottom），导致公司税率不断降低，且免除对利息、红利和其他金融收入的征税——国家公共财政赤字巨大的后果仍由劳动收入来买单。在法国，顶层收入者的税收是累退的：收入分配底层的税率为40%—45%，往上40%的人口，税率为45%—50%；顶端1%的人，税率更低；0.1%的人口，税率只有35%。[①] 为建立累进税制和全球财富税，应对当前资本主义世界极速扩大的财富和收入的不平等趋势，皮凯蒂将希望寄托于民主，以重新控制资本主义并保证大众利益高于个体利益，避免贸易保护主义和民族主义以保持经济开放。英国经济学家阿特金森也建议恢复累进制所得税、资本税和财富转移税，而非提高消费税和社会保障缴费——这些基本由普通劳动者承担。但是，能够实现这一切的前提，在于大众能够拥有影响改革的话语权。

（二）人人享有社会保障，赋能个体

欧洲福利国家制度是当代资本主义自我调节的重要内容之一。福利制度曾在减少不平等、确保公民拥有最低水平资源保障方面发挥了一定作用。近年来不平等现象加剧，与福利支出的紧缩存在很大关联。艾维·马克斯（Ive Marx）等学者在评估富裕国家的减贫政策时指出："没有一个发达经济体能在社会支出水平较低的情况下有效遏制不平等或相对贫困，无论这个国家在其他重要的减贫指标方面表现多么出色，

[①] 参见［法］托马斯·皮凯蒂《21世纪资本论》，巴曙松等译，中信出版社2014年版，第510页。

尤其是就业。"① 因此，在税制改革基础上增加的税收，可将其中的一部分用于社会保障支出。这也是欧美自由主义左派经济学家针对改善不平等的建议的重要组成部分。

构建普享型儿童津贴和针对成年人的基本收入制度，应成为欧洲福利国家在福利改革中应对不平等加剧的重要手段。阿特金森建议，应像威廉·贝弗里奇（William Beveridge）所建议的那样，将福利作为权利提供给民众，而不是再作"家计调查"。（应税的）普享型儿童津贴，意味着随着家庭收入的增加，应上调边际税率——这不仅涉及富人和穷人之间的公平，而且涉及有孩子家庭和无孩子家庭之间的公平。同样，对成年人构建一种基于缴费的公民收入制度，以对所有社会转移支付形成补充，且不以公民身份界定资格。这主要是由于包括失业救济在内的基本救济制度，在多个欧美国家都是不足的。据统计，2014年8月，美国失业保险覆盖率仅为26%。在当今劳动力市场灵活化、非常规就业增多的背景下，这种低覆盖率表明美国失业保障资格的严苛性且与时代需求的错位。领取失业救济必须（1）在过去12—24个月内有工资收入；（2）在过去的12—24个月里处于就业状态；（3）随时能开始新工作。② 2005年，将24个经合组织成员国汇总起来，除了奥地利、比利时、丹麦、荷兰和德国外，其他国家的失业救济覆盖率都低于50%。③

构建所有人都可及的公共医疗保健制度——这主要是针对美国而言的。失业和疾病往往是妨碍现代人实现经济抱负的两个重大风险。美国的医保往往由雇主提供，这意味着一个人若同时生病又失业，将陷入"屋漏又逢连夜雨"的艰难境地。虽然美国医保支出高达国内生产总值的20%，却依然有太多人没享受到医保。众所周知，美国医保的高成本

---

① Ive Marx, Brian Nolan, and Javier Olivera, "The Welfare State and Anti-Poverty Policy in Rich Countries", University of Luxembourg Discussion Paper, No. 8154, April 2014, IZA, p. 18.
② Unemployment benefits, https://www.usa.gov/unemployment-benefits.
③ 参见［英］安东尼·阿特金森《不平等，我们能做什么》，王海昉、曾鑫、刀琳琳译，中信出版社2016年版，第199页。

部分是保险公司和制药业的寻租造成的。改革效率低、绩效差的医疗保健制度，对改善美国不平等状况具有重要意义。

提高受教育的机会，实施积极的劳动力市场政策以适应全球化和技术变革。对现代社会的普通人而言，教育是改变命运、实现阶层突破的最有效路径。美国对高等教育财政支持的急剧减少，进而引发公立大学学费上涨的做法，是机遇平等扩大、"美国梦"幻灭的原因之一。斯蒂格利茨认为，美国的保持充分就业的政策是比欧洲福利国家成功的。但是，他忽视了美国严峻的工作贫困问题：20世纪八九十年代达到12%，2012年接近14%，多达1200万人。[①] 在积极的就业政策中，还包含对职业教育体系的完善，赋能于人、终身学习是实现机会平等的前提。

创造一个更加包容的全球化。斯蒂格利茨、阿特金森和皮凯蒂等都不约而同地提出在全球范围内创造一个更平等的竞争环境，终止竞次。金融资本空间流动加速，使得工人在面对资方时处于不利的谈判地位。资本对全球化的响应，降低了工人的薪酬和社会保障水平——反全球化运动因此而兴起。阿特金森从富裕国家的全球责任角度，提出将其对发展中国家的官方发展援助提高至国民总收入的1%。[②] 斯蒂格利茨主张金融资本不应以热钱流进流出的方式破坏发展中国家或规模相对较小经济体的稳定性，而应以更平衡的方式重塑全球化，携手世界各国终止逐底竞争、以邻为壑的现象。

我们不能否认，皮凯蒂、斯蒂格利茨和阿特金森提出的改善不平等状况的建议，在某种程度上也包含对中下层民众遭遇的恻隐之心。但是这些应对之道更多地出于缓和社会矛盾、巩固精英统治、增进资本主义自我调节功能的目的，皆非解决资本主义不平等问题的终极之道。正如

[①] "An Overview of America's Working Poor"，https://www.policylink.org/data-in-action/overview-america-working-poor.

[②] 参见 [英] 安东尼·阿特金森《不平等：我们能做什么》，王海昉、曾鑫、刀琳琳译，中信出版社2016年版，第103—210页。

负责购入《21 世纪资本论》版权的哈佛大学出版社编辑伊恩·马尔科姆（Ian Malcolm）所深刻洞察到的精英们对不平等问题关心的本质为"俾斯麦模式"——竭力遏制不平等在很大程度上是为了防止革命和社会稳定。换言之，对于西方精英而言，遏制不平等的加剧并不是一个正义问题，而是其正在追逐其自身的利益，因为他们认为其正因此而失去在其中享有卓越地位的那个世界。[①]

二 政治的维度：一个更"民主"的未来

帕特南、达尔等政治学家及皮凯蒂和斯蒂格利茨等研究不平等问题的经济学家，都指出了西方民主失衡的问题，即中下层在西方代议制民主中的"失声"。"在政治过程中，如果你被剥夺了平等的发声能力，那么比起那些有发声能力者来说，你的利益在很大程度上无法得到同样的关注。如果你自己都不发声，那你还指望谁为你代言呢？"[②] 因此，更高的政治参与度、工会等劳工组织更大的影响力是推动西方民主走向平衡，进而推行有助于改善不平等的经济改革议程的基本前提。

（一）改善"政治冷漠"，提高选民参与度

美国政治参与表现出极强的阶级落差——上层阶级积极参与，下层阶级冷漠疏离。如前文第三章所分析的，美国财阀统治特征明显，金钱越来越重要，来自选民的压力、对真正民生议题的关注越来越少。美国政治学协会的相关研究也指出，在美国，收入中等偏下水平的公民，他们的声音如无声细雨，冷漠的政府官员即便能听到，也充耳不闻；而面对有权势的政治表达，决策者很容易听到，并回应他们的诉求。年收入在 7.5 万美元以上的家庭，十个有九个称参加了美国总统选举，不足

[①] Atossa Araxia Abrahamian, "The Inequality Industry", https：//www.thenation.com/article/archive/the-inequality-industry/.

[②] Robert A. Dahl, *On Democracy*, New Heaven：Yale University Press, 1998, p.76.

1.5万美元的家庭则不到一半参加过美国总统选举投票。①

在欧洲也有类似的情况。意大利议会选举的投票率逐届降低。2022年的议会选举投票率为64%，比2018年73%的投票率低了9个百分点。这是第二次世界大战后意大利进入共和时代以来的最低水平。1948年至1983年，意大利的投票率都在90%以上；自2013年后降至80%以下。② 在本书关于民主部分，也对法国和德国的同样趋势进行过评析。然而，正如达尔所说，如果中下层不去投票，那谁又会替他们的利益代言呢？

于无声处听惊雷。2008年金融危机后民粹主义在欧美政治和社会生活中的兴起，让很多人意识到了大众在政治选举中"沉默"的危险。以史为鉴，在严峻的经济困顿、极端的两极分化中，20世纪30年代极右翼意识形态席卷欧洲的现象可能再度重现，反动政客正以此操纵那些"最无门进入正式或非正式的集体生活的那部分人"③，以遏制进步主义力量的发展。

那么应该怎么做才能改善大众的"政治冷漠"？这些自由主义左派学者似乎也"无计可施"，只能呼吁"通过投票表决（对不执行者进行经济处罚）而使金钱在政治进程中不那么重要"——主要指美国，如此政党的注意力将从吸引选民转移到向选民提供信息，使群众关心的事在政治议程中得到反映。④ 面对根深蒂固的财阀统治，这些改善民主失

---

① American Political Science Association Task Force on Inequality and American Democracy, "American Democracy in an Age of Rising Inequality", 2004, http://www.apsanet.org/portals/54/Files/Task%20Force%20Reports/taskforcereport.pdf, p. 1, 5.

② "Affluenza elezioni 2022, il dato definitivo：64% di votanti, è un nuovo record negativo", https://www.fanpage.it/politica/affluenza-elezioni-2022-il-dato-definitivo-64-di-votanti-e-un-nuovo-record-negativo/.

③ William Kornhauser, *The Politics of Mass Society*, Glencoe, IL: Free Press, 1959, p. 212. 转引自[美]罗伯特·D.帕特南《我们的孩子》，田雷、宋昕译，中国政法大学出版社2017年版，第269页。

④ [美]约瑟夫·E.斯蒂格利茨：《不平等的代价》，张子源译，机械工业出版社2020年版，第307页。

衡的希望极其渺茫的建议，不过透露出了自由主义左派思想家的深深无力感。

（二）构建新型社会契约——增强工人的话语权

对于皮凯蒂在《21世纪资本论》中对西方民主制度表达的期望——"有可能对如今全球承袭的资本主义进行公正而有效的调节"，安瓦尔·谢克进行了毫不留情的反驳——"全球范围内的不平等和民主缺失问题，就是由这些政治制度与承袭资本主义的'民主'利益协助和教唆的"[①]。无论历史还是现实的经验都表明，要使资本主义民主有效运转进而改善不平等状况，关键在于推动大众的觉醒，推动大众在进步主义思想的指导下，发起对财阀统治、失衡民主制度的反抗。

社会主义运动与民主的交织，成为推动20世纪欧美工人权利扩张的核心力量。在这一进程中，形形色色的社会主义者都发自内心地支持民主，支持普选权的扩大。正如达尔曾指出的那样："无论是19世纪还是20世纪，无论是否名义上以马克思主义为旗号，社会主义政党通常是最具有献身精神的民主的支持者。当民主政体面临内外敌人的挑战时，社会主义者整体上是议会民主制度的守卫者。"[②] 这也印证了为何20世纪后半叶意大利民众在议会选举中所表现出的极大热情——这个国家拥有当时西欧规模和影响力最大的共产党和历史悠久的社会主义政党。工人阶级广泛参与，不仅触及了欧洲资本主义政治结构的变化，也推动了以社会保险制度为核心的福利国家制度建设。这是19世纪末以来，欧美上层精英面对组织化的工人运动和社会主义运动，而对工人的利益诉求作出的"俾斯麦式回应"。因此，霍华德·威亚尔达（Howard J. Wiarda）对欧洲民主的评价高于美国民主：

---

① [美] 安瓦尔·谢克：《资本主义：竞争、冲突和危机》，赵准、李连波、孙小雨译，中信出版社2020年版，第1145页。

② Robert A. Dahl, *Democracy, Liberty and Equality*, Oslo: Norwegian University Press, 1986, p. 13.

现代欧洲民主在社会、经济甚至文化层面都超越了定义较为狭窄的美国式民主。欧洲的自由主义从未只专注于宪制问题和政治形式。因此，从本质上讲，欧洲对何为民主要素的看法更为宽泛，它是建立在三个支柱之上的社会民主，它包括宪政化的政治民主，福利国家的社会民主以及相对而言比较注重平等的社会市场资本主义所体现的经济民主。①

然而，在20世纪90年代以降的欧洲一体化加速进程中，尤其苏联解体和东欧剧变后，欧洲政治民主、社会民主和经济民主的衰落与保守化，成为欧洲经济不平等加剧的深层原因之一。而当下，欧洲多国共产主义者和进步力量加强了在泛欧层面的联合，欧洲左翼党2024年欧洲议会选举纲领，在一定意义上汇聚了多国工人党共产党的共识。欧洲左翼党在选举纲领中呼吁大众为建立一个"民主、和平、社会和生态的欧洲"而进行斗争。②

事实上，早在20世纪80年代，达尔也曾针对美国的状况，提出一种实行企业工人自治的近似于经济民主的观点。他认为，企业的所有权和治理方式，导致了财富、收入等差异，也导致了公民的政治参与能力与机会的不平等；应按洛克的正义理论，生产产品和服务的劳动者，才有权利占有公司的产品和服务。为了实现公平、效率及良善生活所必需的个人资源的获得价值，企业的所有权可控制方式应由人民及其代表通过民主过程决定。③ 但是，这种经济民主主张并没有在财阀统治下的美

---

① [美]霍华德·威亚尔达主编：《民主与民主化比较研究》，榕远译，北京大学出版社2004年版，第20页。

② European Left, "European Elections Manifesto 2024-Party of the European Left", https://www.european-left.org/2024-eu-election-manifesto/.

③ Robert A. Dahl, *A Preface to Economic Democracy*, Berkeley: University of California Press, 1985, pp. 54-55, 80-83.

国掀起多大的水花，主流学术界的反应是沉默。

美国甚至需要对组织化的劳工运动进行重建，需要强化工会的影响力，修复被损害的社会契约——当然，经历了新自由主义冲击的欧洲同样也需要这个进程。因为自20世纪七八十年代以来，欧洲工会力量遭遇到了资本主义金融化的敌视和削弱。在美国"工会遭到污蔑，而且美国很多州均明显出现破坏工会的企图。没有人认可工会在对抗其他特殊利益集团时所起的重要作用，也没有人认可工会在维护对工人而言必要的社会保护（帮助工人接受变化并且适应变化的经济环境）时所起的重要作用"[1]。因此，斯蒂格利茨呼吁，要支持工人和公民的集体行动，才能推动形成服务所有人的政府，才会形成平衡的而非被特殊利益集团"俘获"的社会与管理体制。[2]

不难看出，以上欧美思想界针对不平等问题，提出的经济改革议程——真正实施累进税、提高社会保障水平、确保教育机会平等、实施积极的劳动力市场政策，以及提高大众政治参与、重建新型社会契约等都不同程度地体现了功利主义和契约主义的平等观。我们不能否认近代以来西方思想界对平等之物的思考的进步性，及其在改进现状中所能起到的作用。但是，在资本主义社会中，无论如何，居主导地位的都是资产阶级的平等观。"对峙"与融合中的福利平等、基本善的平等和可行能力的平等，概莫能外。毕竟，欧美自由主义左派的平等观本质上亦属于当今资本主义社会中居主导地位的资产阶级意识形态的重要内容。因此，作为资本主义社会的"医生"，自由主义思想家对经济不平等加剧的认识与把握不可能触及问题的根本——生产资料的私有制。即便他们认识到实施政治变革的关键在于提高大众的民主参与，也难以接受或承认马克思主义政党及其科学理论在其中所能发挥的重要作用。

---

[1] [美] 约瑟夫·E.斯蒂格利茨：《不平等的代价》，张子源译，机械工业出版社2020年版，第302页。

[2] [美] 约瑟夫·E.斯蒂格利茨：《不平等的代价》，张子源译，机械工业出版社2020年版，第301页。

第二节　不平等的加剧，欧美政府怎么做

从皮凯蒂、斯蒂格利茨和帕特南等学者改善不平等的建议和希望中，不难看出他们作为自由主义左派的局限性，及其"无能为力"却又"盲目乐观"的矛盾状态。事实上，在欧美民主政治体制失衡并未得到根本改善，工人运动、进步主义运动及社会主义思潮未能对新自由主义、保守主义形成有效制衡的前提下，当下在一些国家遏制不平等的加剧就是一种不切实际的奢望。

一　放松管制与收紧福利支出

面对经济不平等加剧的风险与金融业带来的系统性危机，美国政府先是在2008年金融危机后实施加强监管的措施。资本主义经济金融化，在欧美国家，尤其是在美国的两极分化中起到了非常重要的作用。在2008年金融危机中，自营交易部门令人触目惊心的亏损暴露了美国金融机构中存在巨大风险。在加强监管的呼声中，奥巴马政府对美国金融业进行整顿，出台了《多德—弗兰克华尔街改革和消费者保护法案》（2010年颁布，简称"多德—弗兰克法案"），并采纳了时任总统经济复苏顾问委员会主席保罗·沃尔克（Paul Volcker）的建议，出台了严格的"沃尔克法则"（Volcker Rule）。

"多德—弗兰克法案"是奥巴马政府加强金融监管改革中作出的最为重要的立法，其核心要义是在强化宏观审慎监管的同时保护消费者权益，以应对具有系统重要性的金融机构的"大而不倒"问题，并为系统性金融风险建立处置框架。其中所引入的沃尔克规则，禁止交易资产和负债总额100亿美元以上的商业银行开展自营交易、对冲基金等高风险业务；建议设定高管问责制度，尤其是首席执行官要承担更大责任以遏制金融机构管理层的投机；同时，设立新的金融监管机构，加强对普

通金融消费者和投资者权益的保护。① 金融资本对此类监管自然深恶痛绝。

特朗普上台后，很快便为金融资本松绑。为赢得2016年总统选举，特朗普曾在推特上承诺"我必须'抽干沼泽'"（Drain The Swamp），声称要终结华盛顿被有钱有势者绑架的腐败情形，以迎合他在美国中西部蓝领支持者们对经济不平等不断加剧的愤慨。② 但是，特朗普上台后并没有在中下层的分配正义问题上有积极作为，反而不加掩饰地为大企业和资本集团大幅减税，为曾在奥巴马执政期间被加强监管的金融投机活动松绑。

在华尔街利益集团的游说下，特朗普政府上台不足半年，便意图彻底推倒"多德—弗兰克法案"，先是在2018年解除对非银行金融机构的系统重要性监管，然后在2019年对沃尔克规则进行重大修改，再次大幅放宽对商业银行自营交易的监管，中小型金融机构甚至获得了监管豁免。对系统重要性金融机构的认定标准大幅提升：从合并资产500亿美元提高至2500亿美元以上。在对金融资本大开绿灯的同时，特朗普还对富人实施大规模减税。2017年12月，时任美国总统特朗普在白宫签署1.5万亿美元税改法案，成为美国逾30年来一次最大规模的减税调整。这与奥巴马时期对富人加税的政策相左，特朗普的减税政策给政府财政赤字和公共开支带来了压力。公共支出的缩减，使得穷人难以得到必要的救济。2020年，特朗普执政下的美国的贫困率高达11.4%，为1959年有记录以来的最高水平。③

除了放宽金融监管，美国在社会救助领域也"反其道而行之"，对经济不平等的加剧及其社会风险熟视无睹。在2019年新冠疫情期间，

---

① 参见胡滨《从强化监管到放松管制的十年轮回——美国金融监管改革及其对中国的影响与启示》，《国际经济评论》2020年第5期。

② 参见［美］简·迈耶《金钱暗流——美国激进右翼崛起背后的隐秘富豪》，黎爱译，新星出版社2018年版，序言第ii页。

③ "Poverty in the United States in 2020", https：//crsreports.congress.gov/product/pdf/R/R47030.

欧美国家失业救济支出增长。但是美国公共开支明确列支的社会福利转移支付大都以促进直接消费为目的。因此，消费是绝大部分美国人出于自愿或被各种以促进消费为目的的社会福利项目所限制的不得已行为。[1] 换言之，美国底层民众的收入只能维持基本支出，而其消费往往促进了资产储蓄和投资，资本向少数大资本家手中聚集。

在拜登上台后，曾拟推行2000亿美元的"美国家庭计划"（American Families Plan），以及为所有3—4岁的儿童提供免费的"普及学前教育计划"（universal preschool）；还计划推动带薪休假、育儿补贴、扩大家庭减税等，实现"平价儿童保育"（affordable child care）。免费学前教育被视为自100年前全美公立高中建立以来最大规模的普及教育扩张。[2] 但是在美国政治非对称极化影响及共和党的反对下，这些计划一一流产。

财阀统治与自由经济政体的结合，使得美国政府一面全心全意为财阀放松管制，一面半心半意为大众构建脆弱的社会救济网。正如皮尔森等所指出的那样，现在这样的财阀"越来越多，越来越富裕，组织性越来越强……他们的目标与大部分美国人之间的分歧也越来越大。结果就产生了民主不断受到削弱、财阀统治不断得到加强的恶性循环"[3]。进一步而言，这样的恶性循环使得今天的美国社会距离机会平等愈发遥远，即便聪明且勤奋的穷孩子都找不到出路，很难施展上天给予其的才华。[4]

---

[1] 魏南枝：《新冠肺炎疫情下的美国收入分配制度分析》，《世界社会主义研究》2021年第6期。

[2] Karen D'souza, "Universal Preschool and Affordable Child Care：What Survives in Biden? Spending Bill", https：//edsource. org/2021/universal-preschool-and-affordable-child-care-what-survives-in-bidens-spending-bill/663945.

[3] [美] 雅各布·哈克、保罗·皮尔森：《推特治国：美国的财阀统治与极端不平等》，法意译，当代世界出版社2020年版，第60页。

[4] [美] 罗伯特·D. 帕特南：《我们的孩子》，田雷、宋昕译，中国政法大学出版社2017年版，第271页。

二 "授人以鱼"与"授人以渔"

20世纪欧洲资本主义所构建的福利国家已经在欧洲形成广泛的共识。福利国家——也有欧洲学者称为"社会国家"①，不仅包含现代资本主义的财富分配机制，还包括一定程度上有益于工人发展的权利——教育权、健康权及退休权等。在近两百年欧洲社会主义运动及进步思潮的影响下，"欧洲社会模式"概念可谓深入人心。即便近年来面临新自由主义的冲击，也没有任何主流的政治运动或政治力量主张完全转向自由放任的资本主义。但是，欧洲福利国家并非只有一种模式，它们在近年来面对贫困问题和经济不平等问题中的表现，也存在较大差异。这涉及各国在面临全球化、技术变革加速和人口老龄化等时代挑战所进行的福利改革是固守"授人以鱼"，还是更注重"授人以渔"的问题。

社会保障制度体系是福利国家的最主要内容。从社保项目的角度来看，在养老金领域，各国均对养老金制度实施了多支柱化的结构改革，瑞典和意大利还先后引入名义账户；在医疗领域，意大利和英国收缩国民医疗体系支出并实施市场化改革，瑞典和德国在保持各自制度稳定性的同时，其服务水平有不同程度的改善；在家庭政策领域，英国的投入持续增加，德国的人均投入少于英国但远高于意大利，瑞典始终保持高水平资金投入和服务供给；为应对新技术革命的影响，在劳动力市场政策领域，瑞典稳步增加对教育、职业培训等"社会投资"的支出，德国和意大利的改革强化了"内部人"与"外部人"的二元分化，尤其是意大利向"社会投资"领域分配的福利资源极为有限。② 也就是说，意大利和德国具有济贫性质的"授人以鱼"还在进一步完善，但应对

---

① 参见 Chiara Giorgi e Ilaria Pavan, *Storia dello Stato Sociale in Italia*, Bologna: il Mulino, 2021；[法]托马斯·皮凯蒂《21世纪资本论》，巴曙松等译，中信出版社2014年版，第489—493页。

② Emmanuele Pavolini e Antonino Sorrenti, "Welfare, Politiche Sociali e Modelli di redistribuzione", in Carlo Trigilia (a cura di), *Capitalismi e Democrazie*, Bologna: Il Mulino, 2020, pp. 295-340.

技术变革下的经济不平等加剧则是不足的；而北欧的瑞典等国在"授人以渔"方面做得更多。

事实上，除了瑞典，荷兰及其他北欧国家如丹麦等也都是向"社会投资"模式转型较早的国家。在劳动力市场领域，丹麦被誉为积极的劳动力市场政策（Active Labour Market Policy）的典范。1994年，为应对结构性失业问题，丹麦开始探索积极的劳动力市场政策。该政策面对的主要是所有19岁以下的失业者，不满30岁失业3个月以上者及30岁以上且失业时间达9个月以上者。丹麦用于推行积极劳动力市场政策的支出规模为国内生产总值的1.3%，远远高于经合组织成员国的平均水平——国内生产总值的0.3%。丹麦用于积极劳动力市场政策的支出，其中35%用于直接支持就业和再就业，22%用作职业培训，17%用作就业激励措施（如工资补贴）。[①] 丹麦积极劳动力市场政策的所有培训和教育都旨在面向有良好就业前景的部门，职业培训措施主要对象为非技术和低技能失业者，特别是30岁以下的青年。由于全球经济危机的冲击使丹麦青年就业陷入困境。为弥补积极劳动力市场政策对青年而言针对性不足的缺陷，丹麦政府与社会民主党和激进左翼党于2012年在积极劳动力市场政策的基础上，共同提出了更具包容性、"授人以渔"的"让更多青年接受教育和就业的协议"。这项就业政策的主要内容有以下几点：一是帮助15—17岁既没有在校读书又没有就业的青年接受职业培训，以提升个体的技术技能；二是立即为18—19岁青年激活社会保障福利制度，使他们成为失业福利的受益者；三是政府提供就业中心专项补助资金，从而接纳更多30岁以下的青年，通过为其提供超过12个月的公共资金（作为工资补贴或再就业培训费）支持以促进他们再

[①] Lizzie Crowley, Katy Jones, Nye Cominetti, and Jenny Gulliford, "International Lessons: Youth Unemployment in the Global Context", The Work Foundation, 2013, https://www.educationandemployers.org/wp-content/uploads/2014/06/International-Lessons-Youth-unemployment-in-the-global-context.pdf, pp. 24—31.

就业；四是通过普通就业增加年轻失业者参与轮岗和提高技能的机会。①

由于积极劳动力市场政策在消除失业和工作贫困中的良好表现，欧盟通过"开放式协调法"推动意大利等南欧国家实施劳动力市场灵活安全改革。但如前所分析，意大利的劳动力市场改革的后果是"灵活"但不再"安全"。在社会矛盾激化、民粹主义搅动政局的背景下，意大利政府在2019年3月引入公民基本收入政策，并将其界定为一项积极的劳动力市场政策，以消除贫困、不平等和社会排斥，其目的在于促进就业，改善劳动力供需的匹配，消除个人和家庭贫困与不平等。获得申请资格的受益人，必须作出就业和重新融入社会的承诺并签署就业协议或社会包容协议。根据2022年预算法案，公民基本收入的受益人必须接受两个（不再是三个）工作机会中的至少一个；在非首次享受此福利的情况下，必须接受第一个工作机会，否则自动终止其待遇资格。在拒绝首个合适工作机会的情况下，从次月开始，每月减少5欧元补贴。第二次拒绝工作机会将被撤销资格。在2022年11月上台的右翼政府进一步收紧公民基本收入政策资格——丧失就业能力者、妊娠期妇女等群体可申请，而有工作能力者和享受公民基本收入达三年者在2024年初就会丧失申请资格。② 因此，从"政策学习"的角度而言，意大利的"公民基本收入政策"缺乏为提升就业质量的技能培训投入——而这才是北欧积极劳动力市场政策的核心；从安全的角度而言，也失去了为失业者"兜底"的功能。这在一定程度上解释了为何意大利的贫富差距

---

① Lizzie Crowley, Katy Jones, Nye Cominetti, and Jenny Gulliford, "International Lessons: Youth Unemployment in the Global Context", The Work Foundation, 2013, https://www.educationandemployers.org/wp-content/uploads/2014/06/International-Lessons-Youth-unemployment-in-the-global-context.pdf, pp.24-31.

② "Reddito di cittadinanza, Meloni: 'Stop nel 2024 per chi può lavorare'", https://www.lapresse.it/politica/2022/11/22/reddito-di-cittadinanza-meloni-stop-nel-2024-per-chi-puo-lavorare/.

水平居西欧传统福利国家前列。

欧盟成员国的社会投资政策，本质上是在新自由主义旗帜下孕育出来的福利国家调适策略，并不代表新的政策范式。一项对欧洲福利国家实施社会投资政策绩效的研究指出，该政策的确在一定程度上弱化了收入差异，但是如果把社会平等程度本就相对较高的北欧国家纳入分析之中，社会投资的支出与社会公平之间并不存在显著的正相关。[1] 2014年，世界经济论坛的全球竞争力指数显示，包括芬兰、瑞典、荷兰和德国在内的四个社会投资转向的欧洲福利国家位居世界极有竞争力的经济体之列。[2]这在一定意义上也许说明，虽然社会投资策略的结构调整对改善不平等状况的意义尚不是十分明朗，但对福利国家更主要的目标——维持欧洲资本主义经济的竞争力，是有一定效果的。

三 欧美国家在短期内难以遏制经济不平等的加剧

欧美学者应对经济不平等加剧的对策，尽管都未触及资本主义经济基础的制度改良，然而却依然难以实现。因为没有工人阶级的觉醒和反资本主义不公正制度运动的发展，激进或温和的改良建议都难以实施。在工会组织力量完备、强大，工人阶级政党能发挥一定作用的北欧国家，相对平衡的收入分配政策和"授人以渔"的劳动力市场政策在应对工人阶级的贫困化中发挥了一定作用，而更多的欧美国家政府在经济与社会再分配权能日益受大资本限制的情况下，无力也无意进行更多有利于缓和不平等的分配政策。

（一）欧美思想界应对不平等加剧之策的"空想性"与局限性

资本主义经济金融化，是欧美经济不平等加剧的主要的深层原因之

---

[1] Olaf van Vliet and Chen Wang, "Social Investment and Poverty Reduction: A Comparative Analysis across Fifteen European Countries", *Journal of Social Policy*, 2015, Vol. 44, No. 03, pp. 1-28.

[2] World Economic Forum, *The Global Competitiveness Report* 2013-2014, https://www.weforum.org/publications/global-competitiveness-report-2013-2014/.

一。因此，遏制金融的过度冒险，限制银行举债经营的行为，是尤为必要的。但是，约束金融机构并不容易，因为它们非常善于规避管制和税收。加强金融管制建议的本质是限制上层群体的权力，限制他们利用经济金融化的资本主义体系对普罗大众进行盘剥的权力。显然，在当下美国政治非对称极化的情况下，让财阀接受对其自身享有权力的限制，多少有些天方夜谭。这需要欧美工人运动的突破性发展，还需要社会主义运动与进步主义运动的协同，以构建社会主义的未来。[1]

不公平的税收制度是造成欧美经济不平等加剧的另一重要原因。因此，改革税收制度，尤其是对富豪阶层收入实质上征收的"累进税"，也是进行收入分配调节的关键。累进税制成为西方左派经济学家遏制收入不平等分化的一剂"良药"。但在不平等的民主下，让税收的天平向大众倾斜的建议多少过于"一厢情愿"了。

加强大众民主参与的呼吁，在强势的财阀政治或精英统治面前，显得苍白无力。苏联解体和东欧剧变后，欧美国家社会主义运动的低潮与新自由主义的风靡交织，强化了大众的"政治冷漠"。反资本主义的进步社会运动对欧美民主制度的重塑和再平衡意义重大。但是，若大众的反抗没有科学理论指导，以及先进政党对其进行的组织化引领，极易沦为右翼民粹主义攫取政治资源的工具。

欧美自由主义左派的应对之策本质上都体现了其作为资本主义社会"医生"对经济不平等加剧的认识与把握。即便他们认识到这些旨在缓和不平等对策的完善与落实，如加强金融管制和实施累进税制等的关键在于提高大众的民主参与，也难以接受或宣传马克思主义政党及其科学理论之于左翼进步主义运动的重要作用。

(二) 欧美政府应对不平等加剧的被动性和消极性

在不平等的民主作用下，欧美政府或以"小政府"之名的"不作

---

[1] Forward together: For Pre-convention Discussion-Communist Party USA, https://www.cpusa.org/article/forward-together-for-pre-convention-discussion/.

为"，或以"放松管制"之名的"作为"，都使其成为经济不平等加剧的推手。

基于2007—2008年次贷危机引发金融危机的深刻教训，美国奥巴马政府加强了对金融业的监管。特朗普政府在上台后，即刻着手放松管制，继续给顶层富豪大幅减税，全然将其对美国中西部蓝领工人的承诺抛在了脑后。在政治非对称极化之下，美国民主党的"惠民"政策甚至难以走进议会，即便形成提案也很难通过，如加强学前教育的改革。

相比较而言，欧洲福利国家大力推动的积极劳动力市场政策，更似一种新自由主义改革的温和化变体。积极劳动力市场政策所指涉的对人的投资，意味着加强个人在市场中的责任且放大本就存在的天赋不平等。若要改善经济不平等加剧和工作贫困问题，一方面需要向劳动者倾斜的分配制度及具备互助共济功能的社会保障网，另一方面需要成熟、完善且公平的教育和终身职业培训体系。从目前来看，欧洲福利国家总体上仍处于向社会投资国家的艰难转型中。因此，在政治力量对比不发生重大转变的前提下，欧美国家政府对经济不平等的应对将一直处于被动、消极状态。

欧美国家政府的形成，并非如契约论者所诠释的那样是基于（普选制下）全体人民的同意。恰恰相反，它们是当今资本主义社会中最强大、占有财富最多的资产阶级财阀意志的产物。正如列宁曾深刻地指出的那样"一个政府不管它的管理形式如何，总是代表一定阶级的利益"[1]，"国家是维护一个阶级对另一个阶级的统治的机器"[2]。显然，欧美政府应对经济不平等加剧的政策目标主要是为了把阶级矛盾、社会冲突控制在一定秩序的范围内，而非消除不平等。因此，欧美政府面对不平等加剧时的消极性和被动性，本质上是其作为资产阶级的阶级统治

---

[1] 《列宁全集》第30卷，人民出版社2017年版，第250页。
[2] 《列宁全集》第37卷，人民出版社2017年版，第68页。

工具属性和对内的束缚甚至镇压职能的生动体现。

第三节 对我国推进共同富裕的启示

本书的主要目标是对欧美国家在经济领域不平等加剧、影响和主要原因进行剖析，以期对当代资本主义新变化形成较清晰的认识。尽管国情、社会制度和发展阶段存在巨大差异，欧美思想界对发达资本主义国家不平等加剧的批判和改善建议及欧美政府的相关实践，对我们推进共同富裕仍具有一定的启示意义。

一 完善分配制度

共同富裕是社会主义的本质要求，是中国式现代化的重要特征，更是人民群众的共同期盼。分配制度是社会主义基本经济制度的主要内容，也是促进共同富裕的基础性制度。共同富裕不等于实行整齐划一的平均主义。在分配机制问题上，其核心就是要解决公平和效率的关系，既能够保障社会主义市场经济有序平稳发展，又能使收入差距缩小到合理区间，符合共同富裕的原则和目标。

坚持按劳分配为主体，多种分配方式并存。根据对美国与欧洲国家不平等加剧背后分配制度的研究，初次分配的公平公正乃是遏制经济不平等加剧的关键因素之一。如前文所分析的那样，1980—2017年几乎所有欧洲国家的税前和税后不平等都在加剧但程度远不如美国，增长幅度也低于美国。欧洲顶层1%群体税前收入占国民收入比从8%上升到11%，税后则从7%上升到9%。在美国，税前收入最高的1%群体在同一时期的收入占比从11%上升到21%，税后收入最高的1%群体收入占比则从9%上升到16%。可见，欧美国家之间的不平等程度差异应主要归因于税前初次分配水平。因此，应坚持多劳多得，提高居民收入在国民收入中的占比，提高劳动报酬在初次分配中的比值。防止两极分化，形成橄榄形的分配结构，扩大中等收入群体比重。在鼓励劳动致富、激励技术创新、保持基本经济制度不变的前提下，在初次分配中本着公平正义原则，体现劳动力要素、技术要素、资本要素等在经济社会发展中的作用，形成合理的分配机制，积极调动各种要素的加快发展。

二　健全社会保障体系

中国共产党历来重视民生改善和社会保障。

> 社会保障是保障和改善民生、维护社会公平、增进人民福祉的基本制度保障，是促进经济社会发展、实现广大人民群众共享改革发展成果的重要制度安排，发挥着民生保障安全网、收入分配调节器、经济运行减震器的作用，是治国安邦的大问题。[①]

"基本制度保障""重要制度安排"准确界定了社会保障在中国式现代化和全体人民共同富裕中的历史方位，"治国安邦"的大问题的深义在于国家的长治久安需要完备、健全的社保体系，建设社会主义现代化强国需要完备、健全的社保体系。

加大社会保障分配力度、强化互助共济功能，社会保障属于再分配范畴，社会保障对降低收入不平等具有一定的意义。欧洲社会保障水平与制度的相对完备和适度是其经济不平等程度较美国更温和的重要原因之一。

尽管自20世纪八九十年代以来，欧洲福利国家经历了多轮参数改革和结构改革，但在社会保障制度的完备性、支出水平的适度性方面，仍是优于美国的。这也是欧洲社会经济不平等程度较美国更温和的另一大原因。尤其在最低收入保障、家庭津贴制度等领域，北欧多国与法国

---

① 《习近平谈治国理政》第4卷，外文出版社2022年版，第341页。

等西欧国家的支出水平和绩效都走在发达资本主义国家前列。此外，西欧传统福利国家通过公共医疗保险（如德国、法国等）或国民医疗体系（如英国、意大利等）基本实现了实现法定医疗保障的全覆盖。而据《美国国家卫生统计报告》数据，2023年1—6月，美国18—65岁成年人私人医保的覆盖率仅为67.7%，除23.6%享有公共医保外，还有10.7%的受访者没有医保。① 这直接导致了美国在医疗卫生领域不平等问题也比欧洲多国更为突出。

事实上，2012年以来，我们国家注重发挥体制制度优势、坚持以人民为中心的发展思想，注重顶层设计、科学谋划，坚持改革创新，实事求是，推动社会保障制度建设取得卓著成就，覆盖面大幅扩展，保障水平持续提高。2021年比2012年，全国基本养老保险参保人数再增2.4亿人，达10.3亿人，其中领取待遇者2.9亿多人，增长43%；医疗保险在10年前基本实现全民医保基础上，继续保持95%以上的高覆盖率；失业、工伤、生育保险参保人数增幅均在50%左右；医疗救助对象增加1亿多人次。② 新时代十年，中国社会保障制度的可及性大大增强，人民群众切实享受到了发展的成果。

未来，我国要把握各项社会保障待遇水平与经济社会发展相关指标的量化关系，稳步提高保障水平，提升通过社保分配的社会财富份额，给人民群众更可靠的预期。同时，在社会保障改革与建设中应进一步筑牢公平、互助共济意识，弱化利己主义。

三 以人民为中心，促进高质量就业

就业是最基本的民生。党的十八大以来，以习近平同志为核心的党中央坚持把就业工作摆在治国理政的突出位置，强化就业优先政策，健

---

① National Center for Health Statistics, "Health Insurance Coverage: Early Release of Estimates From the National Health Interview Survey, January–June 2023", https://www.cdc.gov/nchs/data/nhis/earlyrelease/insur202312.pdf.

② 胡晓义：《新时代的中国社会保障》，《中国社会保障》2022年第10期。

全就业促进机制，有效应对各种压力挑战，城镇新增就业年均 1300 万人，为民生改善和经济发展提供了重要支撑。在新时代就业工作实践中，我们积累了许多经验，如坚持把就业作为民生之本；坚持实施就业优先战略；坚持依靠发展促进就业；坚持扩大就业容量和提升就业质量相结合；坚持突出抓好重点群体就业；坚持创业带动就业；坚持营造公平就业环境；坚持构建和谐劳动关系等。这些宝贵经验，应得到长期坚持并在今后的就业工作中不断丰富发展。

未来我们不仅要坚定不移贯彻新发展理念，使高质量发展的过程成为就业提质扩容的过程，还要同时解决促进高质量就业所面临的突出的结构性矛盾，即人力资源供需不匹配问题。破解这一难题，要统筹抓好教育、培训和就业，动态调整高等教育专业和资源结构布局，大力发展职业教育，健全终身职业技能培训制度。在这一方面，自 20 世纪 90 年代以来，欧洲福利国家的所谓"社会投资"理念与相关实践经验有一定的启示意义。据欧洲学者分析，"社会投资"的"缓冲"功能（'buffer' function）致力于提供最低收入保障，而"储备"功能（'stock' function）旨在致力于提高人力资源的认知和非认知、体能，开展学徒培训，提高在职专业技能；从而在整个生命周期内对劳动力和就业进行高效和优化的分配，通过积极的劳动力市场政策和就业匹配，确保失业人员能够尽快重返工作岗位；确保充分和普遍的最低收入保障，以缓和商业周期变化和经济危机的冲击。[1] 而荷兰、瑞典等北欧国家的就业质量相对南欧各国而言更优，主要原因也在于其与"社会投资"相关的公共服务更为完备，如家庭政策、终身职业技能培训制度、灵活就业群体社保制度等都更为完善。可以说，在当今技术更新迭代加速的时代，为劳动者在整个生命周期内开展有针对性的、系统的职业技能培训，是实现高质量就业的关键。

---

[1] Anton Hemerijck, "Social Investment as a Policy Paradigm", *Journal of European Public Policy*, 2018, Vol. 25, No. 6, pp. 810-827.

当然，随着新时代新征程上就业体制机制改革的深入，我们也将在完善就业公共服务制度，健全就业公共服务体系的过程中积累中国的经验、总结出中国的道理，进而加快中国就业理论体系的建构，有效提升我国在就业领域的国际话语权和影响力。

小　结

面对不平等的民主制度、资本主义经济金融化、技术升级等深层原因所导致的经济不平等的加剧，欧美学者在功利主义、自由主义政治哲学观的指引下，在经济社会政策、政治民主制度领域提出了系列不触及经济基础的制度改良建议。当下，欧洲福利国家在新自由主义影响下采取福利紧缩与社会投资相结合的改革策略，通过提升个人的适应性和竞争力，将福利责任更多地向市场与个人转移；政治非对称极化的美国，在新自由主义与新保守主义交织作用下，难以推行增加社会支出的计划，更遑论对初次分配制度进行改革了。在可见的未来，欧美地区的经济不平等加剧趋势难以缓解，社会矛盾将进一步恶化。

尽管由于国情和社会制度不同，欧美资本主义国家政府实施应对经济不平等加剧的再分配或社会政策的出发点、根本目的，与我们国家存在根本差异。但是，这些再分配计划或社会政策中的创新，对我们扎实推进共同富裕仍具有一定的启示意义。如北欧福利国家在向"社会投资"国家转型中，通过推行积极的劳动力市场政策，构建完备的职业技能培训体系而赋能于人以减少失业、提高劳动者就业质量。但与此同时，同样实施积极劳动力市场政策的意大利、德国等，却出现了突出的工作贫困问题——这表明维持适度的社保支出水平和提高劳动报酬具有重要意义。基于此，加强社会保障的兜底功能与互助共济功能，构建终身职业技能培训体系，都应成为我国应对技术变革大潮中通用人工智能或将带来的劳动力市场两极分化风险、扎实推进共同富裕的重要手段。

参考文献

一 中文文献

（一）图书

《马克思恩格斯文集》第1—9卷，人民出版社2009年版。

《欧洲联盟基础条约——经〈里斯本条约〉修订》，程卫东、李靖堃译，社会科学文献出版社2010年版。

《习近平谈治国理政》第2、4卷，外文出版社2017、2022年版。

习近平：《在哲学社会科学工作座谈会上的讲话》，人民出版社2016年版。

傅莹荣誉主编、倪峰主编、袁征副主编：《美国蓝皮书：美国研究报告（2021）》，社会科学文献出版社2021年版。

辛向阳：《马克思主义方法论研究》，中国社会科学出版社2020年版。

辛向阳、潘金娥主编：《国际共产主义运动发展报告（2022—2023）》，社会科学文献出版社2023年版。

张飞岸：《被自由消解的民主：民主化的现实困境与理论反思》，中国社会科学出版社2015年版。

（二）期刊

巩永丹：《西方左翼对数字资本主义人的"新异化"的批判及其启示》，《马克思主义研究》2023年第1期。

李靖堃：《新冠肺炎疫情凸显英国种族不平等》，《世界社会主义研究》

2021年第8期。

李良栋：《论民主的内涵与外延》，《政治学研究》2016年第6期。

李铁映：《论民主》，人民出版社、中国社会科学出版社2001年版。

林德山：《当代资本主义不平等问题的根源及其影响》，《人民论坛·学术前沿》2022年5月（上）。

林红：《"失衡的极化"：当代欧美民粹主义的左翼与右翼》，《当代世界与社会主义》2019年第5期。

刘春荣：《社会投资与欧洲福利国家的新自由主义化》，《复旦学报》（社会科学版）2023年第2期。

罗慧敏：《数字技术垄断是平台垄断的重要特征——以亚马逊公司为例》，《马克思主义研究》2023年第4期。

马慎萧：《资本主义金融化转型机制研究》，经济科学出版社2018年版。

倪春纳：《政治献金与美国的政治选举》，《当代世界与社会主义》2018年第5期。

彭姝祎：《法国养老金改革的选择：参数改革及效果分析》，《欧洲研究》2017年第5期。

彭姝祎：《试析法国政党格局的解构与重组——政党重组理论视角下的审视》，《当代世界与社会主义》2020年第2期。

彭姝祎：《移民折射下的法国社会不平等》，《世界社会主义研究》2021年第8期。

孙存良：《选举民主与美国政治极化研究》，世界知识出版社2020年版。

魏南枝：《法国爆发"黄马甲"运动的内外部因素》，《红旗文稿》2018年第24期。

魏南枝：《新冠肺炎疫情下的美国收入分配制度分析》，《世界社会主义研究》2021年第6期。

伍慧萍：《德国社会民主党的历史变迁与现实困境》，《当代世界与社会主义》2021 年第 5 期。

习近平：《关于坚持和发展中国特色社会主义的几个问题》，《求是》2019 年第 7 期。

杨典、欧阳璇宇：《金融资本主义的崛起及其影响——对资本主义新形态的社会学分析》，《中国社会科学》2018 年第 12 期。

杨光斌：《合法性概念的滥用与重述》，《政治学研究》2016 年第 2 期。

杨解朴：《新冠肺炎疫情下德国社会不平等加剧的表现、原因及影响》，《世界社会主义研究》2021 年第 9 期。

杨伟国等：《德国"哈茨改革"及其绩效评估》，《欧洲研究》2007 年第 3 期。

银培萩：《暗金政治：慈善基金会如何塑造当代美国保守主义观念体系》，《复旦学报》（社会科学版）2021 年第 4 期。

于海青等：《国际金融危机下欧美地区罢工潮透视》，《国外社会科学》2013 年第 5 期。

周弘：《国内欧盟社会政策研究之我见》，《欧洲研究》2003 年第 1 期。

周琪、沈鹏：《"占领华尔街"运动再思考》，《世界经济与政治》2012 年第 9 期。

二　译著

《卢梭全集》第 4 卷，李平沤译，商务印书馆 2012 年版。

［德］贝娅特·科勒-科赫等：《欧洲一体化与欧盟治理》，顾俊礼等译，中国社会科学出版社 2004 年版。

［法］米歇尔·于松：《资本主义十讲》，潘革平译，社会科学文献出版社 2013 年版。

［法］托马斯·皮凯蒂：《21 世纪资本论》，巴曙松等译，中信出版社 2014 年版。

［美］安瓦尔·谢克：《资本主义：竞争、冲突和危机》，赵准、李连波、孙小雨译，中信出版社2021年版。

［美］大卫·哈维：《新帝国主义》，付克新译，中国人民大学出版社2019年版。

［美］菲利普·科特勒：《美国民主的衰落》，夏璐、高蕾译，中国人民大学出版社2023年版。

［美］简·迈耶：《金钱暗流——美国激进右翼崛起背后的隐秘富豪》，黎爱译，新星出版社2018年版。

［美］罗伯特·A. 达尔：《多元主义民主的困境——自治与控制》，尤正明译，求实出版社1989年版。

［美］罗伯特·D. 帕特南：《使民主运转起来：现代意大利的公民传统》，王列、赖海榕译，中国人民大学出版社2017年版。

［美］罗伯特·D. 帕特南：《我们的孩子》，田雷、宋昕译，中国政法大学出版社2017年版。

［美］罗伯特·诺奇克：《无政府、国家和乌托邦》，姚大志译，中国社会科学出版社2008年版。

［美］迈克尔·帕伦蒂：《少数人的民主》，张萌译，北京大学出版社2009年版。

［美］托马斯·戴伊等：《民主的反讽：美国精英政治是如何运作的》，林朝晖译，新华出版社2016年版。

［美］托马斯·斯坎伦：《为什么不平等至关重要》，陆鹏杰译，张容南校，中信出版社2019年版。

［美］希瑟·布西、布拉德福德·德龙、马歇尔·斯坦鲍姆编著：《皮凯蒂之后：不平等研究的新议程》，余江、高胜德译，中信出版社2022年版。

［美］雅各布·哈克、保罗·皮尔森：《推特治国：美国的财阀统治与

极端不平等》，法意译，当代世界出版社 2020 年版。

［美］伊丽莎白·罗森塔尔：《美国病》，李雪顺译，上海译文出版社 2019 年版。

［美］约翰·罗尔斯：《作为公平的正义：正义新论》，姚大志译，中国社会科学出版社 2011 年版。

［美］约瑟夫·E. 斯蒂格利茨：《不平等的代价》，张子源译，机械工业出版社 2020 年版。

［瑞典］卡尔·贝内迪克特·弗雷：《技术陷阱：从工业革命到 AI 时代，技术创新下的资本、劳动与权力》，贺笑译，民主与建设出版社 2021 年版。

［意］乔万尼·阿里吉：《漫长的 20 世纪：金钱、权力与我们时代的起源》，姚乃强、严维明、吴承义译，社会科学文献出版社 2022 年版。

［印度］阿马蒂亚·森：《以自由看待发展》，任赜、于真译，中国人民大学出版社 2013 年版。

［英］艾瑞克·霍布斯鲍姆：《革命的年代：1789—1848》，王章辉等译，中信出版社 2017 年版。

［英］安东尼·阿巴拉斯特：《西方自由主义的兴衰》，曹海军译，吉林人民出版社 2004 年版。

［英］安东尼·阿特金森：《不平等，我们能做什么》，王海昉、曾鑫、刀琳琳译，中信出版社 2016 年版。

［英］丹尼尔·苏斯金德：《没有工作的世界：如何应对科技性失业与财富不平等》，张文婷、舒蕾译，中信出版社 2022 年版。

［英］理查德·埃文斯：《竞逐权力：1815—1914》，胡利平译，中信出版社 2018 年版。

［英］约翰·穆勒：《功利主义》，徐大建译，商务印书馆 2014 年版。

三 外文文献

Andrew Brown, David A. Spencer and Marco Veronese Passarella, "The Extent and Variegation of Financialisation in Europe: A Preliminary Analysis", *Revista de Economía Mundial*, 2017, No. 46.

Angelo Salento, "The Financialization of Companies in Italy", *Oñati Socio-legal Series*, 2016, Vol. 6, No. 3.

Anton Hemerijck, *Changing Welfare States*, Oxford: Oxford University Press, 2013.

Arthur S. Alderson, Kevin Doran, "How Has Income Inequality Grown? The Reshaping of the Income Distribution in LIS Countries", Paper prepared for presentation at the conference on "Inequality and The Status of The Middle Class: Lessons from the Luxembourg Income Study", Luxembourg, July 28-30 2010.

Blanchet, Thomas, Lucas Chancel, and Amory Gethin, "Why Is Europe more equal than the United States?", *American Economic Journal: Applied Economics*, 2022, Vol. 14, No. 4.

Daniel Detzer, "Financialization Made in Germany-A Review", Institute for International Political Economy Berlin, Working Paper, No. 122/2019.

Eileen Appelbaum, "Domestic Outsourcing, Rent Seeking, and Increasing Inequality", *Review of Radical Political Economics*, 2017, Vol. 49, No. 4.

Emmanuele Pavolini, Antonino Sorrenti, "Welfare, Politiche Sociali e Modelli di redistribuzione", in Carlo Trigilia (a cura di), *Capitalismi e Democrazie*, Bologna: Il Mulino, 2020.

Ken-Hou Lin and Donald Tomaskovic-Devey (2013), "Financialization and U. S. Income Inequality, 1970—2008", *American Journal of Sociolo-*

gy, 2013, Vol. 118, No. 5.

Raphaële Chappe, Edward Nell and Willi Semmler, "On the History of the U. S. Financial Culture", *Geschichte und Gesellschaft. Sonderheft*, 2012, Vol. 24, Kulturen der Weltwirtschaft.